Ummi.

Ausbildung im Einzelhandel 2

Lernfelder 6–10

Autoren:

Christian Fritz
Markus Hillebrand
Antje Kost
Claudia Lang
Klaus Otte
Michael Piek
Roswitha Pütz

in Zusammenarbeit
mit der Verlagsredaktion

Cornelsen

Dieses Buch wurde erstellt unter Verwendung von Materialien von: Hans-Peter von den Bergen, Maria Elisabeth Köstler, Anja Lull, Ute Morgenstern, Katrin Rohde, Christoph Scheele.

Verlagsredaktion:	Dorothe Redeker
Bildredaktion:	Christina Fanselow
Layout:	sign, Berlin, Christoph Berten, Berlin
Technische Umsetzung:	Christoph Berten, Berlin
Umschlaggestaltung:	sign, Berlin
Titelfoto:	shutterstock; iStockphoto (Frau mit Kind auf dem Arm, zwei junge Mädchen, junges Paar in blauer Kleidung)

www.cornelsen.de/cbb/einzelhandel

1. Auflage, 4. Druck 2016

Alle Drucke dieser Auflage sind inhaltlich unverändert
und können im Unterricht nebeneinander verwendet werden.

Druck: Firmengruppe APPL, aprinta Druck, Wemding

ISBN 978-3-06-450194-2

PEFC
PEFC/04-32-0928

PEFC zertifiziert
Dieses Produkt stammt aus nachhaltig bewirtschafteten Wäldern und kontrollierten Quellen.

www.pefc.de

Vorwort

In den aktuellen Rahmenrichtlinien für die Ausbildung zum Verkäufer / zur Verkäuferin bzw. zum Kaufmann / zur Kauffrau im Einzelhandel heißt es: „Die in dieser Verordnung genannten Fertigkeiten und Kenntnisse sollen so vermittelt werden, dass die Auszubildenden zur Ausübung einer qualifizierten beruflichen Tätigkeit befähigt werden, die insbesondere selbstständiges Planen, Durchführen und Kontrollieren einschließt“ (Rahmenrichtlinien 2004, § 3).

Auch die Neubearbeitung der Reihe „Ausbildung im Einzelhandel“ hält sich an diese verpflichtenden Vorgaben. Ausgehend von einem Arbeitsbuch mit Lernsituationen werden die Auszubildenden motiviert und befähigt, sich das benötigte Fachwissen mit Hilfe der Fachkundebücher zu erschließen sowie zur Lösung der Lernsituation anzuwenden.

Darüber hinaus bietet die Neubearbeitung zahlreiche neu gestaltete Lernsituationen sowie zusätzliche Inhalte, die der Erweiterung der Berufskompetenz dienen. Die neuen Inhalte ermöglichen eine bessere Binnendifferenzierung. Dieser Differenzierung der gerade im Einzelhandel besonders heterogenen Auszubildendengruppe dienen auch die weiterführenden Artikel im teachweb:

www.cornelsen.de/cbb/einzelhandel

Das neue Layout der Arbeits- und Fachkundebücher ist an die aktuellen Bedürfnisse der Auszubildenden und ihrer Lehrerinnen und Lehrer angepasst worden. Die Perforation der Blätter im Arbeitsbuch soll es den Auszubildenden erleichtern, flexibel Lernmaterial zu ergänzen und ein individuelles Kompendium zu erstellen, das in der Prüfungsvorbereitung ein unverzichtbarer Helfer auf dem Weg zum erfolgreichen Abschluss wird.

Da zum Bestehen der Berufsabschlussprüfung und im handlungsorientierten Unterricht zur Erarbeitung von Lösungen Fachwissen unabdingbar ist, gibt es passend zum Lehrwerk eine digitale Lernkartei „Recall“, die den Schülerinnen und Schülern die Aneignung von Fachwissen mit Hilfe des Computers erleichtert.

Mit den aufeinander abgestimmten Arbeitsbüchern und Fachkunden, der digitalen Lernkartei, den Verkaufsgesprächen auf DVD, den Lernspielen für jedes Ausbildungsjahr, dem Warenwirtschaftssystem E.V.A., dem an den Lernsituationen orientierten Deutschbuch und den im teachweb vorhandenen ergänzenden und weiterführenden Informationen steht den Auszubildenden und ihren Lehrerinnen und Lehrern an der Berufsschule ein koordiniertes Konzept zur Verfügung, das eine optimale Ausbildung am Lernort Berufsschule möglich macht.

Bonn, Februar 2010

Arbeiten mit diesem Buch

Querverweis zum Arbeitsbuch Diese Lernsituation gehört zur Fachinformation.

Lernsituation 71

Farbige Begriffe im Text werden in der Randspalte näher erklärt.

Empathie
Einfühlungsvermögen

Hinweis auf weitere Informationen an anderer Stelle in diesem Buch

Bedarfsermittlung → S. 98

Beispiele erläutern die Fachtexte und sind grün unterlegt.

3 Geschenkeverkauf

Wenn kurz vor Weihnachten die fieberhafte Jagd nach Geschenken beginnt oder Freund in allerletzter Minute noch ein Geburtstagsgeschenk für seine Freundin nötigt, steht das Verkaufspersonal mit Geschenkvorschlägen beratend an der S der Kunden. Es gibt Kunden,

- die eine genaue Vorstellung von dem haben, was sie verschenken/kaufen wolle oder Kunden
- die erwarten, dass das Verkaufspersonal hilft, ein passendes Geschenk zu finde

Hat der Kunde noch keine genaue Vorstellung, sind Empathie und verkäuferis Fähigkeiten des Verkäufers gefragt.

Bedarfsermittlung

Achten Sie bei Geschenkverkäufen darauf, dass Sie eine intensive und gewissenh te Bedarfsermittlung durchführen. Bringen Sie zu Beginn des Verkaufsgespräc schnell in Erfahrung, wer der Beschenkte ist. Für das Beratungsgespräch lassen s daraus viele nützliche Informationen ableiten. Denken Sie an das Kaufmotiv Kunden: Freude bereiten! Anschließend ermitteln Sie den Bedarf des Kunden so den Bedarf des Geschenkempfängers. Nutzen Sie hierfür das direkte Verfahren Bedarfsermittlung.

Beispiel

- Verkäufer: „Für wen soll das Geschenk sein?"
- Verkäufer: „Für welchen Anlass suchen Sie ein Geschenk?"
- Verkäufer: „Wie alt ist Ihre Enkelin?"
- Verkäufer: „Welches Hobby hat Ihre Frau?"

Aus den ermittelten Kundenaussagen erfragen Sie c Anspruch des Käufers an das Geschenk. Es ist für wichtig zu erfahren, ob das Geschenk einen bestimm Zweck erfüllen soll, z. B. Bedürfnis nach Prestige: I Geschenk muss ein Markenartikel sein. Der Gesche anlass wird häufig einen Hinweis für eine Preisobergr ze geben. Somit vermeiden Sie das häufig doch für c Kunden so unangenehme Fragen nach seiner Preisob grenze.

Verwenden Sie in einem solchen Verkaufsgespräch Verfahren der indirekten Bedarfsermittlung, da der V kauf von Geschenken oft eine intensive Überzeugun arbeit von dem Verkäufer erfordert. Der Kunde muss davon überzeugt werden, d er sich für das richtige Geschenk entschieden hat.

Beispiel

Verkäufer: „Ihre Enkelin kann mit dieser Hose selbstverständlich im Garten bei Wind und Wetter spielen. Die Hose kann in der Waschmaschine bei 95 Grad gewaschen werden."

Verkäufer: „Mit diesem Experimentierkasten kann Ihr Sohn über 70 Versuche durchführen."

beiten mit diesem Buch

mit ein Arbeitnehmer die VL erhält, muss er zunächst mit einem Anlageinstitut B. Kreditinstitut oder Bausparkasse) einen Vermögenswirksamen Sparvertrag abließen. Eine Durchschrift des Sparvertrages reicht er dann in der Personalabteig ein, damit diese den entsprechenden Betrag an das Anlageinstitut überweisen n.

Voraussetzungen zur staatlichen Förderung

Anlageform	Arbeitnehmer-sparzulage	Maximal geförderte Sparleistung	Wer erhält die Arbeitnehmersparzulage (Einkommensgrenze)?
usparvertrag	9 %	470 Euro im Jahr	• Ledige: 17.900 Euro pro Jahr • Verheiratete: 35.800 Euro pro Jahr
estment-arverträge	20 %	400 Euro im Jahr	• Ledige: 20.000 Euro pro Jahr • Verheiratete: 40 000 Euro pro Jahr

Ergebnisse und Zusammenfassungen sind an der violetten Farbunterlegung erkennbar.

Verordnung zur Regelung der Preisangaben (PAngV)

1 Grundvorschriften

) Wer Letztverbrauchern gewerbs- oder geschäftsmäßig oder regelmäßig in onstiger Weise Waren oder Leistungen anbietet oder als Anbieter von Waren und eistungen gegenüber Letztverbrauchern in Zeitungen, Zeitschriften, Prospekten, uf Plakaten, im Rundfunk oder Fernsehen oder auf sonstige Art und Weise unter ngabe von Preisen wirbt, hat die Preise anzugeben, die einschließlich der Umatzsteuer und sonstiger Preisbestandteile, unabhängig von einer Rabattgewähung, zu zahlen sind (Endpreise).

Fremdtexte sind blau unterlegt.

Nähere Informationen unter www.gs1-germany.de

Adressen zu einer Website sind in der Randspalte in blauer Schrift genannt.

Wer ist rechtsfähig?

- **Natürliche Personen**
  - alle lebenden Menschen
- **Juristische Personen**
  - Juristische Personen des Privatrechts
    - Private Körperschaften
      a) wirtschaftliche Vereine (z.B. Unternehmen)
      b) nicht wirtschaftliche Vereine (z.B. Sportvereine)
    - Stiftungen, z.B. Stiftung zur Förderung der Ausbildung besonders begabter Kinder
  - Juristische Personen des öffentlichen Rechts
    - Öffentliche Körperschaften, z.B. Gemeinden, Länder, Bund
    - Personalkörperschaften, z.B. IHK, Bundeswehr
    - Anstalten, z.B. Schulen

Grafische Übersichten unterstützen das Verständnis von Sachzusammenhängen.

Inhaltsverzeichnis

Waren beschaffen — Lernfeld 6

1 **Grundlagen der Warenwirtschaft** ... 12

2 **Beschaffungsplanung** ... 13
2.1 Bezugsquellenermittlung ... 14
2.2 Einkaufsbudget und Einkaufsmenge ... 16

3 **Beschaffungsabwicklung** ... 19
3.1 Anfrage ... 19
3.2 Angebot ... 19
3.3 Angebotsvergleich ... 23
3.3.1 Quantitativer Angebotsvergleich ... 23
3.3.2 Qualitativer Angebotsvergleich ... 25
3.4 Bestellung ... 27

4 **Arten des Kaufvertrags** ... 28

5 **Verteilungsrechnen** ... 30
5.1 Verteilung nach angegebenem Verhältnis ... 30
5.2 Verteilung mit gekürzten Anteilen ... 31
5.3 Verteilung der Bezugskosten ... 32

Waren annehmen, lagern und pflegen — Lernfeld 7

1 **Wareneingangskontrolle** ... 34

2 **Mangelhafte Lieferung (Schlechtleistung)** ... 36
2.1 Arten der Sachmängel ... 36
2.2 Erkennbarkeit der Sachmängel ... 38
2.3 Umfang der Sachmängel ... 38
2.4 Rechte des Käufers ... 39
2.4.1 Vorrangiges Recht ... 39
2.4.2 Nachrangige Rechte ... 40
2.5 Verjährung der Mängelansprüche ... 42

3 **Das Lager** ... 43
3.1 Lagerarten ... 43
3.2 Lagergrundsätze ... 44
3.3 Wirtschaftliche Lagerhaltung ... 45
3.3.1 Lagerbestandskennzahlen ... 45
3.3.2 Lagerbewegungskennzahlen ... 47
3.3.3 Kapitalbindungskosten ... 48

4 Bezahlung von Waren ... 49
4.1 Überweisung ... 49
4.2 Sonderformen der Überweisung ... 51
Exkurs: SEPA-Kartenzahlung ... 52

5 Lieferungsverzug (nicht-rechtzeitig-Lieferung) ... 53
5.1 Voraussetzungen des Lieferungsverzuges ... 53
5.2 Rechte des Käufers ... 55
5.2.1 Lieferinteresse besteht weiterhin ... 55
5.2.2 Lieferinteresse besteht nicht mehr ... 55
5.3 Ermittlung der Schadenshöhe ... 57

6 Inventur und Inventar ... 58
6.1 Inventur ... 58
6.1.1 Arten der Inventur ... 59
6.1.2 Inventurdifferenzen und ihre Ursachen ... 60
6.2 Inventar ... 61

Lernfeld 8 Geschäftsprozesse erfassen und kontrollieren

1 Vom Inventar zur Bilanz ... 64
1.1 Bilanzauswertung mit Hilfe von Kennzahlen ... 67
1.2 Beispiel für einen Bilanzvergleich der Beska GmbH ... 68

2 Geschäftsprozesse erfassen und dokumentieren ... 72
2.1 Betriebliche Notwendigkeiten ... 73
2.2 Rechtliche Notwendigkeiten ... 74

3 Belege als Grundlage der Dokumentation ... 75
3.1 Belegarten ... 76
3.2 Erfassung der Belege im Grundbuch und Hauptbuch ... 78

4 Gewinn- und Verlustrechung ... 79
4.1 Ermittlung des Unternehmenserfolges ... 81
4.1.1 Aufbau der Gewinn- und Verlustrechung ... 81
4.1.2 Erfolgsermittlung durch Eigenkapitalvergleich ... 82
4.2 Erfolg durch den Verkauf von Waren ... 83
4.3 Analyse des Unternehmenserfolgs ... 87
4.3.1 Umsatzrentabilität/Umsatzrendite ... 87
4.3.2 Eigenkapitalrentabilität ... 88
4.3.3 Weitere Umsatzkennziffern ... 89

5 Erfolgsanalyse – grafisch darstellen ... 91
5.1 Liniendiagramm ... 91
5.2 Balken- und Säulendiagramm ... 92
5.3 Stapeldiagramm ... 93
5.4 Kreis- und Tortendiagramm ... 93
5.5 Kombination verschiedener Diagrammtypen ... 94
5.6 Grundsätze für die Auswahl von Diagrammen ... 94
Exkurs: Technik der doppelten Buchführung ... 95

Preispolitische Maßnahmen vorbereiten und durchführen

Lernfeld 9

1 Preispolitik ... 104
1.1 Einflussgrößen auf die Preisgestaltung ... 104
1.2 Preisstrategien ... 106

2 Handelskalkulation ... 108
2.1 Vorwärtskalkulation und ihre Vereinfachungen ... 112
2.2 Rückwärtskalkulation und ihre Vereinfachungen ... 114
2.3 Differenzkalkulation ... 116
2.4 Tabellarisches Kalkulationsschema der Vorwärts- und Rückwärtskalkulation ... 117
2.5 Erweiterte Limitrechnung ... 118

Besondere Verkaufssituationen bewältigen

Lernfeld 10

1 Besondere Kunden ... 120
1.1 Kundengruppen ... 122
1.1.1 Kaufverhalten von Männern und Frauen ... 122
1.1.2 Kaufverhalten von Kunden in verschiedenen Lebensaltern ... 122
1.1.3 Ausländische Kunden ... 126
1.2 Kundentypen ... 127

2 Spätkunden ... 128

3 Geschenkeverkauf ... 130

4 Finanzierungskauf ... 132
4.1 Raten- oder Abzahlungskauf ... 133
4.2 Finanzkauf ... 135

5 Kunden in Begleitung ... 136

6 Hochbetrieb ... 139

7 Beschwerden ... 142
7.1 Gründe ... 142
7.2 Rechtslage bei fehlerfreier Ware ... 143
7.3 Rechtslage bei fehlerhafter Ware ... 144
7.4 Bearbeitung der Beschwerde ... 145
7.5 Beschwerden dokumentieren und auswerten ... 147

8 Ladendiebstähle ... 148
8.1 Methoden und Tricks der Ladendiebe ... 149
8.2 Präventivmaßnahmen ... 150
8.2.1 Übersichtliche Verkaufsräume ... 150
8.2.2 Einsatz von Technik ... 150
8.2.3 Verhalten des Personals ... 152
8.3 Rechtliche Auswirkungen für den Ladendieb ... 153

9 „Erste Hilfe“ beim Telefonieren ... 154

Anhang

1	**Grundsätzliches zum Thema „Lernen"**	156
1.1	Eine Einstellung zur Schule entwickeln	156
1.2	Gedächtnisarten	157
1.3	Lerntypen	157
1.4	Konzentration	158
1.5	Zeitplanung	159
1.6	Arbeits- und Organisationsmittel	160
1.7	Informationsquellen	161
2	**Lese- und Schreibtechniken**	162
2.1	Fünf-Schritt-Lese- und Erarbeitungstechnik	162
2.2	Mitschriften und Protokolle	163
3	**Lerntechniken**	164
3.1	Lernkartei	164
3.2	Mindmap	165
4	**Kreativitätstechniken**	166
4.1	Brainstorming	166
4.2	Brainwriting (Methode 635)	166
5	**Vortrags- und Präsentationstechniken**	167
5.1	Merkmale und Ziele	167
5.2	Planung	167
5.3	Gestaltung und Einsatz unterstützender Medien	168
5.4	Vortragstechnik	170
6	**Arbeitsmethoden**	171
6.1	Rollenspiel	171
6.2	Pro-und-Kontra-Diskussion	172
6.3	Kartenabfrage	173
6.4	Gruppenarbeit	173
6.5	Feedback	175
7	**Teamarbeit**	176
7.1	Merkmale	176
7.2	Konfliktlösung	176
	Arbeitsaufträge	178
8	**Sprachkompetenz Englisch**	180
8.1	Giving customers some help	180
8.2	At the supermarket	181
8.3	At the shopping centre: Showing the way	182
8.4	Selling goods	182
8.5	Clothes shopping	183
8.6	Useful vocabulary	184
	Stichwortverzeichnis	185
	Bildquellenverzeichnis	189

6

Waren beschaffen

Grundlagen der Warenwirtschaft

Beschaffungsplanung

Beschaffungsabwicklung

Arten des Kaufvertrags

Verteilungsrechnen

1 Grundlagen der Warenwirtschaft

Lernsituation 48

Das Verkaufsgespräch, die richtige Betreuung der Kunden im Servicebereich Kasse, die Warenpräsentation sowie die Werbung und Verkaufsförderung sorgen dafür, dass der Kunde über das Sortiment des Einzelhändlers informiert ist und dass er die zu seinem Kaufmotiv passenden Produkte findet. Das Produkt muss dann auch vorrätig sein. Notfalls muss es innerhalb kurzer Zeit beschafft werden. Die Steuerung des Warenflusses ist die Aufgabe der Warenwirtschaft. Ein funktionierendes Warenwirtschaftssystem (WWS) auf der Basis der digitalen Datenverarbeitung ist heute auch für kleine Unternehmen unumgänglich und umfasst günstigenfalls die gesamte Lieferantenkette.

Die Datenkasse → meldet den Abverkauf der Produkte.

↓

Das W (aren-) W (irtschafts) S (ystem)
→ schreibt die Bestandsrechnung im Lager fort.
↓
→ löst den Bestellvorgang bei Erreichen eines bestimmten Bestandes aus.
↓
→ veranlasst die Belieferung des Einzelhändlers.
↓
→ nimmt den Wareneingang durch den Einzelhändler auf.
↓
→ schreibt die Bestandsrechnung im Lager um den Warenzugang fort.

Lagerbestand → S. 46

Dieser Warenfluss muss für die Sicherstellung der Lieferbereitschaft genau gesteuert werden. Das WWS gibt den Mitarbeitern jederzeit Auskunft über alle Lagerbestände, über die Lieferungen, die unterwegs sind und über die Abverkaufszahlen der einzelnen Produkte.

Datei
Sammlung zusammengehöriger Daten auf einem beliebigen digitalen Datenträger

Das WWS speichert die Informationen in unterschiedlichen Dateien. Je nach Programm kann es sich um folgende Dateien handeln:
- der **Artikeldatei** mit Informationen über die Artikel
- der **Lagerdatei** mit den Beständen
- der **Lieferantendatei** mit den Lieferantendaten
- der **Kundendatei** mit den Kundendaten

Anlagegüter
Regale, Computer, Rundständer usw.

Sollbestand = Bestand durch Fortschreibung im WWS

Istbestand = durch Bestandsaufnahme festgestellte, tatsächlich vorhandene Ware

Das WWS kann auch mit der Finanzbuchhaltung verbunden sein oder mit der Anlagenbuchhaltung für das Verzeichnis der Anlagegüter. Es ist besonders wichtig, dass die Daten des WWS auch mit den tatsächlichen Daten übereinstimmen. Deshalb müssen die Sollwerte im WWS regelmäßig mit den tatsächlichen Daten abgeglichen werden. Dabei können zusätzliche Geräte helfen:
- mobile Datenerfassungsgeräte (MDE)
- Tags an den Produkten: kleine Minisender, die beim Verkauf deaktiviert werden
- elektronische Regale: Regale, die z. B. durch Gewicht die aktuell eingelagerte Produktmenge kennen

2 Beschaffungsplanung

„Der Einkauf ist die Grundlage des Gewinns", sagen manche Einzelhändler. Nur Ware, die vorher eingekauft wurde, kann auch verkauft werden. Gegebenenfalls lässt sich der Kunde auch noch darauf ein, die Ware zu bestellen und sie dann später zu erhalten.

Beispiel

Herr Zillmer möchte ein neues Auto kaufen. Er hat ganz genaue Vorstellungen von der Ausstattung des Autos. Da das Autohaus das Wunschauto von Herrn Zillmer nicht auf dem Hof stehen hat, muss es bestellt werden.

Am liebsten nimmt der Kunde aber das Produkt, für das er sich entschieden hat, sofort mit. Allerdings verursacht jedes Produkt, das im Verkaufs- oder Reservelager liegt, Kosten, die den Geschäftserfolg mindern.

Das Geschick des Einzelhändlers liegt darin, so wenig Ware wie möglich auf Lager zu haben, um die Kosten gering zu halten. Gleichzeitig benötigt er aber genügend Ware, um sie dem Kunden zu zeigen, so den Kaufwunsch zu wecken oder zu bestärken, um dann diesen Wunsch auch sofort befriedigen zu können.

In dieser schwierigen Entscheidungssituation ist ein Warenwirtschaftssystem hilfreich, das artikelgenau den Abverkauf dokumentiert. So weiß der Einzelhändler stets, wann der Meldebestand erreicht ist, um Waren zu bestellen, damit er lieferfähig bleibt. Wenn sein Warenwirtschaftssystem mit dem Warenwirtschaftssystem des Lieferanten vernetzt ist, kann die Bestellung sogar automatisch erfolgen, wenn der Meldebestand erreicht ist. Das ist auch dann der Fall, wenn eine Filiale die Ware von einem Zentrallager bekommt.

Verkaufs- und Reservelager → S. 43

Lagerkosten → S. 48

Meldebestand
Warenbestand, bei dem eine Bestellung ausgelöst wird
→ S. 46

Bei der Warenbeschaffung sind **unterschiedliche Ausgangssituationen** zu beachten:

1. die Nachbestellung von abverkaufter Sortimentsware bei bekannten Lieferanten
2. die Neubestellung abverkaufter Sortimentsware unter Umständen bei neuen Lieferanten, weil der alte Lieferant lieferunfähig geworden ist oder in der Vergangenheit Lieferfehler gemacht hat
3. die Neubestellung bisher nicht geführter Ware, die unter Umständen ins Sortiment aufgenommen werden muss, weil es der Markt erfordert

Die Warenbeschaffung zu Punkt 1 erfordert den geringsten Aufwand. Hier meldet das Warenwirtschaftssystem die Notwendigkeit der Bestellung und macht einen Bestellvorschlag, der automatisch dem Lieferanten übermittelt wird, wenn der Einzelhändler dem Vorschlag zustimmt. Der Bestelleingang wird dann auch automatisch vom Warenwirtschaftssystem überwacht.

Bestellung → S. 27

Wird Ware beschafft, weil es sich aus den o.a. Punkten 2 oder 3 ergibt, beginnt der Beschaffungsvorgang mit der Suche nach möglichen Lieferanten (Bezugsquellen).

Kooperation
Zusammenarbeit

Einkaufsbüro Deutscher Eisenhändler GmbH
www.ede.de

Vereinigung Deutscher Spielwarenhändler GmbH
www.vedes.de

ZEG Goldkrone
Zentraleinkaufsgenossenschaft des deutschen Lederwareneinzelhandels e.G.
www.goldkrone.de

Um das Beschaffungsproblem optimal lösen zu können, wählen Einzelhändler oft auch den Weg der Einkaufskooperation, um durch größere Einkaufsmengen und günstigere Versendungsmöglichkeiten die Warenbeschaffungskosten zu senken. Im Bereich des Eisenwarenhandels gibt es z. B. das Einkaufsbüro Deutscher Eisenhändler GmbH in Wuppertal oder im Bereich der Spielwarenhändler die Vereinigung Deutscher Spielwarenhändler GmbH (Vedes). Solche Gemeinschaften übernehmen neben der Einkaufsoptimierung oft auch Marketingaktivitäten für die angeschlossenen Einzelhändler. Gibt ein Lieferant einem Händler eine Ware in Kommission, so muss der Händler diese erst nach Weiterverkauf bezahlen. Eigentümer der Ware bleibt bis zum Verkauf der Lieferant, der Händler ist Besitzer. Meist wird ein Rückgaberecht vereinbart, so bleibt das Verkaufsrisiko beim Lieferanten. Angewendet wird dieses Verfahren häufig bei Produktneueinführungen, bei sehr hochwertigen Produkten oder bei Produkten mit niedriger Absatzerwartung.

2.1 Bezugsquellenermittlung

Um Adressen möglicher Lieferanten ausfindig zu machen, können unternehmensinterne oder unternehmensexterne Informationsquellen in Anspruch genommen werden.

Im Unternehmen (**unternehmensintern**) werden – meist im Zusammenhang mit dem Warenwirtschaftssystem – Karteien (von Hand) oder Dateien (EDV-gestützt) geführt. Die Datensätze liefern Informationen über Lieferanten und Artikel des Unternehmens und können Aufschluss darüber geben, ob einer der dort verzeichneten Lieferanten als Bezugsquelle für den benötigten Artikel in Frage kommt.

Die unternehmensintern gewonnen Informationen können durch außerbetriebliche (**unternehmensexternen**) Informationen über mögliche Bezugsquellen ergänzt werden.

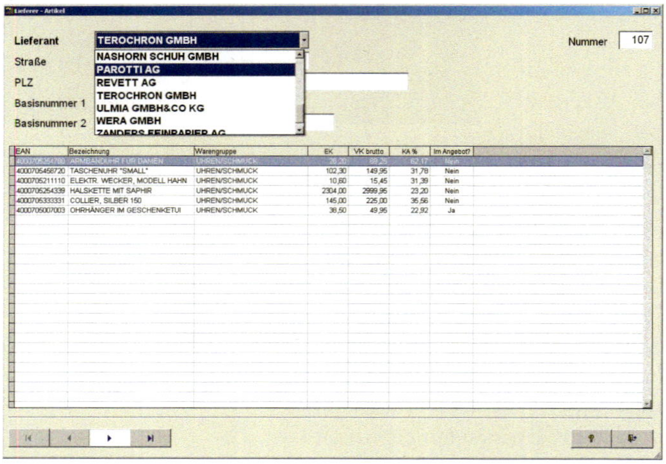

Lieferantensuche mit Hilfe des Warenwirtschaftssystems E.V.A.

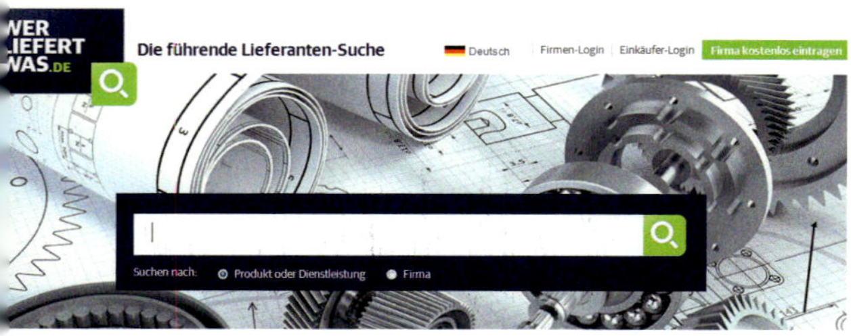

Das **Internet** bietet über Suchmaschinen die umfangreichste und zielgenaueste Möglichkeit, Lieferantenadressen zu finden und gegebenenfalls per E-Mail direkt Kontakt mit dem möglichen Lieferanten aufzunehmen.

Beispiel

Drei mögliche Websites zur Bezugsquellenermittlung:

www.werliefertwas.de (www.wlw.de)
www.productpilot.com
www.einkaufsmanager.net

Vorläufer von zuvor genannten Internetadressen sind verschiedene **Adressenverzeichnisse**:
- Telefonbücher (www.dastelefonbuch.de)
- Branchenbuch: die „Gelben Seiten“ (www.gelbeseiten.de)

Hinweise auf mögliche Lieferanten erhält man auch auf Messen oder Ausstellungen, die entweder von Messegesellschaften veranstaltet werden oder auch von Herstellern gezielt für den Handel angeboten werden.

Beispiel

- ANUGA, eine Messe für Lebensmittel in Köln
- Photokina, eine Messe moderner Bildkommunikation in Köln
- t. cpd Woman:man-Kidz, eine Messe für Textilien in Düsseldorf
- leather and more für Lederwaren in Pirmasens
- le cuir, Lederwarenmesse in Paris
- Marathon and Running für Fitness in Hamburg

ANUGA in Köln

Für alle Branchen des Einzelhandels gibt es aber auch zahlreiche **Fachzeitschriften**, in denen Hersteller oder Großhändler ihre Produkte anbieten und die dem Einzelhändler als Informationsquelle für Adressen dienen können.

Beispiel

Fachzeitschriften und -zeitungen
- Lebensmittel Praxis
- Handelsjournal
- Parfümerie aktuell
- Textilwirtschaft
- eh Elektrohändler
- Handelsmagazin
- CE&Trade (Fachhandelsmagazin für Konsumgüter)
- Sportswear International

Informationsbeschaffung für die Bezugsquellenermittlung

unternehmensinterne Informationsquelle	unternehmensexterne Informationsquelle
• Artikeldatei • Lieferantendatei • Preis-, Einkaufs- und Absatzstatistiken	• Onlinerecherche • Adress- und Branchenbücher • Besuche von Fachmessen • Berichte und Annoncen in Fachzeitschriften • Vertreterbesuche • IHK • usw.

Der Einzelhändler kann und muss die Vielzahl der Informationsquellen nutzen. Denn je besser er sich vor der Beschaffung informiert hat, desto hochwertiger wird seine Beschaffungsentscheidung dann ausfallen.

2.2 Einkaufsbudget und Einkaufsmenge

Lernsituation 49

Neben der Frage, bei wem die benötigten Waren bestellt werden, ist eine weitere Frage bei der Warenbeschaffung von zentraler Bedeutung: Wie viel Ware muss eingekauft werden?

Beispiel

Frau Henning, Inhaberin einer Modeboutique, kauft im Herbst auf einer Modemesse für die kommende Frühjahrs-Sommer-Saison Ware ein. Die ausgestellte Ware gefällt ihr gut und die Atmosphäre auf der Messe ist so anregend, dass sie Unmengen von luftiger und farbenfroher Mode einkauft. Im Laufe der Messe gerät sie in einen richtigen Kaufrausch und gibt so viel Geld für die Ware aus wie nie zuvor.

Zu Beginn der Frühjahrssaison ist ihr Lager komplett voll. Aber leider sind Frühjahr und Sommer total verregnet und die luftige Mode wird von den Kunden nicht gekauft. Auch entspricht ihre Farbauswahl nicht dem Kundengeschmack. Da Frau Henning aber auf der Messe bereits so viel Geld für Ware ausgegeben hat, hat sie im Laufe der Sommersaison kaum noch finanzielle Mittel, um auf die veränderte Kundennachfrage zu reagieren und neue Ware zu beschaffen.

Das Verhalten der Boutiquebesitzerin hat dazu geführt, dass

Lagerkosten → S. 48

- ihr Lager voll ist und ihr dadurch hohe Lagerkosten insbesondere in Form des gebundenen Kapitals gleich zu Beginn der Saison entstehen.
- sie unter Umständen die beschaffte Ware, die bei den Kunden aber keinen Anklang findet, nicht ohne erhebliche Preisreduzierung verkaufen kann. Dadurch wird sie einen Verlust in Kauf nehmen müssen und ein Teil der Ware könnte sogar unverkäuflich sein.
- ihre Liquidität stark eingeschränkt ist und sie dadurch nicht flexibel auf Nachfrageänderungen ihrer Kunden reagieren kann.

Liquidität
verfügbare Geldmittel

Um nicht in eine ähnliche Situation zu geraten wie die Boutiquebesitzerin, ist es für einen Einzelhändler grundsätzlich sinnvoll, seine Einkaufsmengen professionell zu planen. Die **Limitrechnung** stellt hierfür ein sinnvolles Instrument dar, indem sie für die kommende Periode ein Einkaufsbudget festlegt, um einen unkontrollierten Einkauf und zu hohe Lagerbestände zu vermeiden.

Budget
Summe, die ausgegeben werden kann

Bei der Limitrechnung wird für einen bestimmten Zeitraum (Jahr, Monat, Saison) im Voraus festgelegt, wie viel Geld den Einkäufern zur Verfügung stehen soll. Das Einkaufslimit wird durch den geplanten Absatz und die geplanten Lagerendbestände bestimmt. Es darf nicht ohne triftigen Grund überschritten werden.

Lagerbestand → S. 46

Durchführung der Limitrechnung

1. Ausgangspunkt für die Limitrechnung ist die **Nachfrage der Kunden**, denn wenn der Einzelhändler weiß, wie viel die Kunden kaufen werden, plant er entsprechend seinen Absatz danach und kauft dementsprechend ein. Oft ist es schwierig, das Verbraucherverhalten im Voraus genau zu bestimmen. Von daher muss der Einzelhändler auf aussagekräftige Schätzwerte zurückgreifen, indem er z. B. die Absatzmengen aus dem Vorjahr zu Grunde legt und diese evtl. an das derzeitige Kaufverhalten, z. B. auf Grund von Marktforschungsergebnissen, anpasst.

2. Hat der Einzelhändler eine Absatzmenge geplant, dann multipliziert er diese Absatzmenge mit seinem Bezugspreis/Stück für die Ware. Das Ergebnis dieser Rechnung ist sein Wareneinsatz, also der Euro-Betrag, den der Einzelhändler selbst für die Ware ausgeben muss, die er verkauft.

3. Auch **Lagerveränderungen** muss der Einzelhändler mit planen. Dabei ergeben sich drei denkbare Situationen:

   a) Lageranfangsbestand = geplanter Lagerendbestand
   Sollte die Ware nicht im Lager vorrätig sein, und soll am Ende der Saison der Lagerbestand aufgebraucht sein, so ist nichts weiter zu berücksichtigen. Der geplante Wareneinsatz stellt auch gleich das Gesamtlimit für den Beschaffungsvorgang dar.

   b) Lageranbau
   Zu Beginn der Planungsperiode ist z. B. der Lagerbestand der Ware 0 Stück. Am Ende der Planungsperiode soll aber ein Lagerbestand von 100 Stück vorhanden sein. Ein Grund für diesen Lageranbau kann sein, dass in der nächsten Planungsperiode mit einem Preisanstieg der Ware zu rechnen ist und deshalb noch günstig eingekauft werden soll. Es kann aber auch sein, dass ein Mindestbestand für die Ware aufgebaut werden soll, um besser auf einen starken Nachfrageanstieg reagieren zu können.

   Wenn also der Lagerbestand erhöht werden soll, dann muss diese Maßnahme bei der Limitrechnung berücksichtigt werden, denn nicht nur die geplante Absatzmenge muss beschafft werden, sondern auch die Ware für den Lageranbau. Folglich muss der Lageranbau zum Wareneinsatz addiert werden. Das Ergebnis stellt das Gesamtlimit für den Beschaffungsprozess dar.

   c) Lagerabbau
   Zu Beginn der Planungsperiode befinden sich z. B. 100 Stück der Ware auf Lager. Der Einzelhändler möchte aber zum Ende der Planungsperiode seinen Lagerbestand auf 50 Stück abbauen. Der Grund für diesen Lagerabbau kann sein, dass der Lagerbestand grundsätzlich verkleinert werden soll, um die Lagerkosten zu senken oder dass die Ware einer starken Preisschwankung unterliegt und der Preis momentan sehr hoch und für die Folgeperiode wiederum mit einem Preisverfall zu rechnen ist.

   Wenn also der Lagerbestand verkleinert werden soll, dann muss dies bei der Limitrechnung berücksichtigt werden. Der geplante Wareneinsatz, also die Menge, die eigentlich verkauft werden soll, muss nun nicht komplett eingekauft werden, ein Teil der geplanten Absatzmenge wird aus dem Lager genommen. Folglich muss der Lagerabbau vom Wareneinsatz abgezogen werden. Das Ergebnis stellt das Gesamtlimit für den Beschaffungsprozess dar.

4. Die Festlegung des Gesamtlimits beruht hauptsächlich auf Schätzungen. Um nun schnell und flexibel auf Planabweichungen reagieren zu können, wird nicht sofort in Höhe des Gesamtlimits geordert und eingekauft, sondern ein Teil des geplanten Einkaufsbetrages (Gesamtlimit) wird zurückgehalten bzw. gesperrt (**Limitreserve**). Hier ist die Erfahrung des Einzelhändlers gefragt. Auf Grund der vergangenen Wirtschaftsperioden und der gegenwärtigen Wirtschaftslage wird er einen Euro-Betrag planen, der noch nicht ausgegeben werden darf.

Bezugspreis
Einstandspreis; der Preis, den der Einzelhändler bezahlen muss, um die Ware zu beschaffen (inkl. Preisnachlässen, Versandkosten usw.)
→ S. 109

Wareneinsatz
verkaufte Stückzahl, bewertet zum Bezugspreis

Gesamtlimit
die Gesamtsumme, die für den Einkauf in dieser Periode zur Verfügung steht

Mindestbestand
Sicherheitsbestand
→ S. 45

	Wareneinsatz
+ / –	Lageraufbau/Lagerabbau
=	Gesamtlimit
–	Limitreserve
=	freies Limit

Erweiterte Limitrechnung
→ S. 118

Die Limitreserve kann aber auch als Prozentsatz des Gesamtlimits angegeben werden. Das nach Berücksichtigung der Limitreserve freie (verfügbare) Limit stellt den Rahmen für die Warenbestellung dar. Dieser Betrag kann für die Beschaffung ausgegeben werden.

5. Sollte der Einzelhändler allerdings bereits Ware im Vorfeld bestellt haben, so verringert sich das freie Limit um die jeweilige Auftragshöhe. Ebenso werden alle weiteren Bestellungen abgezogen, die im Laufe der Planungsperiode getätigt werden, sodass das freie Limit über den noch auszugebenden Einkaufsbetrag Auskunft gibt.

Beispiel

Die Beska GmbH plant den Einkauf von Schultüten für den Zeitraum Mai, Juni, Juli:

Limitrechnung	Falldaten	Berechnung
geplante Absatzmenge	Im Vorjahr wurden in der gleichen Planungsperiode 1.000 Schultüten verkauft, die Beska GmbH erwartet eine Umsatzsteigerung von 5 % für diese Periode, da dieses Jahr 5 % mehr Kinder in Berlin eingeschult werden.	1.000 Stück + 50 Stück (5 %) = 1.050 Stück
geplanter Wareneinsatz (= geplante Absatzmenge in Stück · Bezugspreis/Stück)	Eine Schultüte hat einen Bezugspreis von 5,00 Euro.	1.050 Stück · 5,00 € = 5.250,00 €
– Lagerabbau/ + Lageranbau	Der Anfangsbestand an Schultüten beträgt aus dem Vorjahr noch 100 Stück. Am Ende der Planungsperiode soll der Lagerendbestand 0 Stück betragen, da die Schultüten sehr trendig sind.	100 Stück · 5,00 € = 500,00 € Lagerabbau
= Gesamtlimit	Die Gesamtsumme, die für den Einkauf der Schultüten im Zeitraum Mai, Juni, Juli zur Verfügung steht, beträgt 4.750,00 Euro.	5.250,00 € – 500,00 € (100 Stück · 5,00 €) = 4.750,00 €
– Limitreserve	Die gesamte Einkaufsumme in Höhe von 4.750,00 Euro soll nicht am Anfang komplett ausgegeben werden, sondern 20 % sollen zurückgehalten werden. Der Kindergeschmack ist sehr schwankend und schwer planbar. Die 20 % des Gesamtlimits geben einen Spielraum, um kurzfristig auf Nachfrageänderungen reagieren zu können.	20 % von 4.750,00 € = 950,00 €
– bereits erteilte Aufträge	250 Schultüten à 5,00 Euro wurden bereits im Dezember bestellt, da die Lillyfee-Schultüten erfahrungsgemäß beim Lieferanten schnell ausverkauft sind und bei den Schülerinnen auch in der kommenden Planungsperiode höchstwahrscheinlich angesagt sein werden.	250 · 5,00 € = 1.250,00 €
= freies Limit	In Höhe von 3.800,00 Euro kauft die Beska GmbH zunächst Schultüten für den Zeitraum von Mai bis Juli ein.	4.750,00 € – 950,00 € – 1.250,00 € = 2.550,00 €

3 Beschaffungsabwicklung

Lernsituation 50

Nachdem der Einzelhändler geplant hat, welche Ware bei welchen möglichen Lieferanten und in welcher Menge beschafft werden soll, beginnt er mit der Beschaffungsabwicklung.

3.1 Anfrage

Um zu erfahren, ob der Lieferant das gewünschte Produkt liefern kann, muss eine Anfrage gestellt werden. Diese Anfrage ist lediglich eine Bitte um Information, die keine rechtliche Bedeutung hat: Weder der Anfragende noch der mögliche Lieferant ist zu irgendetwas verpflichtet. Es ist aber sinnvoll, die Anfrage per E-Mail oder auch per Brief zu stellen. Die Informationen von verschiedenen Lieferanten können später beim Angebotsvergleich miteinander verglichen werden.

Angebotsvergleich → S. 23

Eine Anfrage, die nach dem Liefersortiment, den Lieferbedingungen und Preisen ganz allgemein fragt, ist eine **unbestimmte Anfrage**. Wird dagegen gezielt nach bestimmten Produkten und deren Preisen und den Bedingungen, zu denen geliefert werden kann, gefragt, handelt es sich um eine **bestimmte Anfrage**.

3.2 Angebot

Ein Angebot ist ein verbindlicher Antrag (= Willenserklärung) des Verkäufers **an eine bestimmte Person** zum Abschluss eines Kaufvertrages. Für die Inhalte des Angebots gibt es keine rechtlichen Vorschriften.

Kaufvertrag → S. 27

Inhalt des Angebots

Um Unklarheiten beim Abschluss des Kaufvertrages zu vermeiden, sollten folgende Angaben in einem Angebot enthalten sein:
- Art, Güte und Beschaffenheit der Ware
- Menge der Ware
- Lieferbedingungen
- Zahlungsbedingungen
- Preis der Ware

Art, Beschaffenheit und Güte der Ware werden in einem Angebot so genau wie notwendig festgelegt. Die exakte Bezeichnung oder der handelsübliche Name kennzeichnet die **Art** einer Ware. Die **Güte** benennt die Qualität, z. B. anhand von Handelsklassen oder DIN-Vorschriften. Unter **Beschaffenheit** versteht man die Verarbeitung der Ware, z. B. wie ein Material zusammengefügt wurde. Fehlen im Angebot konkrete Angaben zu Art und Güte, so werden Artikel mittlerer Art und Güte geliefert.

DIN
Deutsches Institut für Normungen e. V.
www.din.de

Beispiel

- Art einer Ware: Äpfel, Herrenjeans
- Güte einer Ware: Handelsklasse 1 bei landwirtschaftlichen Produkten
- Beschaffenheit: Stoffzusammensetzung bei Textilien

Genauso wie die Warenbezeichnung handelsüblich sein muss, gilt für die Mengenangabe die Vorschrift der Handelsüblichkeit. Die **Menge** der Ware muss also nach Stück, Meter, Kilogramm, Liter usw. bestimmt sein. Dabei handelt es sich immer zunächst um das reine Warengewicht. Das Gewicht der Verpackung muss extra angegeben sein, falls es für die Bestimmung der Versandkosten nötig sein sollte.

Wenn die Kaufleute Lieferungs- und Zahlungsbedingungen nicht selbst bestimmen, gelten die gesetzlichen Bestimmungnen (BGB, HGB).

Verpackungs- und Beförderungskosten ergeben zusammen die Bezugskosten.

Unter **Lieferbedingungen** versteht der Kaufmann sowohl die Lieferzeit als auch die Verpackungs- und Beförderungskosten für die Lieferung. Die Lieferzeit sollte so bemessen sein, dass die Ware geliefert wird, wenn der Käufer sie braucht. **Verpackungskosten** kann der Lieferant in Rechnung stellen, als Pfandverpackung liefern (der Pfandbetrag wird bei Rücksendung erstattet) oder auch in seinem Warenpreis schon kalkuliert haben. Das Gewicht der Verpackung wird als Tara bezeichnet, das Bruttogewicht der Sendung setzt sich aus dem Warengewicht (netto) und der Verpackung (Tara) zusammen. Wenn die Verpackung wie die Ware berechnet wird, lautet die Kondition: brutto für netto (bfn). Typische vertragliche Vereinbarungen über **Beförderungskosten** zeigt die folgende Übersicht.

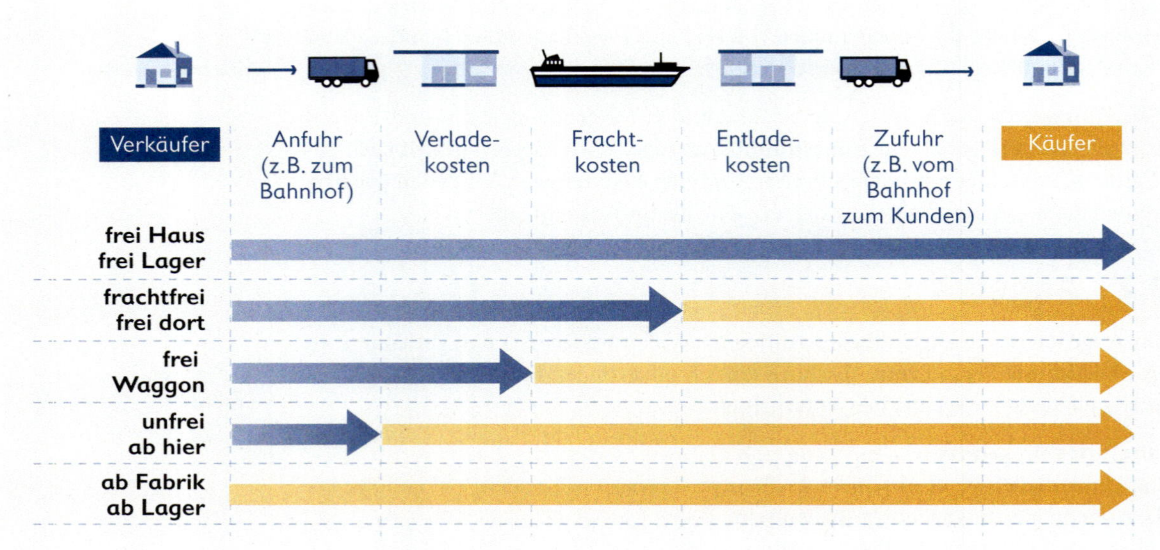

Weiterhin gehören die **Zahlungsbedingungen** zu den typischen Inhalten eines Angebots. Wenn vertraglich nichts vereinbart wird, soll der Käufer den Kaufpreis sofort bei Übergabe der Ware bezahlen. Bei einer Zahlung auf Ziel wird es dem Kunden ermöglicht, die Rechnung erst nach einem gewissen Zeitraum, z. B. nach 30 Tagen, zu zahlen. Gelegentlich wird z. B. bei Sonderanfertigungen auch die Vorauszahlung vereinbart.

Die Preise des Angebots gehen von den Preisen aus, die der Lieferant generell für alle Kunden in gleicher Höhe in seiner Preisliste oder seinem Katalog zusammengefasst hat. Bei einem Angebot an einen Kaufmann sind es in der Regel die Preise ohne die Umsatzsteuer, also die Nettopreise. Es können aber auch, wie es für Angebote an Endverbraucher vorgeschrieben ist, die Bruttopreise sein, also die Preise für die Ware einschließlich der fällig werdenden Umsatzsteuer.

Um das Angebot möglichst attraktiv zu gestalten, werden meistens folgende Ermäßigungen des Kaufpreises angeboten:

- **Rabatte** werden in der Regel als Mengenrabatt für die Abnahme größerer Abnahmemengen gewährt. Sonderform des Mengenrabatts ist der Naturalrabatt. Es kann zusätzlich zur Bestellung einer erhöhten Warenmenge geliefert werden (Draufgabe) oder es muss weniger als die bestellte und gelieferte Menge bezahlt werden (Dreingabe).

- **Skonto** ist ein Preisnachlass für vorzeitige Zahlung, z. B. räumt der Verkäufer 2 % Skonto auf den Rechnungsbetrag ein, wenn der Käufer innerhalb einer vereinbarten Frist zahlt und nicht das Ziel (letzter Termin zur Zahlung) ausnutzt.
- **Bonus** ist ein nachträglich gewährter Preisnachlass, wenn z. B. die Abnahmemenge eines Kunden am Ende des Jahres einen bestimmten Betrag überschreitet.

Formvorschriften des Angebots

Es gelten **keine Formvorschriften** für die Abgabe eines Angebots. Es kann daher bei **Anwesenheit** des Kunden
- mündlich,
- telefonisch oder
- durch schlüssiges Handeln durch den Verkäufer,

bei **Abwesenheit** des Kunden
- schriftlich (Brief, Telefax, E-Mail) oder
- bildlich (persönlich zugeschickte Prospekte, Kataloge)

abgegeben werden.

Um Irrtümer zu vermeiden, sollten wichtige mündliche oder telefonische Angebote schriftlich bestätigt werden, auch damit bei eventuellen späteren Rechtsstreitigkeiten schriftliche Unterlagen vorhanden sind.

Verbindlichkeit des Angebots

Wer ein Angebot an eine bestimmte Person abgibt, ist an dieses Angebot gebunden. Das bedeutet, der Verkäufer hat sich verpflichtet, die Waren zu den angegebenen Bedingungen zu verkaufen. Folgende Einschränkungen sind dabei zu beachten:

a) Beschränkung der Angebotsbindung

- **Gesetzliche Bindungsfrist**
  - Unter Anwesenden: Bei einem persönlichen oder telefonischen Verkaufsgespräch wird ein Angebot mit der Abgabe sofort gültig. Es ist nur für die Dauer des Gespräches bindend.
  - Unter Abwesenden: Bei einem schriftlichen Angebot (z. B. Brief, Telefax und E-Mail) wird dieses erst gültig, wenn der Kunde es erhält. Es gilt so lange, wie ein Kunde unter normalen Umständen benötigt, um es auf dem gleichen Weg zu beantworten (Fristen: Brief sieben Tage, Fax zwei Tage).
- **Vertragliche Bindungsfrist**
  Der Verkäufer kann auch selbst eine Frist festlegen, innerhalb der sein Angebot gültig ist. Der Kunde kann das Angebot nur innerhalb dieser Frist annehmen, danach gilt es nicht mehr.

- **Freizeichnung**
  Der Verkäufer kann die Bindung an sein Angebot durch so genannte **Freizeichnungsklauseln** beschränken oder aufheben.

Freizeichnungsklauseln

Freizeichnungsklauseln	Bedeutung
so lange der Vorrat reicht	Menge unverbindlich, Preis verbindlich
Preis freibleibend	Menge verbindlich, Preis unverbindlich
unverbindlich, freibleibend	alle Bestandteile sind unverbindlich

b) Ende der rechtlichen Angebotsbindung

Die rechtliche Angebotsbindung ist zwangsläufig beendet, wenn der Kunde das
- Angebot ablehnt,
- abändert oder
- nicht fristgerecht annimmt.

c) Widerruf des Angebots

Ein Angebot wird erst gültig, wenn der Kunde es erhalten hat. Bis zu diesem Zeitpunkt kann der Verkäufer sein Angebot zurückziehen. Dieser so genannte Widerruf muss möglichst vor, spätestens jedoch zeitgleich mit dem Angebot beim Kunden eintreffen.

Beispiel

Ein Lieferant hat ein Angebot per Post an die Beska GmbH verschickt. Kurz nachdem der Brief bei der Post abgegeben wurde, hat der Lieferant einen Fehler im Angebot entdeckt. Jetzt kann er das Angebot vor dem Eintreffen des Briefes bei der Beska GmbH telefonisch oder per Telefax/E-Mail widerrufen.

Die Anpreisung

Wenn keine bestimmte Person angesprochen wird, so handelt es sich im rechtlichen Sinn nicht um ein Angebot, sondern um eine Anpreisung, die sich an die Allgemeinheit richtet. Die Anpreisung soll den Kunden dazu ermuntern, einen Antrag zum Kaufvertrag abzugeben, den der Verkäufer annehmen kann.

Typische Anpreisungen sind:
- Warenpräsentation im Einzelhandel
- Schaufensterauslagen
- Zeitungsanzeigen
- Prospekte
- Kataloge
- Plakate

Die Warenpräsentation gilt also nicht als Angebot, sondern der Käufer macht einen Kaufantrag, indem er die gewünschte Ware dem Personal zum Kassieren übergibt. Dagegen gilt die Ware in einem Automaten als Angebot an alle, die passendes Geld einwerfen. Voraussetzung hierfür ist allerdings, dass der Automat funktionstüchtig ist und genug Ware beinhaltet.

3.3 Angebotsvergleich

Der Einzelhändler sollte zur Ermittlung des für ihn günstigsten Angebots einen Angebotsvergleich machen. Dabei richtet sich die Kaufentscheidung nicht ausschließlich nach **quantitativen Bewertungskriterien** wie
- dem Listeneinkaufspreis der Ware,
- der Höhe der Preisnachlässe oder
- den Beförderungs- und Verpackungskosten (Bezugskosten).

In die Kaufentscheidung fließen auch **qualitative Bewertungskriterien** ein, z. B.
- Qualität der Ware,
- Umweltverträglichkeit der Ware,
- schnelle und verlässliche Lieferzeiten,
- Zahlungsbedingungen,
- Gewährleistung des Lieferanten bei Mängeln sowie
- Serviceleistungen des Lieferanten.

Quantitativ = berechenbar durch messbare Größen

Preisnachlässe → S. 20

Beförderungs- und Verpackungskosten → S. 20

Qualitativ = Bewertung durch individuelle, persönliche Gewichtung

Gewährleistungsfristen → S. 42

3.3.1 Quantitativer Angebotsvergleich

Beim quantitativen Angebotsvergleich wird der Bezugs- bzw. der Einstandspreis für jedes Angebot berechnet. Aus jedem einzelnen Angebot entnimmt der Einzelhändler den Listeneinkaufspreis der Ware, die Höhe der Preisnachlässe und die Höhe der Bezugskosten.

Beispiel

Die Beska GmbH hat sich entschlossen, Mountainbikes erstmals in das Sortiment aufzunehmen. Zunächst sollen 200 Stück beschafft werden.
Drei Angebote stehen zur Auswahl:

Lieferant / Angebotsinhalte	Lieferant 1 Herakles GmbH Modell: Hilliee RS 10	Lieferant 2 FFB AG Modell: Alpi Plus	Lieferant 3 Rexe GmbH Modell: Asino TTX
Listeneinkaufspreis	100,00 €	82,00 €	85,00 € Mindestbestellmenge 100 Stück
Preisnachlässe	bei einem Bestellwert über 10.000,00 € 15 % Rabatt; zahlbar innerhalb von 10 Tagen nach Rechnungsdatum unter Abzug von 3 % Skonto	zahlbar innerhalb von 30 Tagen netto Kasse	2 % Skonto bei Bezahlung innerhalb von 8 Tagen nach Rechnungserhalt
Beförderungs- und Verpackungskosten	lieferbar frei Haus einschließlich Verpackung	Pauschale für Verpackungs- und Beförderungskosten: 120,00 €	Verpackung leihweise frei Lager

Bezugskalkulation = Einkaufskalkulation

Verkaufskalkulation → S. 109

Mit Hilfe der **Bezugskalkulation** werden die verschiedenen Angebote miteinander nach einem bestimmten Kalkulationsschema verglichen.

Beispiel

Kalkulationsschema für die Angebote der Beska GmbH

			Lieferant 1	Lieferant 2	Lieferant 3
1		Listeneinkaufspreis	100,00 €	82,00 €	85,00 €
2	–	Lieferantenrabatt	15,00 €	–	–
	=	Zieleinkaufspreis	85,00 €	82,00 €	85,00 €
3	–	Lieferantenskonto	2,55 €	–	1,70 €
	=	Bareinkaufspreis	82,45 €	82,00 €	83,30 €
4	+	Bezugskosten	–	0,60 €	–
5	**=**	**Bezugspreis/Einkaufspreis**	**82,45 €**	**82,60 €**	**83,30 €**
		Gesamteinkaufspreis (200 Stück)	**16.490,00 €**	**16.520,00 €**	**16.660,00 €**

Ergebnis: Der Lieferant 1 hat den geringsten Bezugs-/Einstandspreis.

Erläuterungen

1. Der Listeneinkaufspreis ist ein Nettobetrag, also ohne Berücksichtigung der Umsatzsteuer.
2. Enthält das Angebot sowohl Rabatt als auch Skonto, so wird zunächst der Rabatt vom Listeneinkaufspreis abgezogen, da er vertraglich vereinbart ist.
3. Wenn Skonto in Anspruch genommen wird, dann wird der Skonto vom Zieleinkaufspreis (= Differenz aus Listeneinkaufspreis und Rabatt) abgezogen. Das Ergebnis aus dieser Differenz ist der Bareinkaufspreis.
4. Die Bezugskosten werden zum Bareinkaufspreis hinzugerechnet.
5. Die Summe aus dem Bareinkaufspreis und den Bezugskosten ergibt den Bezugs-/Einstandspreis.

3.3.2 Qualitativer Angebotsvergleich

Das Angebot mit dem geringsten Bezugspreis muss nicht gleichzeitig das Beste sein. Wenn z. B. die Qualität der Ware von dem Lieferanten mit dem günstigsten Bezugspreis minderwertig oder mangelhaft ist, entstehen dem Einzelhändler hohe Kosten durch Restanten und Kundenreklamationen. Der Einzelhändler muss also noch weitere Aspekte für die Kaufentscheidung berücksichtigen.

Restanten
nicht verkaufte Waren

Qualität der Ware

Eine Ware ist nur verkäuflich, wenn sie den Qualitätsansprüchen der Kunden des jeweiligen Einzelhandelsgeschäftes entspricht. Ist der Kunde von der Qualität der Ware enttäuscht, bleibt diese in den Verkaufsregalen liegen oder wird wieder in das Geschäft zurückgebracht. Dem Einzelhändler entstehen dadurch hohe Lager- und Verwaltungskosten. Außerdem kann langfristig das Image eines Geschäftes unter häufigen Reklamationen leiden.

Lagerkosten
→ S. 48

Umweltverträglichkeit der Ware

Kein Einzelhändler kann sich heute der Verantwortung für die Umwelt verschließen. Je nach Unternehmensziel und Art der Ware erhält die Umweltverträglichkeit der zu beschaffenden Ware und deren Verpackung unterschiedliche Gewichtung.

Lieferbedingungen

Die Verkaufsbereitschaft des Einzelhändlers ist davon abhängig, ob die Ware pünktlich und mangelfrei geliefert wird. Fehlbestände führen zu Kunden- und Umsatzverlusten und damit zu Gewinneinbußen. Muss der Einzelhändler auf Grund der Unzuverlässigkeit des Lieferanten größere Warenbestände bevorraten oder zu früheren Zeitpunkten bestellen, um das Risiko eines Fehlverkaufs zu minimieren, führt dies zu unnötig hohen Lagerkosten.

Mangelhafte Lieferung
→ S. 36

Lieferungsverzug
→ S. 53

Von Interesse ist auch,
- innerhalb welcher Frist der Lieferant liefern kann,
- welche Mengen er liefern kann,
- ob Mindestbestellmengen bzw. Depotzwänge von dem Lieferanten vorgegeben werden und
- wie flexibel er auf Sonderwünsche reagiert.

Depotzwang
Der Einzelhändler kann nicht nur einen einzelnen Artikel bestellen, sondern muss die ganze Serie abnehmen.

Zahlungsbedingungen

Neben den Preisnachlässen, die im quantitativen Angebotsvergleich berücksichtigt werden, ist der Zahlungszeitpunkt wesentlich für die Kaufentscheidung. Bietet ein Lieferant ein Zahlungsziel an, kann es für den Einzelhändler vorteilhaft sein, dieses auszunutzen, um sich einen gewissen Grad an Liquidität zu erhalten.

Liquidität
Zahlungsfähigkeit

Serviceleistungen des Lieferanten

Wichtige Entscheidungskriterien sind das kulante Verhalten eines Lieferanten in Reklamationsfällen und der gewährte Umfang der Garantieleistungen. Ausschlaggebend können auch Zusatzleistungen des Lieferanten sein, wie z. B.
- der Aufbau von Displaymaterial,
- der Einsatz von Propagandisten,
- Beratungen, Depot-/Warenkundeschulungen des Verkaufspersonals sowie
- der Einsatz von Werbefilmen, Flyern und anderen Werbemitteln.

Kulant
großzügig, entgegenkommend, d.h., der Lieferant ist bereit, die Ware umzutauschen, auch wenn der Einzelhändler keinen Rechtsanspruch darauf hat oder wenn der Rechtsanspruch nicht eindeutig nachgewiesen werden kann

Propagandist
Person, die die Waren eines Herstellers in den Verkaufsräumen des Einzelhändlers den Kunden vorstellt bzw. vorführt

Um die qualitativen Aspekte der Angebote vergleichen zu können, ist es sinnvoll, ausgewählte Leistungen der verschiedenen Anbieter mit einem Punktesystem zu bewerten. Diese Bewertung erfolgt mit Hilfe einer **Entscheidungstabelle**. Zur besseren Übersichtlichkeit sollen nur einige wesentliche Kriterien zum Vergleich herangezogen werden.

Beispiel

Kriterien	Gewichtungsfaktor ❶	Leistungen Lieferant 1		Leistungen Lieferant 2		Leistungen Lieferant 3	
		Punkte ❷	Punkte • Faktor ❸	Punkte	Punkte • Faktor	Punkte	Punkte • Faktor
Qualität der Ware	5	5	25	7	35	6	30
Lieferfrist	3	7	21	8	24	5	15
Umweltverträglichkeit	2	4	8	4	8	2	4
Gesamtwert	**10**		**54** ❹		**67** ❺		**49**

Erläuterungen

❶ Die ausgewählten Leistungen der verschiedenen Lieferanten wie Qualität, Lieferfrist und Umweltverträglichkeit haben für die Beska GmbH unterschiedliche Bedeutung. Die Qualität der Ware wird mit dem Faktor 5 höher eingestuft als die Lieferfrist, die mit dem Faktor 3, und die Umweltverträglichkeit, die mit dem Faktor 2 gewichtet wird.

❷ Die Leistungen der verschiedenen Lieferanten werden nach einer Punkteskala von 1 bis 10 bewertet. So erhält der Lieferant 1 für die Qualität der Waren 5 Punkte, für die Lieferfrist 7 Punkte und für die Umweltverträglichkeit 4 von jeweils 10 möglichen Punkten.

❸ Die Bewertungspunkte werden mit dem Gewichtungsfaktor multipliziert.

❹ Das Gesamtergebnis für die einzelnen Lieferanten ergibt sich aus der Addition der gewichteten Bewertungen.

❺ Das beste Gesamtergebnis hat der Lieferant mit der höchsten Gesamtpunktzahl.

3.4 Bestellung

Wenn sich ein Einzelhändler für ein Angebot entschieden hat, bestellt er beim Lieferanten die Ware zu den angegebenen Bedingungen. Eine Bestellung sollte folgende Inhalte enthalten:

- genaue Bezeichnung der Ware
- Lieferbedingungen
- genaue Mengenangabe
- Zahlungsbedingungen

Bezieht sich die Bestellung auf ein ausführliches Angebot eines Lieferanten, so genügt der Hinweis auf die Angebotsbedingungen.

Für die Bestellung gelten **keine Formvorschriften**, sie kann schriftlich, mündlich oder fernmündlich erfolgen. Um Irrtümer und später Schwierigkeiten zu vermeiden, sollten mündliche oder telefonische Angebote schriftlich bestätigt werden. Bei eventuellen Rechtsproblemen dient die schriftliche Bestätigung dann als Nachweis bzw. als Beleg in der eigenen Ablage. Die Bestellung ist eine Willenserklärung des Käufers, eine genau bezeichnete Ware zu bestimmten Bedingungen zu kaufen. Ist ein verbindliches Angebot vorausgegangen, kommt ein Kaufvertrag zu Stande, wenn die Bestellung mit dem Angebot übereinstimmt und rechtzeitig erfolgt.

Eine Bestellung kann nur widerrufen werden, wenn der Widerruf gleichzeitig mit der Bestellung oder vorher eintrifft. Mit dem Widerruf wird die Bestellung ungültig. Handelt es sich um ein Geschäft im Fernabsatzhandel, kann der Käufer die Bestellung innerhalb von zwei Wochen nach Erhalt der Ware schriftlich widerrufen. Über dieses Verbraucherrecht muss der Unternehmer informieren. Der Widerruf benötigt keine Begründung und muss schriftlich erfolgen. Das Widerrufsrecht gilt u. a. nicht für Lebensmittel oder für Gegenstände, die versiegelt waren und deren Versiegelung entfernt wurde, oder die sich aus Gründen des Gesundheitsschutzes oder der Hygiene nicht zur Rückgabe eignen.

Fernabsatzhandel
Verträge über die Lieferung von Waren, die zwischen einem Unternehmer und einem Verbraucher unter ausschließlicher Verwendung von Fernkommunikationsmitteln abgeschlossen werden; Fernkommunikationsmittel sind insbesondere Telefonanrufe, Briefe, Kataloge, Telekopien, E-Mails, Rundfunk-, Tele- und Mediendienste.

Bestellungsannahme (Auftragsbestätigung)

Erfolgt die Bestellung ohne vorhergehendes Angebot, so gilt die Bestellung als Antrag auf Abschluss eines Kaufvertrages. Der Kaufvertrag kommt erst durch die rechtzeitige Bestellungsannahme (Auftragsbestätigung) des Lieferanten zu Stande. Der Lieferant gibt die Willenserklärung ab, die bestellte Ware zu bestimmten Bedingungen zu liefern.

Eine Bestellungsannahme ist für das Zustandekommen eines Kaufvertrages auch

- bei freibleibendem Angebot und
- bei vom Angebot abweichender Bestellung

erforderlich.

freibleibendes Angebot
→ S. 22

Die Bestellungsannahme ist, wie alle anderen Erklärungen im Rahmen des Kaufvertrages, grundsätzlich **formfrei**, d. h., der Gesetzgeber hat im BGB oder im HGB keinerlei Vorschriften erlassen, wie eine Bestellungsannahme aufgebaut sein muss. Handelt es sich um mündlich abgegebene Bestellungen oder um wertmäßig hohe Beträge, ist es aus Beweisgründen sinnvoll, diese durch eine schriftliche Bestellungsannahme zu bestätigen.

Die sofortige Lieferung ist eine Form der Bestellungsannahme:
schlüssiges Handeln durch Lieferung = Bestellungsannahme.

Der Lieferant kann eine Bestellung annehmen, indem er

- eine Bestellungsannahme erteilt oder
- die Ware sofort liefert.

4 Arten des Kaufvertrags

Kaufverträge kann man nach folgenden Kriterien unterscheiden:
- Warenart und Güte
- Stellung der Vertragspartner
- vereinbarte Zahlungsbedingungen
- Lieferzeit

Kaufvertragsarten nach Warenart und Güte

Kaufvertragsart	Erklärung	Beispiel
Kauf auf Probe	Kauf mit unbedingtem Rückgaberecht	Herr Walter kauft ein Dolby-Surround-System und vereinbart mit dem Verkäufer ein 14-tägiges Rückgaberecht.
Kauf zur Probe	Kauf einer kleinen Warenmenge als Test, um später die gewünschte Menge zu bestellen	Die Beska GmbH kauft eine kleine Menge eines neuen Herrenduftes, um die Reaktion der Kunden zu testen. Bei entsprechender Nachfrage wird eine größere Menge nachbestellt.
Kauf nach Probe	Kauf entsprechend einem kostenlosen Musterbeispiel	Die Beska GmbH lässt sich von einem Hersteller für Tragetaschen mehrere kostenlose Muster schicken. Von der umweltfreundlichsten Tasche werden daraufhin 50.000 Stück bestellt.
Bestimmungskauf/Spezifikationskauf	Nur Menge und Art der Ware werden beim Kauf vereinbart, genaue Details bestimmt der Käufer innerhalb einer festgelegten Frist.	Die Beska GmbH bestellt bei einem Werkzeughersteller einen Standard-Gummihammer. Erst später werden das Gewicht und die Maße des Hammers festgelegt, damit er der Eigenmarke der Beska entspricht. (Gummihammer „Doing“)
Gattungskauf	Beim Kauf wird nur die Art oder Klasse der Ware bestimmt – wenn weiterhin nichts Genaueres vereinbart ist, soll „mittlere Qualität“ geliefert werden.	Die Beska GmbH bestellt Putzlappen für den Werkstatt- und Hobbygebrauch.
Stückkauf	Kauf einer klar spezifizierten Ware, die bei Verlust nicht zu ersetzen ist	speziell angefertigte Möbel, echte Kunstwerke, maßgeschneiderte Kleidung
Ramschkauf/ Kauf en bloc/ Kauf in Bausch und Bogen	Kauf eines Warenpostens ohne Sicherung der Qualität	Auflösungen von Lagern und Geschäften, Versteigerungen

Kaufvertragsarten nach Stellung der Vertragspartner

Kaufvertragsart	Erklärung	Beispiel
bürgerlicher Kauf	Beide Vertragsparteien sind Privatpersonen.	Herr Walter kauft von seinem Nachbarn einen gebrauchten DVD-Player.
Verbrauchsgüterkauf	Eine Vertragspartei ist Kaufmann (Gewerbetreibender).	Herr Walter kauft bei der Beska GmbH neue DVDs.
Zweiseitiger Handelskauf	Beide Vertragsparteien sind Kaufleute.	Die Beska GmbH kauft Damenoberbekleidung bei der Terry Kleber AG.
Kommissionskauf	Verkäufer ist lediglich Besitzer der Ware, Verkauf erfolgt in eigenem Namen gegen Provision.	Im Bahnhofskiosk verkauft der Händler Zeitschriften als Kommissionsware. Er erhält eine Provision für den Verkauf, nicht verkaufte Exemplare werden von einem Verlag wieder abgeholt.

Verbrauchsgüterkauf und zweiseitiger Handelskauf → S. 42

Kaufvertragsarten nach vereinbarten Zahlungsbedingungen

Kaufvertragsart	Erklärung	Beispiel
Barkauf	Kaufpreis wird bei Übergabe der Ware entrichtet.	Herr Walter kauft bei der Beska GmbH einen Regenschirm und zahlt an der Kasse.
Zielkauf	Kaufpreis wird nach der Lieferung der Ware zu einem späteren Zeitpunkt entrichtet.	Die Beska GmbH kauft die meisten Waren „auf Ziel“, mit einem vereinbarten Zahlungsziel von 30 Tagen.
Ratenkauf/ Abzahlungskauf	Kaufpreis wird in vereinbarten Raten entrichtet.	Die Beska GmbH bietet für Waren ab 200,00 Euro die Möglichkeit der Ratenzahlung an.

Ratenkauf/ Abzahlungskauf → S. 133

Kaufvertragsarten nach Lieferzeit

Kaufvertragsart	Erklärung	Beispiel
Kauf auf Abruf	Kauf einer größeren Menge Ware, die erst auf Wunsch des Kunden in Teilmengen geliefert wird	Die Beska GmbH ruft von den 50.000 gekauften Tragetaschen jede Woche 5.000 Stück ab, sodass die gesamte Bestellmenge nicht bei der Beska GmbH bevorratet werden muss.
Fixkauf	Lieferung bestellter Ware zu einem kalendermäßig festgelegten („fixierten“) Termin	Vereinbarung: „Lieferung am 11.11.20XX fix“
Terminkauf	Lieferung bestellter Ware innerhalb einer bestimmten Frist	Vereinbarung: „Lieferung bis Mitte November“ „Lieferung vom 11. bis 18.11.20XX“
Zweckkauf	Kauf einer Ware für einen bestimmten Zweck	Weihnachtsbäume, Osterlamm

5 Verteilungsrechnen

Die Anwendung der Verteilungsrechnung ist immer dann notwendig, wenn Gesamtwerte wie Kosten, Mengen, Gewinne, Prämien u. a. nach einem bestimmten Verteilungsschlüssel (Anteile) aufgeteilt werden sollen.

5.1 Verteilung nach angegebenem Verhältnis

Der zu verteilende Gesamtwert wird nach einem vorgegebenen Verhältnis verteilt.

Beispiel

An den Kosten für die Sanierung eines gemeinsamen Parkplatzes sind die Einzelhändler Modehaus Isa Bell, Drogeriemarkt Klien und die Beska GmbH im Verhältnis 3:4:5 beteiligt. Wie viel Kosten entfallen auf jeden Einzelhändler, wenn die Gesamtkosten 36.000,00 Euro betragen?

Lösung

Das Ergebnis kann mit Hilfe einer Tabelle (siehe unten) errechnet werden.

1. Die Summe der Anteile wird durch Addition ermittelt:

   3 Anteile + 4 Anteile + 5 Anteile = 12 Anteile

2. Der Wert eines Anteils wird berechnet, indem der Gesamtwert durch die Summe der Anteile dividiert wird:

   $$\frac{36.000,00}{12} = 3.000,00\ €$$

3. Die Kostenanteile je Einzelhändler werden durch Multiplikation der Anteile mit dem Wert je Anteil ermittelt:

   Modehaus Isa Bell: 3 · 3.000,00 € = 9.000,00 €
   Drogeriemarkt Klien: 4 · 3.000,00 € = 12.000,00 €
   Beska GmbH: 5 · 3.000,00 € = 15.000,00 €

4. Die Probe wird gemacht, indem die Kostenanteile der drei Einzelhändler addiert werden. Das Ergebnis ergibt die Gesamtkosten:

   9.000,00 € + 12.000,00 € + 15.000,00 € = 36.000,00 €

Einzelhändler	Verteilungsschlüssel	Kosten je Anteil (€)	Kosten je Einzelhändler (€)
Modehaus Isa Bell	3	3.000,00	9.000,00
Drogeriemarkt Klien	4	3.000,00	12.000,00
Beska GmbH	5	3.000,00	15.000,00
	Σ 12	–	Σ 36.000,00

Σ = Summe

Ergebnis:
Das Modehaus Isa Bell muss sich mit 9.000,00 Euro, der Drogeriemarkt Klien mit 12.000,00 Euro und die Beska GmbH mit 15.000,00 Euro an den Gesamtkosten beteiligen.

5.2 Verteilung mit gekürzten Anteilen

Häufig kann man den Verteilungsschlüssel durch Kürzen vereinfachen.

Beispiel

Die Beska GmbH hat drei Büroflächen in der Größe von 60 m^2, 75 m^2 und 90 m^2 vermietet. Ein Teil der Mietnebenkosten in Höhe von 1.800,00 Euro wird im Verhältnis der Flächen verteilt. Wie viel Euro Mietnebenkosten entfallen auf jede Bürofläche?

Lösung

1. Verteilungsgrundlage gekürzt durch 15

Bürofläche A: $\frac{60}{15} = 4$

Bürofläche B: $\frac{75}{15} = 5$

Bürofläche C: $\frac{90}{15} = 6$

Verteilungsgrundlage ungekürzt

Bürofläche A: 60

Bürofläche B: 75

Bürofläche C: 90

2. Dieser neue Verteilungsschlüssel 4 : 5 : 6 gilt für die weiteren Berechnungen.

3. Summe der Anteile:

4 Anteile + 5 Anteile + 6 Anteile = 15 Anteile.

60 Anteile + 75 Anteile + 90 Anteile = 225 Anteile

4. Wert eines Anteils:

$\frac{1.800,00\ €}{15} = 120,00\ €$

$\frac{1.800,00\ €}{225} = 8,00\ €$

5. Kostenanteil der Büroflächen:

A: 4 · 120,00 € = 480,00 €
B: 5 · 120,00 € = 600,00 €
C: 6 · 120,00 € = 720,00 €

A: 60 · 8,00 € = 480,00 €
B: 75 · 8,00 € = 600,00 €
C: 90 · 8,00 € = 720,00 €

6. Probe:

480,00 € + 600,00 € + 720,00 € = 1.800,00 €

Bürofläche	Verteilungsschlüssel		Wert je Anteil (€)		Kosten je Bürofläche (€)
	ungekürzt	gekürzt	ungekürzt	gekürzt	
A	60	4	8,00	120,00	480,00
B	75	5	8,00	120,00	600,00
C	90	6	8,00	120,00	720,00
	Σ 225	Σ 15			Σ = 1.800,00

Ergebnis:
Auf die Bürofläche A entfallen 480,00 Euro, auf Bürofläche B 600,00 Euro und auf Bürofläche C 720,00 Euro Mietnebenkosten.

5.3 Verteilung der Bezugskosten

Bezugspreis → S. 24
Bezugskosten → S. 20
Bezugskostenkalkulation → S. 109

Besteht eine Warensendung aus verschiedenen Warenarten, so müssen für eine genaue Kalkulation der Bezugspreise die Bezugskosten auf die einzelnen Warenarten verteilt werden. Dabei werden die Gewichtsspesen, wie z. B. Fracht- und Verladekosten, im Verhältnis der Bruttogewichte der einzelnen Waren verteilt. Die Wertspesen, wie z. B. die Verpackungskosten und die Kosten der Transportversicherung, werden im Verhältnis der Listeneinkaufspreise der einzelnen Waren verteilt.

Beispiel

Die Beska GmbH bezieht zwei verschiedene Waren in einer Warensendung:
Ware I: 120 kg zum Listeneinkaufspreis von insgesamt 520,00 Euro
Ware II: 60 kg zum Listeneinkaufspreis von insgesamt 480,00 Euro
Die Bezugskosten von insgesamt 95,00 Euro bestehen aus den Gewichtsspesen in Höhe von 45,00 Euro und den Wertspesen in Höhe von 50,00 Euro.
Wie viel Euro Bezugskosten entfallen auf jede Ware?

Lösung

Verteilungsschlüssel für die 45,00 Euro Gewichtsspesen: Bruttogewichte
Verteilungsschlüssel für die 50,00 Euro Wertspesen: Listeneinkaufspreise

		Gewichtsspesen	Wertspesen
1. Erstellen Sie eine Tabelle für die Verteilung mit den angegebenen Werten.			
2. Ermitteln Sie den Verteilungsschlüssel durch Kürzen.	Ware I:	$\frac{120}{60} = 2$	$\frac{520}{40} = 13$
	Ware II:	$\frac{60}{60} = 1$	$\frac{480}{40} = 12$
3. Addieren Sie die gekürzten Anteile.		$2 + 1 = 3$	$13 + 12 = 25$
4. Berechnen Sie den Wert eines Anteils.		$\frac{45}{3} = 15{,}00$ €	$\frac{50}{25} = 2{,}00$ €
5. Berechnen Sie die Spesen jeder Ware.	Ware I:	$2 \cdot 15 = 30{,}00$ €	$13 \cdot 2 = 26{,}00$ €
	Ware II:	$1 \cdot 15 = 15{,}00$ €	$12 \cdot 2 = 24{,}00$ €
6. Addieren Sie beide Bezugsspesen je Warenart.	Ware I:	30,00 € + 26,00 € = 56,00 €	
	Ware II:	15,00 € + 24,00 € = 39,00 €	

Ware	Gewichtsspesen			Ware	Wertspesen			Bezugskosten (€)
	Brutto-gewicht (kg)	gekürzte Anteile	Spesen je Ware (€)		Listenein-kaufspreis (€)	gekürzte Anteile	Spesen je Ware (€)	
I	120	2	30,00	I	520,00	13	26,00	56,00
II	60	1	15,00	II	480,00	12	24,00	39,00
	Summe							95,00

Ergebnis:
Auf die Ware I entfallen 56,00 Euro, auf die Ware II 39,00 Euro Bezugskosten.

7

Waren annehmen, lagern und pflegen

Wareneingangskontrolle

Mangelhafte Lieferung (Schlechtleistung)

Das Lager

Bezahlung von Waren

Lieferungsverzug (nicht-rechtzeitig-Lieferung)

Inventur und Inventar

1 Wareneingangskontrolle

Kaufvertrag
→ S. 28

Täglich treffen in jedem Einzelhandelsgeschäft neue Waren ein,
- die entweder für bestimmte Kunden vorbestellt sind (Kommissionsware) oder
- die vom Einzelhändler zunächst eingelagert werden müssen, bevor sie dann an die Kunden verkauft werden.

Der Lieferant erfüllt mit seiner Lieferung seine Verpflichtung aus dem Kaufvertrag. Der Einzelhändler als sein Vertragspartner muss genau kontrollieren, ob die Lieferung fehlerfrei erfolgte.

Die Ware wird entweder vom Lieferanten selbst angeliefert oder von einem Frachtführer. Holt der Einzelhändler die Ware selbst ab, kontrolliert er die Ware schon bei der Abholung.

Bei Anlieferung der Ware muss in Anwesenheit des Fahrers geprüft werden, ob
- die Adresse des Empfängers stimmt,
- die Anzahl der Packstücke richtig ist und
- die Verpackung äußerlich unbeschädigt ist.

Frachtführer ist, wer gewerbsmäßig Güter befördert (§ 452 HGB), z.B. Spediteure, Deutsche Bahn AG, Deutsche Post AG.

Zur Überprüfung der Adresse und der Anzahl der Packstücke dienen die Paketaufkleber und ggf. der Lieferschein. Werden keine Mängel festgestellt, wird die Empfangsbestätigung für den Lieferanten unterschrieben.

Lieferschein
Formular, das einer Lieferung beiliegt; es enthält die einzelnen Warenpositionen nach Art und Menge.

Mängel
→ S. 36

Augsburger Papierveredelungsgesellschaft mb

Augsburger Papierveredelungsgesellschaft mbH, Gumpelzhaimer Str. 3-5, 86154 Augsburg

Beska GmbH
Tauentzienstr. 60
10789 Berlin

Lieferschein Nr. 1688

Kundennummer:	Bestellung Nr.:	Bestelldatum:	Auftragsbestätigung:	Lieferdatum
7666	66	20.03.20XX	1688	26.03.20XX

Artikel-Nr.	Warenbezeichnung	Menge	Preis/E
404400	Computerpapier	300.000	12,80 €/1.00
Versand Lkw	**Wir bestätigen die ordnungsgemäße Lieferung:** 26.03.20XX	**Name:** Hemmersbac	

Wird bei der Warenlieferung festgestellt, dass als Warenempfänger auf dem Paket oder Lieferschein ein anderer Empfänger eingetragen ist, wird die **Annahme der Lieferung verweigert** und der Fahrer muss die Ware wieder mitnehmen.

Wenn die Anzahl der Packstücke nicht stimmt oder die äußere Verpackung beschädigt ist, wird dies auf dem Lieferschein oder in einer speziellen **Schadensmitteilung** für den Lieferanten schriftlich festgehalten und vom Anlieferungsfahrer als Zeugen bestätigt.

Legen äußere Eindrücke den Verdacht nahe, dass der Inhalt nicht schadensfrei ist, sollte dieses Packstück sofort geöffnet und der Inhalt auf Beschädigung überprüft werden. Wird hier ein Mangel, der durch Transportfehler entstanden sein kann, festgestellt, wird dieses ebenfalls auf dem Lieferschein oder einer Schadensmitteilung festgehalten.

Nach der Warenannahme ist eine weitere Anwesenheit des Fahrers nicht mehr notwendig.

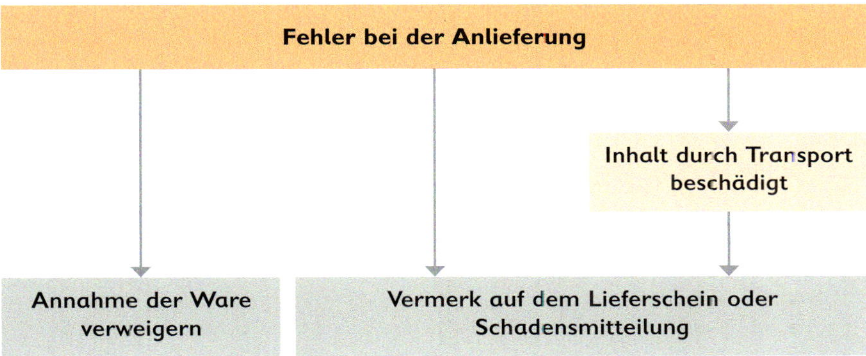

Bestellung
→ S. 27

Mangelhafte Lieferung
→ S. 36

Waren lagern
→ S. 43

Warenwirtschaftssystem
→ S. 12

Im Anschluss wird eine **Qualitätskontrolle** durchgeführt. Dabei wird geprüft, ob die gelieferte Ware der bestellten Ware in quantitativer und qualitativer Hinsicht entspricht. Beim Vergleich des Lieferscheins mit der Bestellung zeigt sich, ob die Ware in dieser Menge bestellt wurde. Sollte die Ware falsch oder mit einem Mangel geliefert worden sein, muss der Einzelhändler dieses dem Lieferanten sofort mitteilen (**Mängelrüge**).

Ist die Ware einwandfrei, kann sie eingelagert und erfasst werden. Die Erfassung der neu gelieferten Ware erfolgt im Warenwirtschaftssystem. Durch die eingetroffene Ware hat sich der Lagerbestand erhöht. Die Liste der offenen Bestellungen wird aktualisiert und ein Wareneingangsschein gedruckt.

Eingabe eingetroffener Ware im Warenwirtschaftssystem E.V.A.

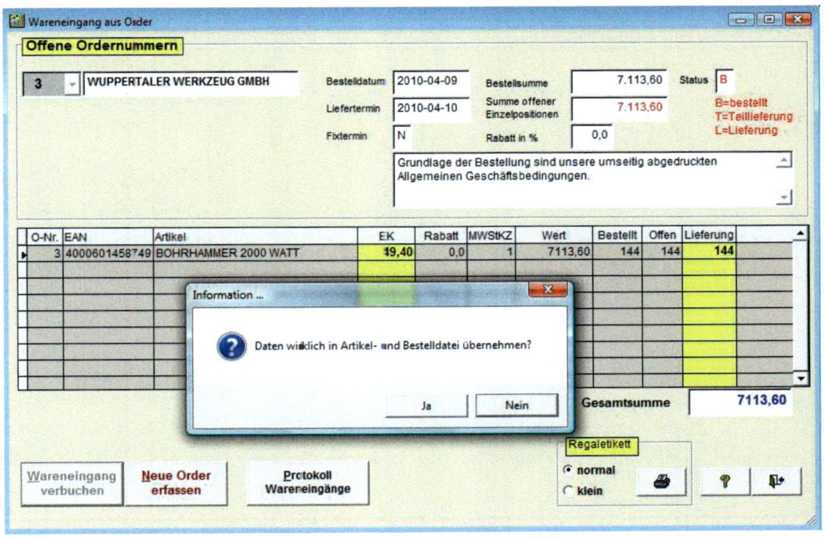

2 Mangelhafte Lieferung (Schlechtleistung)

Lernsituation 51

Der Verkäufer ist verpflichtet, die verkaufte Sache mangelfrei zu liefern (**Gewährleistungspflicht**). Tut er dies nicht, hat er nicht ordnungsgemäß geleistet, es liegt eine mangelhafte Lieferung vor. Dem Kunden stehen dann verschiedene Ansprüche (**Gewährleistungsrechte**) zu. Die gesetzliche Sachmängelhaftung des Verkäufers setzt allerdings voraus, dass der Mangel schon bei Übergabe der Sache an den Käufer vorlag.

Gewährleistungsfristen → S. 42

Die mangelhafte Lieferung ist eine Kaufvertragsstörung.

Kaufvertrag → S. 19, 27

2.1 Arten der Sachmängel

Wann es sich im rechtlichen Sinne um einen Sachmangel handelt, ist im BGB geregelt. Nach § 434 BGB ist eine Sache frei von Mängeln, wenn sie bei der Übergabe die vereinbarte, vorausgesetzte oder übliche Beschaffenheit hat. Wobei **vereinbarte Beschaffenheit** heißt, dass es eine ausdrückliche Vereinbarung zwischen dem Käufer und dem Verkäufer gibt. Bei der **vorausgesetzten Beschaffenheit** ist die Eignung für die gewöhnliche Verwendung der Sache gemeint und mit **üblicher Beschaffenheit**, die Beschaffenheit, die der Käufer nach der Art der Sache erwarten kann.

Beispiel

- Vereinbarte Beschaffenheit: Der Verkäufer versichert dem Kunden, dass das gekaufte Kellerregal eine Tragfähigkeit von 100 kg besitzt.
- Vorausgesetzte Beschaffenheit: Ein Gelegenheitsjogger kann davon ausgehen, dass er mit einem neu gekauften Laufschuh mindestens mehrere 100 km laufen kann.
- Übliche Beschaffenheit: Eine neu erworbene Jeans muss sicherlich mehrere Wäschen mit der Waschmaschine ohne Schäden überstehen.

Sachmängel werden verursacht durch:

- Fehler in der Beschaffenheit (Qualitätsmangel)
- Fehler bei der Montage (Montagemangel)
- fehlerhafte Montageanleitungen
- Falschlieferungen (andere Ware als bestellt)
- Fehlmenge (Quantitätsmangel)
- Abweichung von Werbeaussagen

Fehler in der Beschaffenheit (Qualitätsmangel)

Qualitätsmängel können durch die fehlerhafte Herstellung oder durch unsachgemäßen Umgang mit der Sache durch den Hersteller, Spediteur oder Händler entstehen.

Beispiel

- Der Überhitzungsschutz einer Kaffeemaschine funktioniert nicht.
- Das Gehäuse der Kaffeemaschine weist Kratzer auf.
- Das Wasser in der Kaffeemaschine wird nicht richtig heiß.

Fehler bei der Montage (Montagemangel)

Eine unsachgemäß durchgeführte Montage durch den Verkäufer oder dessen Beauftragten stellt ebenfalls einen Sachmangel dar.

Beispiel

Die Tür einer Glasvitrine lässt sich nicht richtig schließen, weil sie vom Lieferanten falsch eingesetzt wurde.

Auch bei der Montage können Sachmängel entstehen.

Fehlerhafte Montageanleitungen

Wenn bei der Montage durch den Käufer Schäden an dem Kaufgegenstand entstehen, weil die Montageanleitung mangelhaft ist oder sogar fehlt, liegt ein Sachmangel vor.

Beispiel

Weil der Käufer beim Selbstaufbau eines Regals in der Reihenfolge der Montageanleitung vorgeht, bricht die Rückwand des Regals.

Falschlieferungen

Der Verkäufer liefert eine andere als die vom Käufer bestellte Sache.

Beispiel

Ein Großhändler liefert einem Einzelhändler Buntstifte der Firma Stättler. Der Einzelhändler hatte Bleistifte der Firma Kaber Fastell bestellt.

Fehlmenge (Quantitätsmangel)

Der Verkäufer hat zu wenig oder in einer falschen Abmessung geliefert.

Beispiel

- Statt der 100 bestellten Pullover wurden 80 Stück geliefert.
- Die in 3,00 m Länge bestellten Dekorationsstoffe wurden in 2,50 m Länge geliefert.

Quantitätsmangel

Abweichung von Werbeaussagen

Der Käufer muss sich auf die Aussagen in der Werbung, die Warenkennzeichnung und andere öffentliche Aussagen verlassen können. Verfügen die Waren nicht über die versprochenen Eigenschaften, sind sie mangelhaft.

Beispiel

Der tatsächliche Wasserverbrauch einer Spülmaschine ist wesentlich höher als der in der Werbung angegebene.

2.2 Erkennbarkeit der Sachmängel

Sachmängel können zu verschiedenen Zeitpunkten erkannt werden. Unterschieden wird hierbei zwischen offenem, verstecktem und arglistig verschwiegenem Mangel.

Offener Mangel
Offene Mängel sind bei der Prüfung der Ware sofort sichtbar.

Beispiel

Die Deckel von Joghurtbechern sind beschädigt.

Versteckter Mangel
Versteckte Mängel sind nicht sofort erkennbar, sie werden erst bei Verwendung der Sache entdeckt.

Beispiel

Das Schwarzbrot ist verschimmelt, obwohl das auf der Verpackung angegebene Mindesthaltbarkeitsdatum noch nicht erreicht ist.

Arglistig verschwiegener Mangel
Ist dem Verkäufer ein Mangel an der Sache bekannt und verheimlicht er diesen gegenüber dem Käufer, so spricht man von einem arglistig verschwiegenen Mangel.

Beispiel

Ein aus Reklamationsrückläufen stammendes Radio, das mehrfach erfolglos repariert wurde, wird als neues Gerät zum vollen Preis verkauft.

2.3 Umfang der Sachmängel

Welche Rechte der Käufer aus einer mangelhaften Lieferung in Anspruch nehmen kann, richtet sich auch nach dem Umfang des Mangels.

Erheblicher Mangel
Der Mangel ist erheblich, wenn dadurch die Verwendung der Sache in großem Umfang eingeschränkt oder sogar unmöglich ist.

Beispiel

Das Bild eines Farbfernsehers flimmert.

Geringfügiger Mangel
Der vorliegende Mangel hat auf die Verwendung der Sache keinen großen Einfluss.

Beispiel

Die Faltschachtel eines Makeups von Blue Bell hat eine Delle und ist beschädigt.

2.4 Rechte des Käufers

Weist die Ware bei der Übergabe an den Kunden einen Mangel auf und kennt der Käufer bei Vertragsabschluss den Mangel nicht, können verschiedene Rechte geltend gemacht werden:

- Nacherfüllung des Kaufvertrags
- Rücktritt vom Kaufvertrag oder Minderung des Kaufpreises
- Schadenersatz statt Leistungen oder Ersatz vergeblicher Aufwendungen

Rechte des Käufers bei Mängeln
→ § 437 BGB

Nacherfüllung
→ § 439 BGB

Produkthaftung
→ S. 144

Kommt es durch die Mangelhaftigkeit der Ware zu weiteren Schäden beim Kunden, so kann dieser durch das Produkthaftungsgesetz (ProdHaftG) weitere Rechte gegenüber dem Hersteller des Produktes geltend machen.

2.4.1 Vorrangiges Recht

Wenn der Käufer einen Mangel an der Ware feststellt, hat er zunächst nur einen Nacherfüllungsanspruch. Dabei kann er zwischen einer

- **Neulieferung:** Recht auf Lieferung einer mangelfreien Ware oder
- **Nachbesserung:** Recht auf Beseitigung des Mangels wählen.

Schadenersatz, Schadenhöhe
→ S. 57

Liegt ein Verschulden des Verkäufers vor, so kann der Käufer neben diesen beiden Rechten auch noch **Schadenersatz** geltend machen. Dieser könnte z. B. im entgangenen Gewinn liegen, da der Käufer die mangelhafte Ware nicht verkaufen konnte. Fallen bei der Nacherfüllung zusätzliche Aufwendungen wie Transport-, Material- und Arbeitskosten an, so muss der Verkäufer diese ebenfalls ersetzen.

Der Verkäufer kann in seinen Allgemeinen Geschäftsbedingungen das Wahlrecht des Käufers zwischen Neulieferung und Nachbesserung nur einschränken, wenn es sich um einen zweiseitigen Handelskauf handelt. Beim Verbrauchsgüterkauf darf das Wahlrecht nicht zum Nachteil des Verbrauchers ausgeschlossen werden.

Zweiseitiger Handelskauf
→ S. 29

Verbrauchsgüterkauf
→ S. 29

Der Verkäufer kann die vom Käufer gewünschte Art der Nacherfüllung ablehnen, wenn

- die Kosten der Neulieferung/Nachbesserung unverhältnismäßig hoch sind oder
- die Nacherfüllung unmöglich ist.

Beispiel

- Da die Reparatur einer Uhr teurer ist als die Beschaffung einer neuen Uhr, kann der Verkäufer ohne Nachteil für den Käufer auf die andere Art der Nacherfüllung, nämlich die Neulieferung, zurückgreifen.
- Die Sohlen eines Wanderschuhs lösen sich. Weil solche Schuhe nicht mehr nachbestellt werden können, beschränkt sich der Anspruch des Käufers auf die Reparatur des Schuhs.

Angemessene Frist
Der Verkäufer hat Gelegenheit, die Ware zu liefern, ohne diese erst zu beschaffen oder herzustellen.

Fixkauf
→ S. 29

Zweckkauf
→ S. 29

Für die Nacherfüllung muss der Käufer dem Verkäufer eine angemessene Frist einräumen. Beim Fix- und Zweckkauf ist eine Nachfrist nicht vorgeschrieben.

2.4.2 Nachrangige Rechte

Der Käufer kann weitere (nachrangige) Rechte geltend machen, wenn nach zweimaliger Nachbesserung der Mangel nicht behoben wurde oder wenn eine dem Verkäufer gesetzte **Nachfrist** erfolglos abläuft. Auf eine Nachfristsetzung kann verzichtet werden, wenn
- der Verkäufer die Nacherfüllung verweigert oder
- die Nacherfüllung für den Käufer und/oder Verkäufer unzumutbar ist, z. B. wenn durch die Nacherfüllung unverhältnismäßig hohe Kosten für den Verkäufer entstehen würden.

Der Käufer kann dann z. B.
- vom Vertrag zurücktreten oder
- den Kaufpreises mindern und
- Schadenersatz statt Leistung verlangen oder
- Ersatz vergeblicher Aufwendungen fordern.

Rücktritt vom Vertrag

Rücktritt wegen nicht oder nicht vertragsgemäß erbrachter Leistung → § 323 BGB

Beim Rücktritt vom Vertrag ist der Käufer zur Rückgabe der Ware und der Verkäufer zur Erstattung eines evtl. gezahlten Kaufpreises verpflichtet. Der Käufer wird vom Rücktrittsrecht Gebrauch machen, wenn er an einer Erfüllung des Vertrags oder an einer Fortsetzung der Geschäftsbeziehung nicht mehr interessiert ist. Der Käufer kann das Rücktrittsrecht allerdings nur in Anspruch nehmen, wenn der Mangel erheblich ist.

Beispiel

Minderung → § 441 BGB

Die Zusammenarbeit mit dem Lieferanten gestaltete sich bereits bei den Nacherfüllungsversuchen eines defekten Fernsehers sehr schwierig. Der Käufer hat deshalb kein Vertrauen mehr und möchte die Vertragsbeziehung zu dem Lieferanten abbrechen, denn der Mangel am Fernseher ist immer noch nicht behoben.

Unreife Bananen

Minderung des Kaufpreises

Ist die Ware nur geringfügig mangelhaft, kann der Käufer lediglich eine Herabsetzung des Kaufpreises fordern. Der geforderte Preisnachlass muss angemessen sein, d. h., der Wert der mangelfreien Ware wird mit dem tatsächlichen Wert durch Schätzung verglichen. Die Differenz muss der Verkäufer erstatten.

Beispiel

Das Obst ist in einem nicht bestellten Reifegrad geliefert worden. Die Vertragspartner einigen sich auf einen Preisnachlass von 20 %.

Schadenersatz statt Leistung

Schadensersatz statt der Leistung → § 281 BGB

Wenn der Mangel erheblich ist und den Verkäufer ein Verschulden trifft, kann der Käufer Schadenersatz statt der geschuldeten Leistung verlangen. Der Schadenersatzanspruch des Käufers ergibt sich aus der Mangelhaftigkeit der Ware selbst und aus den Mangelfolgeschäden. Der Gesetzgeber schränkt die Höhe der Schadenersatzansprüche des Käufers nicht ein. So kann die Höhe des eingetretenen Schadens den Wert der Ware bei weitem übersteigen.

Falls der Käufer Schadenersatz statt Leistung verlangt, ist sein Anspruch auf die Leistung ausgeschlossen, d. h., er kann in diesem Fall nicht mehr seine vorrangigen Rechte in Form der Behebung des Schadens oder die Lieferung mangelfreier Ware verlangen.

Der Käufer kann aber gleichzeitig mit Schadenersatzansprüchen auch sein Rücktrittsrecht geltend machen.

Schadensersatz und Rücktritt → §325 BGB

Beispiel

Durch einen nicht zu behebenden Defekt an einer neu gekauften Kühltheke verdirbt ein großer Teil der darin gelagerten Lebensmittel. Der Schadenersatzanspruch erstreckt sich auf die Kosten für die verdorbenen Lebensmittel und der Käufer kann vom Kaufvertrag zurücktreten.

Ersatz vergeblicher Aufwendungen

Ersatz vergeblicher Aufwendungen → §284 BGB

Der Käufer kann an Stelle des Schadenersatzes statt Leistung einen Ersatz der Aufwendungen fordern, die dadurch entstanden sind, dass der Käufer auf die Warenlieferung vertraut hat.

Beispiel

Die vom Hersteller gelieferte Aktionsware ist auf Grund von Mängeln unverkäuflich und in der Kürze der Zeit nicht neu zu beschaffen. Der Käufer hat für diese Ware Werbeprospekte drucken lassen, die nun nicht mehr gebraucht werden können. Die Druckkosten sind vergebliche Aufwendungen, die der Verkäufer ersetzen muss.

Auch den Ersatz vergeblicher Aufwendungen kann der Käufer nur bei Verschulden des Verkäufers und bei erheblichen Mängeln geltend machen. Dieses Recht wird der Käufer in der Regel nur dann in Anspruch nehmen, wenn auch die vergeblichen Aufwendungen erheblich waren und er langfristig kein Interesse mehr hat, mit dem Verkäufer weitere Geschäftsbeziehungen zu pflegen.

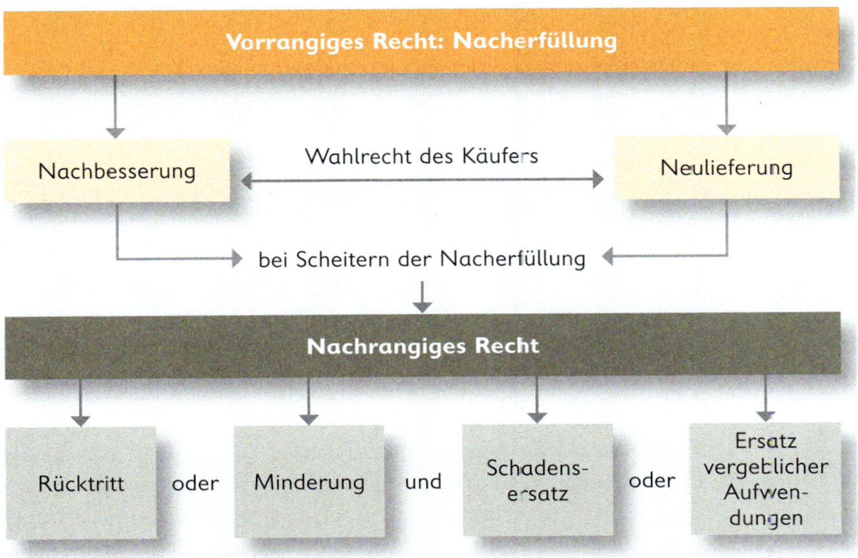

2.5 Verjährung der Mängelansprüche

Wie alle Rechtsansprüche verjähren auch die Ansprüche aus mangelhafter Lieferung. Verjährung bedeutet, dass der Käufer keine rechtliche Möglichkeit mehr besitzt, seine berechtigten Ansprüche durchzusetzen. So würde selbst eine Klage vor Gericht keinen Erfolg bringen, da diese Klage mit dem Hinweis auf die Verjährung gar nicht erst zugelassen würde.

Zweiseitiger Handelskauf → S. 29

Verbrauchsgüterkauf → S. 29

Der Käufer muss beim zweiseitigen Handelskauf die Ware bei Eingang prüfen. Da beim Verbrauchsgüterkauf diese Prüfungspflicht entfällt, ergeben sich für den zweiseitigen Handelskauf und den Verbrauchsgüterkauf unterschiedliche **Gewährleistungsfristen**, in denen der Käufer seine Rechte geltend machen kann.

Zweiseitiger Handelskauf

Unverzüglich
ohne schuldhaftes Verzögern

Weil der Kaufmann bei der Prüfung der Ware offene Mängel sofort erkennen kann, ist er auch verpflichtet, diese unverzüglich dem Verkäufer mitzuteilen. Versteckte Mängel muss der Kaufmann unverzüglich nach Entdeckung rügen, jedoch spätestens innerhalb der Gewährleistungsfrist von zwei Jahren. Beim zweiseitigen Handelskauf kann der Kaufmann die Gewährleistungsfristen vertraglich bis auf ein Jahr einschränken oder bei gebrauchten Sachen sogar ganz ausschließen.

Beispiel

Ein Einzelhändler kauft bei einem Großhändler für Bürobedarf am 15. Juli 20X1 kopiertaugliche Folien. Als die Folien am 3. August 20X4 erstmalig eingesetzt werden sollen, stellt sich heraus, dass die Folien nicht kopiertauglich sind. Der Einzelhändler kann jedoch keine Ansprüche geltend machen, da diese verjährt sind.

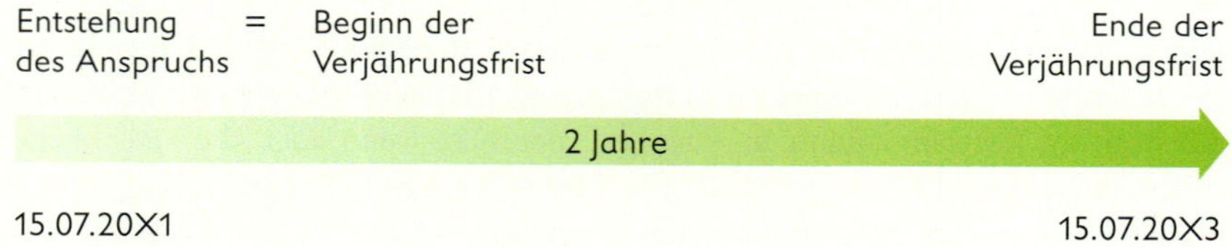

Verbrauchsgüterkauf

Der Käufer hat sowohl bei offenen als auch bei versteckten Mängeln eine Gewährleistungsfrist von zwei Jahren, wenn es sich um neu hergestellte Waren handelt. Bei gebrauchten Waren kann sich die Frist auf ein Jahr vermindern, wenn dies in den Allgemeinen Geschäftsbedingungen festgelegt ist und diese auch Bestandteil des Vertrags geworden sind. Die Verjährung beginnt mit der Ablieferung der Ware.

Beweislastumkehr → §476 BGB

Regelmäßige Verjährungsfrist → §195 BGB

Tritt ein Mangel innerhalb von sechs Monaten nach Übergabe der Ware auf, so wird zu Gunsten des Käufers vermutet, dass die Ware bereits bei der Warenübergabe diesen Mangel aufwies. Das bedeutet, dass gegebenenfalls der Verkäufer beweisen muss, dass die Ware bei der Übergabe fehlerfrei war. Hier findet eine **Umkehr der Beweislast** statt, da nach den Grundsätzen der Beweislast eigentlich der Käufer den Schadensbeweis antreten muss. Nach Ablauf der sechs Monate muss der Käufer beweisen, dass die Ware bei der Übergabe fehlerhaft war.

Beginn der regelmäßigen Verjährungsfrist und Höchstfristen → §199 BGB

Wenn der Verkäufer den Mangel arglistig verschwiegen hat, tritt die regelmäßige Verjährungsfrist von drei Jahren ein. Diese Regelung gilt sowohl für den zweiseitigen Handelskauf als auch für den Verbrauchsgüterkauf. Die regelmäßige Verjährungsfrist beginnt mit dem Schluss des Jahres, in dem der Käufer von dem Mangel an der Ware Kenntnis erlangt hat.

3 Das Lager

Lernsituation 52

Jeder Einzelhändler benötigt für den reibungslosen Ablauf seiner Geschäfte ein Lager. Das Lager erfüllt für ihn dabei mehrere unterschiedlichste Funktionen.

- **Zeitüberbrückungsfunktion**: Beschaffung und Absatz lassen sich weder zeitlich noch mengenmäßig vollständig aufeinander abstimmen. Vor diesem Hintergrund dienen Lager als Puffer.
- **Sicherungsfunktion**: Transportstörungen, Lieferzeitüberschreitungen, Streiks und ungeplante Mehrverkäufe sind Beispiele für unvorhergesehene Liefer- oder Bedarfsschwankungen. Als notwendige Konsequenz sind Sicherheitsbestände einzuplanen, die die Schwankungen ausgleichen und somit jederzeit die Verkaufsbereitschaft des Einzelhändlers sichern.
- **Spekulationsfunktion**: Preise unterliegen häufig Schwankungen. Wenn steigende Preise vorauszusehen sind, bietet es sich an, Waren in größeren Mengen einzukaufen, als dies auf Grund der aktuellen Nachfrage notwendig wäre. Dabei lassen sich als positiver Nebeneffekt auch Mengenrabatte ausnutzen. Die Einsparung an Beschaffungskosten ist allerdings mit einer Erhöhung der Lagerkosten zu verrechnen.
- **Veredelungsfunktion**: Insbesondere im Lebensmittelbereich (z. B. Käse, Wein) erfahren Waren durch Reifungsprozesse eine nicht unerhebliche Wertsteigerung.

3.1 Lagerarten

Im Lager des Einzelhändlers wird die Ware aufbewahrt, bis sie an den Endverbraucher verkauft wird. Es werden zwei Lagerarten unterschieden.

Verkaufslager

Auch der Verkaufsraum ist ein Lagerraum. Die Ware muss im Verkaufslager so präsentiert werden, dass sie den Kunden zum Kauf anregt.

Reservelager

Da aber das Warenlager in vielen Einzelhandelsgeschäften größer sein muss als die Fläche des Verkaufsraums, gibt es meist in unmittelbarer Nähe, manchmal aber auch in größerer Entfernung, ein Reservelager.

Ein Teil des Verkaufslagers der Beska GmbH

Dieses Reservelager hat folgende Aufgaben:

- die abverkaufte Ware im Verkaufsraum zu ersetzen
- die Ware verkaufsfertig zu machen (z. B. auspacken, prüfen, umpacken, bündeln, auszeichnen)
- Kommissionsware oder Saisonware bis zur Verwendung aufzubewahren

Beispiel

Frau Maus macht im Reservelager der Beska GmbH Ware verkaufsfertig. Sie nimmt Textilien aus dem Anlieferungskarton und hängt diese auf den Rundständer, der dann ins Verkaufslager gerollt wird.

3.2 Lagergrundsätze

Lagerorganisation
Aufbau und Gliederung des Lagers durch die Art der Lagereinrichtung und die Anordnung der Waren

Damit ein Lager für den Einzelhändler den größtmöglichen Nutzen erbringt, muss der Händler sich Gedanken über die Organisation seines Lagers machen. Je nach Branche, in der ein Einzelhändler tätig ist, kann ein Lager von der Anordnung der Ware bis zur Anzahl und Art der Lagereinrichtung unterschiedlich organisiert sein. Der Einzelhändler sollte aber bei der Lagerorganisation nachfolgende Lagergrundsätze beachten.

Übersichtlichkeit

Die Mitarbeiter, die im Lager arbeiten, müssen jederzeit in der Lage sein, eine bestimmte Ware, die gesucht wird, auf Anhieb zu finden. Deshalb ist es üblich, das Lager in übersichtliche Bereiche einzuteilen. In größeren Lagern erhalten die jeweiligen Bereiche auch Bezeichnungen. In einem Lagerplan wird der Lagerplatz von allen Waren festgehalten, sodass jeder Mitarbeiter die gesuchte Ware an dem angegebenen Platz finden kann.

Sachgerechtigkeit

Art und Ausstattung des Lagers müssen sowohl den Bedürfnissen der Mitarbeiter als auch den Eigenschaften der Ware angepasst sein. Schwere Ware muss z. B. unten und in Verkaufsraumnähe gelagert werden, um den Krafteinsatz und die Wegezeiten des Personals zu optimieren. Um einen sachgerechten Transport und eine sachgerechte Lagerung der Waren zu ermöglichen, sind die Verpackungen häufig mit Symbolen gekennzeichnet.

Vorsicht zerbrechlich

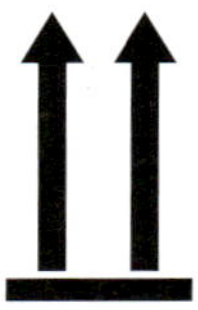
Hier oben

Vor Feuchtigkeit schützen

Vor Hitze schützen

Hier Schwerpunkt

Beispiel

Papierwaren, Holzwaren oder Ware aus Leder benötigen eine bestimmte Luftfeuchtigkeit, während einige Lebensmittel nicht zu stark dem Licht ausgesetzt werden dürfen.

Geräumigkeit

Gerade wenn im Lager Verkaufsvorbereitungen wie Auspacken, Umpacken, Bündeln und Auszeichnen vorgenommen werden, muss im Lager genügend Platz vorhanden sein. Nur wenn das Lager groß genug ist, können die beschriebenen Arbeiten ohne Verzögerungen und ohne zusätzliche Räumarbeiten erledigt werden.

Sicherheit

Im Lager ist durch die Menge und den Wert der Ware ein großer Kapitalanteil des Einzelhandelsunternehmens gebunden. Darum muss der Einzelhändler Vorsorge treffen, dass sein Lager nicht durch Brand, Wasser oder Diebstahl Schaden nimmt. Auch der Unfallschutz für die Mitarbeiter gilt hier ganz besonders, denn im Lager wird oft mit unfallträchtigen Geräten gearbeitet, wie Leitern und Hubwagen.

Sauberkeit

Wie in allen Räumen des Einzelhändlers, so ist auch im Lager auf Sauberkeit zu achten. Sie dient dem Qualitätserhalt der Ware und sorgt dafür, dass die Lagereinrichtung erhalten bleibt. Durch die Sauberkeit im Lager sind auch stets die Transportwege sicher und frei von Unfallgefahren. Die Sauberkeit erhält im Lager auch die Gesundheit der Mitarbeiter.

3.3 Wirtschaftliche Lagerhaltung

Da das Lager die Liefermöglichkeit des Einzelhändlers erhalten soll, könnte ein möglichst großes Lager nützlich sein. Durch das Lager werden aber auch eine Vielzahl von Kosten verursacht:

- Wartung der Lagereinrichtungen, z. B. Regale, Transportmittel
- Energieverbrauch, z. B. für Strom
- Personaleinsatz
- Warenpflegeeinrichtungen, z. B. Staubschutzhüllen
- Raumkosten
- Kapitalbindungskosten

Kapitalbindungskosten → S. 48

Um die Kosten nicht zu groß werden zu lassen, sollte auch das Lager nicht zu groß gewählt werden. Von der optimalen Lagergröße wird gesprochen, wenn der Einzelhändler in allen wichtigen Fällen liefern kann und daneben die Kosten der Lagerhaltung nicht zu hoch sind. Wenn die **optimale Lagergröße** erreicht ist, wird in der Regel auch die Wirtschaftlichkeit des Lagers am höchsten sein.

Wirtschaftlichkeit bedeutet hier das Verhältnis der durch die Lagerhaltung erzielbaren Umsätze zu den durch das Lager anfallenden Kosten.

Da das Verhalten der Kunden und damit der Abverkauf nicht genau vorherbestimmt werden können, kann die optimale Lagergröße nicht exakt berechnet werden. Trotzdem kann die Wirtschaftlichkeit des Lagers mit Hilfe von verschiedenen Kennzahlen der Lagerhaltung gut kontrolliert und überwacht werden.

3.3.1 Lagerbestandskennzahlen

Zu den Kennzahlen, mit denen der **Bestand** des Lagers überwacht werden kann, gehören Mindestbestand, Höchstbestand, Bestellmenge, Meldebestand und der durchschnittliche Lagerbestand.

Der **Mindestbestand** ist die Warenmenge, die immer am Lager vorrätig sein sollte, um Lieferengpässe oder höhere Abverkaufszahlen auszugleichen. Da beide Fälle nicht planbar sind, ist der Mindestbestand vom Einzelhändler festzulegen. Das ist in der Regel die Absatzmenge für mehrere Tage. Der Mindestbestand wird auch eiserner Bestand genannt; er ist ein Erfahrungswert.

Reservelager eines großen Einzelhandelsunternehmens

Beispiel

Die Beska GmbH verkauft täglich im Durchschnitt 25-mal das Duschbad Soft. Es hat sich gezeigt, dass die Absatzmenge für 5 Tage den Mindestbestand für diese Ware ausmacht.

Mindestbestand = 5 Tage · durchschnittlicher Tagesbedarf
= 5 Tage · 25 Stück
= 125 Stück

Höchstmenge

Mindestbestand
+ Bestellmenge
= Höchstmenge

Bestellmenge

Höchstbestand
– Mindestbestand
= Bestellmenge

Meldebestand

Mindestbestand
+ (Ø Tagesabsatz · Lieferzeit)
= Meldebestand

Ø = Durchschnitt

Der **Höchstbestand** gibt an, welche Menge von einer Ware maximal eingelagert werden kann. Er wird dadurch bestimmt, dass nur ein bestimmter Lagerplatz oder eine bestimmte Geldmenge für die Lagerung zur Verfügung steht.
Die **Bestellmenge** ist die Menge, die bestellt werden muss, um das Lager, sobald der Mindestbestand erreicht ist, wieder bis zu seinem Höchstbestand aufzufüllen.
Der **Meldebestand** liegt über dem Mindestbestand. Bei Erreichen des Meldebestandes sollte eine neue Bestellung ausgelöst werden, damit der Mindestbestand nicht angegriffen wird. Der Meldebestand errechnet sich aus dem Mindestbestand zuzüglich dem durchschnittlichen Tagesabsatz für die Dauer der Lieferzeit.

Beispiel

Für einen Artikel hat die Beska GmbH einen Mindestbestand von 125 Stück festgelegt. Der durchschnittliche Tagesabsatz liegt bei 25 Stück, die Lieferzeit beträgt 7 Tage.
Meldebestand = 125 + (7 · 25) = 300 Stück

Inventur → S. 58

Durch die Warenzugänge, vor allem aber durch die Verkäufe ändert sich der Lagerbestand in jeder Minute. Um das Lager kontrollieren zu können, rechnet der Einzelhändler deshalb mit Durchschnittswerten wie dem **durchschnittlichen Lagerbestand** (DLB). Ausgangspunkt der Berechnung ist immer ein Anfangsbestand, zu dem dann unterschiedliche Endbestände zugerechnet werden können. Die Anfangs- und Endbestände werden aus der Inventur entnommen. Bei sämtlichen Berechnungen des durchschnittlichen Lagerbestandes handelt es sich wie der Begriff bereits sagt lediglich um eine Durchschnittsberechnung. Ziel des Einzelhändlers ist es, seinen durchschnittlichen Lagerbestand so genau wie möglich zu ermitteln. Das Ergebnis der Berechnung wird umso genauer und kommt an die tatsächlichen Werte nahe heran, wenn der Einzelhändler so viele Werte wie möglich in seiner Berechnung berücksichtigt. So ist der durchschnittliche Lagerbestand auf Grundlage der jährlichen Berechnung ein recht ungenauer Wert, da hier nur mit dem Anfangs- und Endbestand des Lagers gerechnet wird. Berücksichtigt der Einzelhändler aber wie bei der wöchentlichen Rechung 53 Werte, so kommt das Ergebnis für den durchschnittlichen Lagerbestand den tatsächlichen Werten recht nahe.

AB = Anfangsbestand
EB = Endbestand

Berechnung des durchschnittlichen Lagerbestandes

- bei jährlicher Rechnung $\frac{\text{AB} + \text{EB}}{2}$
- bei vierteljährlicher Rechnung (Quartalsrechnung) $\frac{\text{AB} + 4\ \text{Vierteljahres-EB}}{5}$
- bei monatlicher Rechnung $\frac{\text{AB} + 12\ \text{Monats-EB}}{13}$
- bei wöchentlicher Rechnung $\frac{\text{AB} + 52\ \text{Wochen-EB}}{53}$

Beispiel

Die Beska GmbH hat für einen Artikel folgende Bestände ermittelt:
AB = 50 Stück,
Vierteljahres-EB: März = 35, Juni = 72, September = 53, Dezember = 60

durchschnittlicher Lagerbestand $\frac{50 + 35 + 72 + 53 + 60}{5} = 54$

3.3.2 Lagerbewegungskennzahlen

Nicht nur die Bestände müssen am Lager beobachtet werden, sondern auch die Veränderungen durch die Warenbewegungen, die es am Lager gibt. Dazu dienen die Umschlagshäufigkeit und die durchschnittliche Lagerdauer.
Während sich die bisherigen Lagerkennzahlen auf statische Bestände bezogen, gibt die **Umschlagshäufigkeit** (U) an, wie oft im Laufe eines Jahres der Lagerbestand verkauft wird. In der Regel wird für jede Branche eine typische Umschlagshäufigkeit ermittelt, dadurch werden überbetriebliche Vergleiche möglich. Je größer die Umschlagshäufigkeit, desto geringer der Kapitaleinsatz für den Warenvorrat.

Berechnung der Umschlagshäufigkeit auf Mengenbasis

$$\text{Umschlagshäufigkeit (auf Mengenbasis)} = \frac{\text{Menge der jährlich verkauften Ware}}{\text{durchschnittlicher Lagerbestand}}$$

Beispiel

Im Laufe eines Jahres werden von einem Artikel 8.000 Stück verkauft. Von dem Artikel waren durchschnittlich 2.000 Stück am Lager. Das heißt, das Lager muss viermal im Jahr gefüllt werden, um den geplanten Abverkauf zu erreichen.

$$\text{Umschlagshäufigkeit (auf Mengenbasis)} = \frac{8.000}{2.000} = 4$$

Die Umschlagshäufigkeit lässt sich auch über den Wert der Waren berechnen.

Berechnung der Umschlagshäufigkeit auf Wertbasis

$$\text{Umschlagshäufigkeit (auf Wertbasis)} = \frac{\text{Jahresumsatz zu Einkaufspreisen}}{\text{durchschnittlicher Lagerbestand zu Einkaufspreisen}}$$

Beispiel

Wenn der Artikel im Einkauf 5,00 Euro pro Stück kostet, muss der Einzelhändler im Jahr für 40.000 Euro einkaufen, um sein Absatzziel von 8.000 Stück zu erreichen. Der durchschnittliche Lagerbestand hat bei 2.000 Stück einen Wert von 10.000 Euro, also wird das Lager viermal umgeschlagen.

$$\text{Umschlagshäufigkeit (auf Wertbasis)} = \frac{40.000}{10.000} = 4$$

Für den Einzelhändler ist es wichtig zu wissen, wie lange ein Artikel im Lager liegt, denn durch die unterschiedlich lange Lagerdauer werden auch unterschiedlich hohe Kosten, z. B. durch die Warenpflege oder den Verderb von Waren, verursacht. Auch bei der **durchschnittlichen Lagerdauer** kann nur mit einem Durchschnittswert gerechnet werden. Dabei rechnet der Kaufmann mit einem Jahr, das immer 360 Tage hat.

Berechnung der durchschnittlichen Lagerdauer

$$\text{durchschnittliche Lagerdauer} = \frac{360}{\text{Umschlagshäufigkeit}}$$

Beispiel

Wenn der Einzelhändler sein Lager 4-mal umschlägt (Umschlagshäufigkeit = 4), ist seine Ware also im Durchschnitt 90 Tage im Lager.

$$\text{durchschnittliche Lagerdauer} = \frac{360}{4} = 90 \text{ Tage}$$

3.3.3 Kapitalbindungskosten

Der Einzelhändler bezahlt seine Ware, die er einkauft, bevor er sie verkauft hat. Dadurch wird viel Kapital gebunden, das Kosten in Form von Zinsen verursacht, die ebenfalls genau überwacht werden müssen.

Aktuelle Zinssätze finden Sie unter www.bundesbank.de

Das Geld, das der Einzelhändler für seine am Lager befindlichen Waren ausgegeben hat, hätte er andernfalls bei einer Bank anlegen können und dafür Zinsen erhalten. Deshalb ist es auch richtig, wenn der Kaufmann diese Zinsen berechnet, um festzustellen, wie viel Zinsen ihm durch sein im Lager eingesetztes Geld entgangen bzw. wie viel Kosten in Form von Zinsen im Lager entstanden sind. Dazu ist zunächst einmal die Bestimmung des Lagerzinssatzes notwendig. Bei den Banken werden die Zinssätze für das Jahr (p. a.) angegeben.

P.a. pro anno (lat.) = jährlich

Berechnung des Lagerzinssatzes

$$\text{Lagerzinssatz pro Tag} = \frac{\text{Jahreszinssatz} \cdot \text{durchschnittliche Lagerdauer}}{360}$$

Beispiel

Ein Jahreszinssatz von 6 %, auf das Jahr bezogen, bedeutet also pro Tag einen Zinssatz von rund 0,0166 %; bei einer durchschnittlichen Lagerdauer von 90 Tagen macht das also 90-mal so viel, nämlich 1,5 %, aus.

$$\frac{6\,\%}{360} = 0{,}01\overline{66}\,\% \text{ pro Tag;} \quad 0{,}01\overline{66}\,\% \cdot 90 = 1{,}5\,\% \text{ für 90 Tage}$$

$$\frac{6\,\% \cdot 90}{360} = 1{,}5\,\%$$

Die Lagerzinsen geben die Kosten an, die durch das im Lager gebundene Kapital in einem bestimmten Zeitraum entstehen. Gleichzeitig erfährt der Einzelhändler aber durch die Lagerzinsen auch, wie viel Zinsen er bei der Anlage des Geldes bei einer Bank erhalten hätte. Die Lagerzinsen werden berechnet, indem man den Wert des durchschnittlichen Lagerbestands mit dem Lagerzinssatz multipliziert:

Berechnung der Lagerzinsen

$$\text{Lagerzinsen} = \frac{\text{Wert des durchschnittlichen Lagerbestands} \cdot \text{Lagerzinssatz (\%)}}{100\,\%}$$

Beispiel

Wenn der Wert des durchschnittlichen Lagerbestands 150.000 Euro und der Lagerzinssatz bei 90 Tagen Lagerhaltung 1,5 % beträgt, dann entstehen 2.250 Euro Lagerzinsen.

$$\text{Lagerzinsen} = \frac{150.000{,}00 \cdot 1{,}5\,\%}{100\,\%} = 2.250$$

Das durch das Lager in Form von Lagerzinsen gebundene Kapital stellt für den Einzelhändler wichtige Kosten dar. Je nach Größe des Lagers und Wert der dort gelagerten Ware ist es für den Einzelhändler wirtschaftlich unbedingt notwendig, diesbezüglich über genaueste Zahlen zu verfügen. Er wird diese Kosten wie alle anderen Kosten auch in seiner Verkaufskalkulation berücksichtigen. Mit der genauen Kenntnis dieser Kosten bieten sich für den Einzelhändler auch Möglichkeiten der Kosteneinsparungen, um somit seine Wettbewerbsfähigkeit gegenüber seinen Mitbewerbern z. B. durch eine günstigere Lagerhaltung zu erhöhen.

Verkaufskalkulation → S. 105

4 Bezahlung von Waren

Nachdem der Einzelhändler die Ware vertragsgemäß erhalten und eingelagert hat, muss er die erhaltene Rechnung bezahlen. Beim zweiseitigen Handelskauf erfolgt die Bezahlung durch den bargeldlosen Zahlungsverkehr. Bei dieser Art des Zahlungsverkehrs stehen dem Einzelhändler verschiedene Möglichkeiten zur Verfügung.

Lernsituation 53

Zweiseitiger Handelskauf
→ S. 29
Rechnung
→ S. 144
Zahlungsformen
→ S. 134

4.1 Überweisung

Die Überweisung ist in Deutschland eines der häufigsten bargeldlosen Zahlungsmittel. Eine Überweisung ist die Anweisung eines Kontoinhabers, z. B. ein Einzelhändler, an sein Kreditinstitut, einen bestimmten Betrag von seinem Konto auf das Konto des Zahlungsempfängers, z. B. des Lieferanten, zu übertragen.

Die Überweisung erfolgt normalerweise elektronisch. Die meisten Einzelhandelsunternehmen verfügen über eine Finanzsoftware, mit deren Hilfe täglich die anstehenden Überweisungen eingegeben und als Datensatz gesammelt an die „Hausbank" übermittelt werden.

Daneben besteht immer auch die Möglichkeit, Einzelüberweisungen mit Hilfe einer elektronischen Maske oder auch eines Vordrucks auf Papier zu tätigen. Das Prinzip der Überweisung im bargeldlosen Zahlungsverkehr funktioniert so: Der Zahlende übergibt seinem Kreditinstitut einen ausgefüllten Überweisungsträger mit seiner Unterschrift (beim elektronischen Verfahren durch eine elektronische Signatur). Voraussetzung für die Abbuchung ist, dass das Konto des Zahlenden ein Guthaben aufweist oder dem Kontoinhaber ein entsprechender Kreditrahmen eingeräumt wurde. Das Kreditinstitut, das mit der Überweisung beauftragt wurde, leitet den Betrag an die Bank des Zahlungsempfängers weiter, die dann die Gutschrift auf das Konto des Empfängers vornimmt.

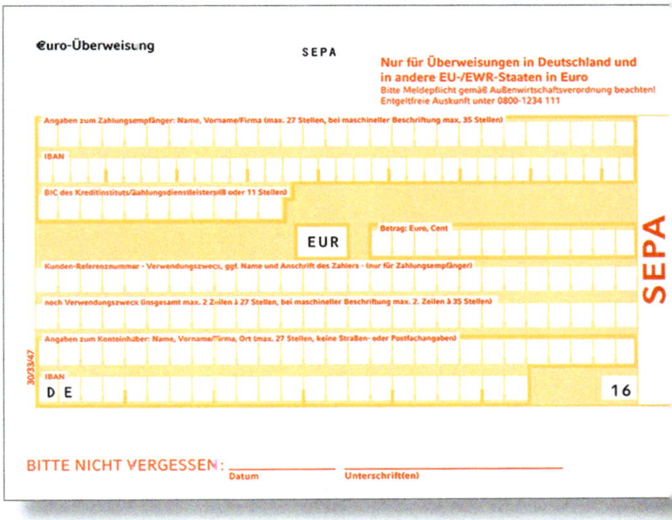
Euro-Überweisung
SEPA
Nur für Überweisungen in Deutschland und in andere EU-/EWR-Staaten in Euro
Bitte Meldepflicht gemäß Außenwirtschaftsverordnung beachten!
Entgeltfreie Auskunft unter 0800-1234 111
Angaben zum Zahlungsempfänger: Name, Vorname/Firma (max. 27 Stellen, bei maschineller Beschriftung max. 35 Stellen)
IBAN
BIC des Kreditinstituts/Zahlungsdienstleisters (8 oder 11 Stellen)
EUR
Betrag: Euro, Cent
Kunden-Referenznummer - Verwendungszweck, ggf. Name und Anschrift des Zahlers - (nur für Zahlungsempfänger)
noch Verwendungszweck (insgesamt max. 2 Zeilen à 27 Stellen, bei maschineller Beschriftung max. 2. Zeilen à 35 Stellen)
Angaben zum Kontoinhaber: Name, Vorname/Firma, Ort (max. 27 Stellen, keine Straßen- oder Postfachangaben)
IBAN
DE
16
30/33/47
SEPA
BITTE NICHT VERGESSEN: Datum Unterschrift(en)

Der Überweisungsträger aus Papier besteht aus einem zweiteiligen Durchschreibformular. Das Original bleibt beim Kreditinstitut. Der Zahlende erhält die Durchschrift als Quittung.

In vielen Kreditinstituten besteht die Möglichkeit, einen Überweisungsautomaten zu nutzen. Ein Überweisungsformular ist dann nicht mehr vonnöten.

Führt der Einzelhändler die Zahlung eines Lieferanten mit ausländischer Bankverbindung aus, so muss er hierfür eine internationale Überweisung verwenden. Dazu benötigt der Einzelhändler von seinem Lieferanten folgende Angaben:
- die „International Bank Account Number" (**IBAN**), eine internationale, standardisierte Kontonummer
- den „Bank Identifier Code" (**BIC**), ein Schlüssel zur weltweit eindeutigen Bezeichnung einer Bank

Mit diesen beiden Angaben kann der Einzelhändler weltweit seine Rechnungen bezahlen.
Der Zahlungsverkehr innerhalb Europas wurde zum 01.02.2014 vereinheitlicht. Ab diesem Stichtag wird **ausschließlich die IBAN** verwendet. In Deutschland entfallen die Kontonummer sowie die Bankleitzahl. Die Übergangsphase soll 2016 abgeschlossen sein.

SEPA
Single Euro Payment Area

Der Zahlungsverkehr innerhalb von Europa ist bereits 2008 mit der Errichtung eines einheitlichen europäischen Zahlungsverkehrsraums (SEPA) wesentlich vereinfacht worden. Durch SEPA existiert unter anderem ein Angebot von europaweit standardisierten Überweisungen, Lastschriften und Kartenzahlungen. Diese tragen dazu bei, dass der Einzelhändler bargeldlose Zahlungen bequem über die Ländergrenzen hinweg durchführen kann. Zum SEPA gehören die 27 Mitgliedstaaten der Europäischen Union sowie Island, Liechtenstein, Monaco, Norwegen und die Schweiz. Diese 32 Länder können nun sowohl inländische als auch grenzüberschreitende Zahlungen in Euro einheitlich ausführen.

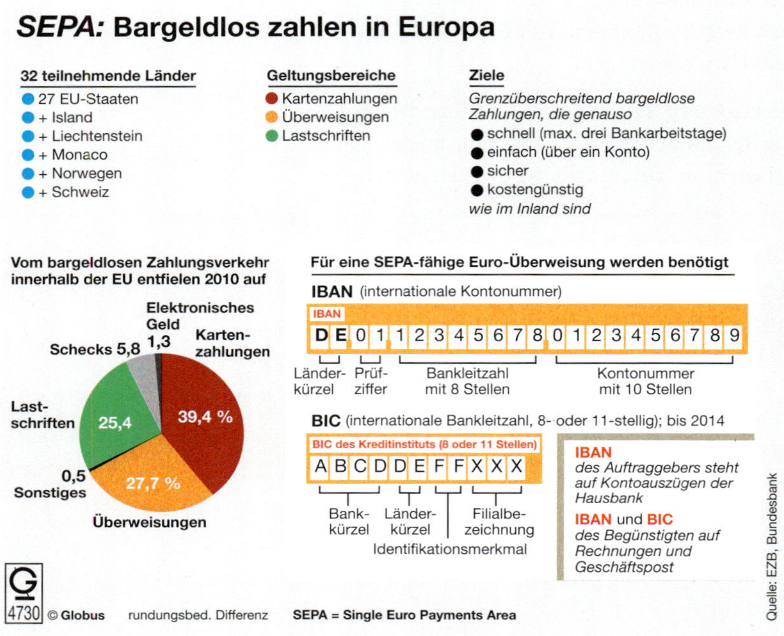

Die **SEPA-Überweisung** ist das neue Instrument für Euro-Überweisungen. Sie gilt nicht für Überweisungen in anderen Währungen. Die SEPA-Überweisung garantiert, dass eine Überweisung höchstens drei Bankarbeitstage dauert, bis der Einzahlungsbetrag dem Empfänger auf sein Konto gutgeschrieben wird. Erforderlich ist dafür ein SEPA-Überweisungsformular und die Verwendung von IBAN und bis 2014 BIC des Empfängers.

Beispiel

Die Beska GmbH möchte ihre offene Rechnung über 200 Flaschen Wein beim Großhändler Burtonie in Mailand über 3.000,00 Euro per Banküberweisung bezahlen. Der Überweisungsvorgang ist folgender:

1. **Schritt:** Die Beska GmbH erteilt ihrer Bank den SEPA-Überweisungsauftrag.
2. **Schritt:** Es folgt ein Austausch der Überweisung von der Bank des Zahlenden (Beska GmbH) an die Bank des Zahlungsempfängers (Burtonie).
3. **Schritt:** Dieser Austausch enthält folgende Informationen:
   - Angaben des Zahlenden und seiner Bank
   - Angaben des Zahlungsempfängers und seiner Bank
   - Überweisungsbetrag
   - Verwendungszweck
4. **Schritt:** Mit der Überweisungsnachricht wird das Geld dem Zahlungsempfänger (Burtonie) gutgeschrieben, der Nachweis erfolgt über einen Kontoauszug.

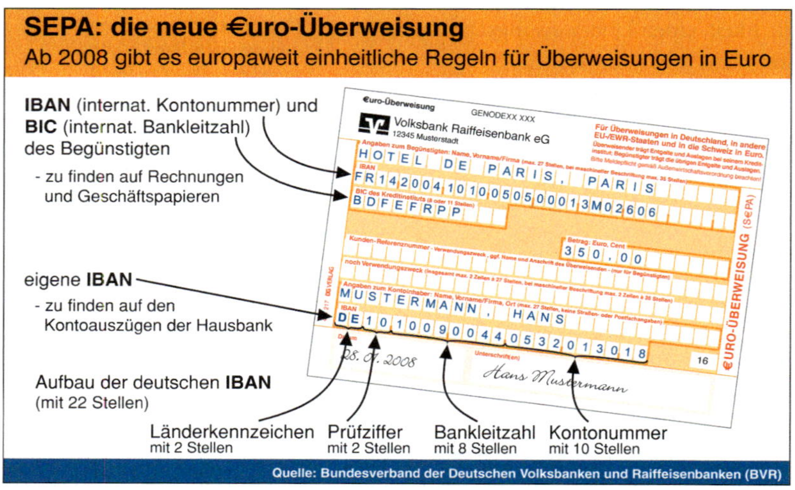

4.2 Sonderformen der Überweisung

Dauerauftrag

Eine besondere Form der Überweisung ist der Dauerauftrag. Mit ihm weist der Zahlende sein Kreditinstitut an, Zahlungen, die regelmäßig und in gleicher Höhe anfallen, für ihn automatisch zu tätigen. Ein Dauerauftrag eignet sich z. B. zur Zahlung von Miete, Kredit oder Versicherungsraten. Daueraufträge können vom Auftraggeber durch Widerruf beim beauftragten Kreditinstitut gelöscht werden.

Lastschriftverfahren

Das Lastschriftverfahren eignet sich für Zahlungen, die regelmäßig, aber in unterschiedlicher Höhe anfallen, wie z. B. für Gas- oder Stromkosten oder Fernsprechgebühren. Man unterscheidet zwischen dem Einzugsermächtigungsverfahren und dem Abbuchungsauftragsverfahren.

Beim **Einzugsermächtigungsverfahren** ermächtigt der Zahlungspflichtige den Zahlungsempfänger, per Lastschrift einzuziehen. Innerhalb von sechs Wochen nach der Belastung des Kontos des Zahlungspflichtigen besteht ein Widerrufsrecht. Beim **Abbuchungsauftragsverfahren** hat der Zahlungspflichtige seinem Kreditinstitut schriftlich mitgeteilt, dass Lastschriften eines bestimmten Zahlungsempfängers bis zu einer bestimmten Höhe abgebucht werden dürfen. Der Zahlungsempfänger veranlasst dann die Abbuchung. Dieser Abbuchungsauftrag kann jederzeit widerrufen werden.

Auch grenzüberschreitende Einzugsermächtigungsverfahren sind mit der **SEPA-Lastschrift** in ganz Europa wesentlich einfacher geworden. Bei einer unberechtigten Abbuchung hat der Zahlungspflichtige die Möglichkeit, die Lastschrift innerhalb von acht Wochen zurückzugeben. Um dem Zahlungspflichtigen eine hohe Transparenz und Schutz vor unberechtigten Abbuchungen zu bieten, ist der IBAN und BIC-Code zu verwenden. Diese Nummern sind immer bei Erst- und Folgelastschrifteinreichungen anzugeben.

IBAN und BIC → S. 49

Eine weitere Voraussetzung für die Einreichung einer SEPA-Lastschrift ist ein gültiges SEPA-Mandat, eine Einzugsermächtigung des Zahlungspflichtigen. Falls Geldeinzüge ohne ein gültiges Mandat vorgenommen wurden, gilt eine Widerspruchsfrist von einem Jahr nach Belastung des Kontos.

Beispiel

Der Zahlungsempfänger, Käsegroßhändler in Frankreich, möchte ein dauerhaftes Grundgeschäft von der Beska GmbH bezahlt bekommen.

1. **Schritt:** Der Großhändler in Frankreich reicht bei seiner Bank die Lastschrift ein.
2. **Schritt:** Die Lastschrift wird zwischen der Bank des Zahlungsempfängers und der Bank des Zahlungsverpflichtenden ausgetauscht.
3. **Schritt:** Dieser Austausch enthält folgende Informationen:
   - Angaben des Zahlenden und seiner Bank
   - Angaben des Zahlungsempfängers und seiner Bank
   - Überweisungsbetrag
   - Verwendungszweck
4. **Schritt:** Der Zahlungsverpflichtende genehmigt die Belastung seines Kontos (Mandatierung).

Sammelüberweisungen

Mit Sammelüberweisungen können Überweisungen an mehrere Zahlungsempfänger zusammengefasst werden. Auf dem Kontoauszug des Zahlenden erscheint nur ein Lastschriftbetrag. Sammelüberweisungen haben den Vorteil, dass Schreib- und Büroarbeiten verringert und Buchungskosten gespart werden können. Sie eignen sich z. B. für Lohnzahlungen an verschiedene Lohn- oder Gehaltsempfänger.

Eilüberweisungen

Eilüberweisungen werden im Überweisungsverkehr der Kreditinstitute wesentlich schneller durchgeführt als normale Überweisungen. Der Geldbetrag ist sofort nach dem Eintreffen der Gutschriftsanzeige für den Zahlungsempfänger verfügbar. Die Kreditinstitute berechnen dafür zusätzliche Gebühren.

Exkurs: SEPA-Kartenzahlungen

Ziel der SEPA-Kartenzahlung ist es, die derzeit meist ausschließlich nationale Ausrichtung von Kartensystemen aufzugeben. Die Umsetzung wird seit 2008 schrittweise realisiert. In den teilnehmenden Ländern wird es dann möglich sein, mit jeder Bankkarte an jedem europäischen Geldautomaten über Bargeld zu verfügen bzw. an jedem Händlerterminal in Europa bargeldlos zu bezahlen. Dabei wird europaweit eine gleichartige Sicherheitstechnologie – wie z. B. der Chip auf der Karte oder die PIN-Autorisierung – beim Bezahlen zum Einsatz kommen, die den Karteninhaber und den Händler vor Betrug und Kartenmissbrauch schützen wird.

Allerdings musste das bislang national eingeführte Electronic-Cash-System auf den SEPA vorbereitet werden. Eine Vernetzung nationaler Debitkartensysteme wird z. B. von der Euro Alliance of Payment Schemes (EAPS) aktiv vorbereitet. Die Zahlung per SEPA-Verfahren erkennt man an dem dafür neu eingeführten Markenlogo: die „girocard".

5 Lieferungsverzug (nicht-rechtzeitig-Lieferung)

Beispiel

Samstagabend, 20:20 Uhr! Schon wieder ist die Freundin zu spät. Das Treffen war für 20:00 Uhr vereinbart, mittlerweile steht Peter seit 20 Minuten wie bestellt und nicht abgeholt herum. Peter überlegt nun, was er denn tun könnte. Er könnte versuchen seine Freundin auf dem Handy zu erreichen und fragen, wo sie denn bleibt, oder er könnte auch schon ohne sie zu der Einladung gehen.

Lernsituation 54

Pünktlichkeit ist eigentlich eine Selbstverständlichkeit. Doch genau wie im privaten Leben ist sie auch im Geschäftsleben nicht immer anzutreffen. Was im privaten Leben meist nur ärgerlich ist, kann im Geschäftsleben schwer wiegende Konsequenzen haben. Wird eine Bestellung des Einzelhändlers nicht rechtzeitig geliefert, kann es sein,

- dass die Verkaufsbereitschaft nicht mehr gewährleistet ist,
- dass es zu Umsatzeinbußen kommt und/oder
- dass enttäuschte Kunden verloren gehen.

Wie man sich im privaten Leben den verspäteten Freunden gegenüber verhält, bleibt der Geduld überlassen. Im Geschäftsleben regelt das BGB die Rechte des Käufers gegenüber säumigen Lieferanten, denn der Lieferungsverzug ist eine **Kaufvertragstörung**. Im Kaufvertrag hat sich der Lieferant u. a. dazu verpflichtet, die Ware rechtzeitig zu liefern.

Rechte bei Lieferungsverzug → §§ 281 ff. BGB

Kaufvertrag → S. 28

Bestellung → S. 27

Damit der Einzelhändler bestimmte Rechte geltend machen kann, muss stets vorab geprüft werden, ob die Voraussetzungen für das Vorliegen eines Lieferungsverzugs tatsächlich gegeben sind. Paradoxerweise kann es nämlich sein, dass sich ein Lieferant noch gar nicht im Lieferungsverzug befindet, obwohl er einem Einzelhändler vor 14 Tagen zugesagt hatte: „Die Lieferung kommt sofort.“, aber die Ware immer noch nicht da ist.

Paradox
widersinnig

5.1 Voraussetzungen des Lieferungsverzugs

Nachfolgende Voraussetzungen müssen erfüllt sein, damit sich ein Lieferant rechtlich gesehen im Lieferungsverzug befindet. Dabei müssen nicht immer alle Voraussetzungen gleichzeitig erfüllt sein:

- gültiger Kaufvertrag
- Fälligkeit
- Mahnung
- Verschulden

Verzug des Schuldners → § 286

Es muss ein gültiger Kaufvertrag bestehen: Ein Kaufvertrag kommt durch zwei übereinstimmende Willenserklärungen zu Stande.

Der Lieferant hat trotz Fälligkeit der Lieferung bisher nicht geliefert: Ist im Kaufvertrag keine Angabe zum Lieferzeitpunkt gemacht worden, ist die Lieferung sofort nach Abschluss des Vertrags fällig. Ansonsten ist die Lieferung zum angegebenen Lieferzeitpunkt fällig.

Kalendermäßig bestimmbare Liefertermine
- Lieferung am 11. Mai
- Lieferung im Mai
- Lieferung 5 Tage nach Bestellung

Kalendermäßig nicht bestimmbare Liefertermine
- Lieferung sofort
- Lieferung so bald wie möglich
- Lieferung ab Mai

Der Käufer hat die Lieferung angemahnt: Mit einer **Mahnung** fordert der Käufer den Lieferanten zur Lieferung auf. Es muss nach Eintritt der Fälligkeit gemahnt werden. Die Mahnung unterliegt keinen Formvorschriften. Aus späteren Beweisgründen empfiehlt es sich, eine schriftliche Mahnung zu senden, denn erst mit Zugang der Mahnung gerät der Lieferant in Verzug, wenn im Kaufvertrag kein kalendermäßig bestimmbarer Liefertermin vereinbart wurde. Ist der Liefertermin kalendermäßig bestimmt bzw. bestimmbar, z. B. indem die Lieferung ab einem bestimmten Ereignis nach dem Kalender zu berechnen ist, so ist eine Mahnung überflüssig, d. h. entbehrlich.

Eine Mahnung ist auch dann entbehrlich, wenn der Lieferant bereits mitgeteilt hat, dass er nicht liefern wird. Dies wird „**Selbstinverzugsetzen**" genannt. Des Weiteren kann auch aus besonderen Gründen auf eine Mahnung verzichtet werden. Diese besonderen Gründe ergeben sich meist aus den Rahmenbedingungen eines Kaufvertrags und lassen sich am besten an Beispielen verdeutlichen.

Beispiel

Ein Einzelhändler bestellt anlässlich des 10-jährigen Firmenjubiläums ein kaltes Büfett. Dieses Büfett wird nicht zum Jubiläumstag geliefert. Da eine Lieferung am nächsten Tag für den Einzelhändler aus verständlichen Gründen keinen Sinn macht, befindet sich der Lieferant auch ohne Mahnung in Lieferungsverzug.

Interessenwegfall
Nach Ablauf eines Termins besteht von Seiten des Käufers kein Interesse mehr an der Ware, da diese nur an diesem Termin zu nutzen war.

Zweckkauf
→ S. 29

Hier liegt ein besonderer Grund vor, um auf eine Mahnung zu verzichten, denn nach dem Jubiläumstag hat der Einzelhändler kein Interesse mehr an dem Büfett (Interessenwegfall). Folglich kann hier auf eine Mahnung verzichtet werden und der Lieferungsverzug tritt sofort ohne Mahnung ein. Dies gilt in der Regel für jeden Zweckkauf.

Beispiel

Ein Einzelhändler hat einen Wasserrohrbruch, der die gesamte Lagerware bedroht, und bestellt daraufhin zur sofortigen Lieferung eine Wasserpumpe bei einem Installateur. Die Wasserpumpe kommt aber erst zwei Tage später.

Auch hier muss der Einzelhändler keine Mahnung schreiben, der Installateur befindet sich bei Nichterscheinen sofort im Lieferungsverzug, da hier der wichtige Grund Eilbedürftigkeit vorliegt.

Eilbedürftigkeit
Die Ware bzw. Dienstleistung ist dem Käufer nur von Nutzen, wenn er diese schnell geliefert bekommt. Zu einem späteren Zeitpunkt kann er diese aus dringenden Gründen nicht mehr gebrauchen.

Der Lieferant hat den Lieferungsverzug zu verschulden: Die Voraussetzung Verschulden spielt dann eine Rolle, wenn der Einzelhändler Schadenersatz geltend machen möchte. Für alle anderen Rechte ist das Verschulden des Lieferanten unerheblich. Verschulden bedeutet, dass der Lieferant die verspätete Lieferung zu verantworten hat, da er fahrlässig oder sogar vorsätzlich gehandelt hat. Fahrlässig handelt ein Lieferant dann, wenn er es an der nötigen Sorgfalt mangeln lässt. Vorsätzlich handelt ein Lieferant, wenn er mit Absicht nicht rechtzeitig liefert.

Sollte eine Lieferung nicht rechtzeitig ankommen, z. B. auf Grund eines Streiks oder eines Unwetters, liegt kein Verschulden vor. Dies sind Beispiele für höhere Gewalt, die der Lieferant nicht zu verantworten hat.

5.2 Rechte des Käufers

Sind die Voraussetzungen für einen Lieferungsverzug erfüllt, sollte sich der Einzelhändler grundsätzlich überlegen, ob er weiterhin an der Lieferung interessiert ist oder nicht.

5.2.1 Der Einzelhändler ist weiterhin an der Lieferung interessiert

Auch wenn bestellte Ware nicht zum vereinbarten Termin geliefert wird, kann es durchaus gute Gründe geben, dass der Einzelhändler weiterhin an der Lieferung interessiert ist.

Beispiel

- Der Lieferant ist der Einzige, der diese Ware liefern kann, oder er hat die günstigsten Preise kalkuliert.
- Vielleicht besteht die Geschäftsbeziehung zwischen Einzelhändler und Lieferant schon seit vielen Jahren und diese Verzögerung der Lieferung stellt die absolute Ausnahme dar.

Es ist wichtig, dass der Kaufvertrag auf Grund des Verzugs nicht automatisch ungültig wird, sondern grundsätzlich bestehen bleibt. Dann kann der Einzelhändler folgende Rechte geltend machen:

- **Lieferung verlangen:** Der Einzelhändler hat das Recht, weiterhin auf Lieferung der Ware und somit auf Erfüllung des Kaufvertrags zu bestehen. Dieses Recht hat er unabhängig davon, ob der Lieferant den Lieferungsverzug zu verantworten hat oder nicht (verschuldensunabhängiges Recht).
- **Schadenersatz für verspätete Lieferung verlangen:** Neben der Lieferung kann der Einzelhändler aber auch noch Schadenersatz wegen Verzögerung der Leistung verlangen. Zwingende Voraussetzung ist aber das Verschulden des Lieferanten. Den Schadenersatz für die verspätete Lieferung kann der Einzelhändler allerdings nicht pauschal geltend machen. Er muss vielmehr beweisen, dass ihm tatsächlich auf Grund der verspäteten Lieferung ein Schaden entstanden ist.

Beispiel

Mögliche Schäden durch verspätete Lieferung:
- Anwaltskosten
- Telefonkosten
- Mahngebühren
- Gewinnrückgang
- Imageschaden bei Kunden

5.2.2 Der Einzelhändler ist nicht mehr an der Lieferung interessiert

Unter bestimmten Umständen ist der Einzelhändler bei Lieferungsverzug nicht mehr an der Lieferung interessiert, z. B. wenn andere Lieferanten die gleiche Ware mittlerweile preiswerter anbieten oder die Lieferung von anderen Lieferanten schneller geleistet werden kann. Der Einzelhändler hat das Recht vom Kaufvertrag zurückzutreten. Bei einem Rücktritt gilt grundsätzlich, dass der Kaufvertrag noch gültig ist und der säumige Lieferant eine zweite Chance zur Lieferung erhalten muss.

Bevor der Einzelhändler von seinem Rücktrittsrecht Gebrauch machen kann, muss er dem Lieferanten eine angemessene **Nachfrist** zur Lieferung gewähren. Der Gesetzgeber hat recht deutlich bestimmt, was unter einer angemessenen Nachfrist zu verstehen ist: Eine Nachfrist ist dann angemessen, wenn sie dem Lieferanten die Zeit zur Lieferung ermöglicht, ohne dass er die Ware selbst noch herstellt oder woanders beschafft. Der Gesetzgeber geht hier also davon aus, dass der Lieferant die erwartete Ware im Lager hat und nur noch ausliefern muss. Kann der Lieferant dieses enge Zeitraster erfüllen, muss der Einzelhändler die Ware noch annehmen. Kann der Lieferant innerhalb der gesetzten Nachfrist nicht liefern, hat der Einzelhändler das Recht, vom Kaufvertrag zurücktreten.

Die angemessene Nachfrist kann selbstverständlich zusammen mit der Mahnung bei Fälligkeit der Lieferung gesetzt werden. So hält sich der Einzelhändler direkt von Anfang an alle möglichen Rechte offen, ohne eventuell wichtige Zeit durch eine später gesetzte Nachfrist zu verlieren.

Fixkauf
→ S. 29

Unter bestimmten Umständen kann der Einzelhändler aber auch ohne Setzen einer angemessenen Nachfrist seine ihm zustehenden Rechte geltend machen. Die Nachfrist ist entbehrlich bzw. überflüssig, wenn ein Fixkauf vorliegt, wenn der Lieferant sich weigert zu liefern, wenn besondere Gründe vorliegen, wie z. B. Interessenwegfall. Unter diesen Umständen kann der Einzelhändler vom Kaufvertrag zurücktreten und Schadenersatz oder Ersatz vergeblicher Aufwendungen verlangen.

Rücktritt wegen nicht erbrachter Leistung
→ §323 BGB

Rücktritt vom Kaufvertrag

Nach dem erfolglosen Verstreichen einer angemessenen Nachfrist kann der Einzelhändler vom Kaufvertrag zurücktreten. Dieses Recht kann der Einzelhändler geltend machen, wenn der Lieferant den Lieferungsverzug nicht zu verantworten hat, z. B. auch bei höherer Gewalt. Folgendes Beispiel soll verdeutlichen, wieso es sinnvoll ist, dass das Rücktrittsrecht unabhängig vom Verschulden des Lieferanten zur Anwendung kommt.

Beispiel

Ein Einzelhändler wartet auf bestellte Ware, die ein Lieferant aber nicht termingerecht liefern kann, da seine Mitarbeiter plötzlich streiken. Es ist nicht absehbar, wie lange der Streik noch andauern wird.

In diesem Beispiel trifft den Lieferanten kein Verschulden, da Streik der höheren Gewalt zugeordnet wird. Der Einzelhändler kann nach dem Verstreichen der zu setzenden Nachfrist vom bestehenden Kaufvertrag zurücktreten.

Schadensersatz statt der Leistung
→ §281 BGB

Schadenersatz statt der Leistung

Neben dem Rücktrittsrecht kann der Einzelhändler noch zusätzlich Schadenersatz statt der Leistung verlangen. Voraussetzung hierfür ist aber neben dem erfolglosen Setzen einer angemessenen Nachfrist das Verschulden des Lieferanten. Natürlich muss der Einzelhändler auch hier wiederum seinen entstandenen Schaden auf Grund verspäteter Lieferung belegen, z. B. wenn der Einzelhändler einen Deckungskauf tätigt. Beim Deckungskauf bestellt der Einzelhändler bei einem anderen, teureren, dafür aber lieferbereiten Lieferanten die Ware. Die Mehrkosten stellt der Einzelhändler dem ursprünglichen Lieferanten in Rechnung.

Ersatz vergeblicher Aufwendungen
→ §284 BGB

Ersatz vergeblicher Aufwendungen

Der Einzelhändler kann an Stelle des Schadenersatzes bei Rücktritt vom Kaufvertrag auch den Ersatz vergeblicher Aufwendungen beim Lieferanten geltend machen. Vergebliche Aufwendungen werden vom Schadenersatz unterschieden, denn es gibt einen kleinen, aber feinen Unterschied: Vergebliche Aufwendungen sind Ausgaben, die dem Einzelhändler bereits entstanden sind, bevor es zum Lieferungsverzug gekommen ist. Ein Schaden hingegen entsteht erst durch den Lieferungsverzug selbst. Nachfolgendes Beispiel soll diesen Unterschied verdeutlichen.

Beispiel

Ein Einzelhändler bestellt für den anstehenden Herbst künstlerisch gestaltete Regenschirme als Aktionsware. In Anbetracht der bevorstehenden Regenschirm-Aktion lässt der Einzelhändler Werbezettel im Voraus drucken. Die bestellten Regenschirme treffen nicht rechtzeitig zur geplanten Aktion ein.

Die Druckkosten für die Werbezettel sind bereits vor dem Lieferungsverzug entstanden und werden als vergebliche Aufwendungen bezeichnet. Als Schaden hingegen wird der entgangene Gewinn bezeichnet, der auf Grund der nicht stattfindenden Aktion entsteht. Dieser Schaden ist erst durch den Lieferungsverzug entstanden, die Werbekosten sind zeitlich vor dem Lieferungsverzug angefallen und sind somit vergeblich gewesen.

5.3 Ermittlung der Schadenshöhe

Der Lieferant ist verpflichtet, dem Einzelhändler den durch Lieferungsverzug entstandenen Schaden zu ersetzen. Dies lässt sich leicht fordern, aber leider nicht so leicht verwirklichen, denn jeder Schaden muss auch belegt werden, und dies gestaltet sich unter Umständen in Abhängigkeit von der Schadensart als schwierig. Generell werden zwei Arten von Schäden unterschieden: der konkrete und der abstrakte Schaden.

Konkrete Schäden können durch Rechnungen, Quittungen oder andere Belege genau nachgewiesen werden. **Abstrakte Schäden** können nie genau nachgewiesen werden, sondern können immer nur geschätzt werden.

Beispiel

- konkrete Schäden: Mehrkosten beim Deckungskauf, Telefonkosten, Kosten der Rechtsberatung und Mahngebühren
- abstrakte Schäden: entgangener Gewinn und Imageschäden

Diese Schäden lassen sich in ihrer Höhe schwer beziffern, es ist deshalb häufig die Aufgabe von Gerichten, die Höhe des abstrakten Schadens zu bestimmen. Manche Unternehmen reagieren auf die Problematik bei der abstrakten Schadensberechnung mit der Festlegung einer **Konventionalstrafe.** Bei dieser Vertragsstrafe muss der Lieferant eine bestimmte, vorher festgelegte Summe als Strafe bezahlen, auch wenn der Schaden tatsächlich geringer ist. Je nach Bedeutung bzw. Dringlichkeit der Einhaltung des Liefertermins, kann die Höhe dieser Konventionalstrafe für den Lieferanten sehr empfindlich sein. Daher empfiehlt es sich für den Lieferanten grundsätzlich genau zu prüfen, ob er tatsächlich in der Lage ist, den vereinbarten Liefertermin auch zu halten.

Lernsituation 55

6 Inventur und Inventar

Warenwirtschaftssystem → S. 12

Sollbestand
Bestand gemäß Aufzeichnungen

Istbestand
Bestand gemäß Inventur

Auch Warenwirtschaftssysteme können „irren"! Falsche oder fehlende Eingaben, fehlerhafte Lagerung, nicht entdeckte Diebstähle, Schwund, Beschädigungen und Verderb können dazu führen, dass die Bestände laut Warenwirtschaftssystem (Sollbestände) nicht den tatsächlichen Beständen verkaufsfähiger Waren (Istbestände) entsprechen (Mengenabweichungen). Darüber hinaus muss natürlich auch der aktuelle Wert der Bestände festgestellt und mit den Werten des Warenwirtschaftssystems verglichen werden (Wertabweichungen).

6.1 Inventur

Vermögenswerte
z. B. Grundstücke, Fahrzeuge, Büromöbel, Warenvorräte, Bankguthaben, Bargeld

Schulden
(Verbindlichkeiten)
z. B. Darlehen von Banken, unbezahlte Lieferantenrechnungen, Steuerschulden

Inventar
→ § 24 HGB

Buchführungs- und Aufzeichnungspflichten
→ § 140 AO (Abgabenordnung)

Bei einer Inventur geht der Einzelhändler tatsächlich durch sein Geschäft, um alle Werte, die dort vorhanden sind, zu zählen, zu messen, zu wiegen oder in Ausnahmefällen zu schätzen. Dabei erstreckt sich die Inventur nicht nur auf die Warenbestände. Alle Vermögenswerte und Schulden müssen erfasst werden, damit ein vollständiges Bestandsverzeichnis, das **Inventar**, erstellt werden kann.

Die Durchführung der Inventur ist gesetzlich vorgeschrieben und muss erfolgen
- bei Eröffnung oder Übernahme des Geschäfts,
- bei Auflösung oder Veräußerung des Geschäfts und
- am Ende eines jeden Geschäftsjahres (zumeist der 31.12.).

Mindestens einmal im Jahr muss der Kaufmann laut Gesetz eine tatsächliche Bestandsaufnahme aller Vermögenswerte und Schulden machen.

Die Inventur ist arbeitsaufwändig und sollte daher gut geplant werden. Die Mitarbeiter erhalten Inventuranweisungen, die genau festhalten,
- wie das Messen, Zählen und Wiegen durchzuführen ist,
- wann es durchzuführen ist und
- welche Personen sie durchführen.

Bei der **körperlichen Inventur** erfolgt die Bestandsaufnahme durch Zählen, Messen, Wiegen oder im Ausnahmefall durch Schätzen. Die Zählergebnisse werden in **Inventurlisten** zusammengefasst, die z. B. die handelsübliche Bezeichnung, den Wert je Einheit, die vorhandene Menge und den Gesamtwert der Warenmenge enthalten. Da es sich im Rahmen der Buchführungspflicht um Dokumente handelt, müssen die Inventurlisten mit dem Datum der Inventur versehen und von der damit beauftragten Person unterschrieben werden.

Die Bestandsaufnahme nicht körperlicher Gegenstände (z. B. Forderungen) oder von Vermögensgegenständen, deren Bestand nach Art, Menge und Wert auch ohne körperliche Bestandsaufnahme festgestellt werden kann, erfolgt durch die Überprüfung von Aufzeichnungen, Belegen oder Dokumenten (**Buchinventur**).

6.1.1 Arten der Inventur

Der Gesetzgeber hat in § 241 HGB festgelegt, welche Verfahren für die Inventur möglich sind. Der Kaufmann kann die für sein Unternehmen geeignete Methode bestimmen.

Stichtaginventur
Wenn die Bestandsaufnahme am letzten Tag des Geschäftsjahres (meist 31.12.) stattfindet, wird von Stichtaginventur gesprochen. Häufig ist dieses aber auf Grund der Größe des Unternehmens nicht möglich. Außerdem könnte der Umsatzausfall gerade an diesem Tag sehr hoch sein, sodass von unzumutbarer Härte gesprochen wird. Daher darf die Stichtagsinventur auch zeitnah erfolgen, d. h., dass die Inventur in einem Zeitraum von zehn Tagen vor bis zu zehn Tagen nach dem Stichtag durchgeführt werden darf.

Stichtage sind z. B.:
- Tag der Eröffnung
- Ende des Geschäftsjahres
- Tag der Geschäftsschließung

Zeitraum der Inventur bei einem Stichtag am 31.12.

altes Geschäftsjahr	Stichtag	neues Geschäftsjahr
21.12.	31.12.	10.01.
10 Tage vorher		10 Tage nachher

Verlegte Inventur
Bei der verlegten Inventur vergrößert sich der Durchführungszeitraum der Bestandsaufnahme. Ist die Inventur bis zu drei Monate vor dem Bilanzstichtag oder innerhalb von zwei Monaten nach dem Bilanzstichtag durchgeführt worden, braucht am Bilanzstichtag keine Inventur vorgenommen zu werden. Der Kaufmann muss aber sicherstellen, dass die Bestände für den Bilanzstichtag rechnerisch richtig ermittelt werden können.

Bilanzstichtag
Tag, zu dem die Bilanz erstellt wird

Zeitraum der verlegten Inventur bei einem Stichtag am 31.12.

altes Geschäftsjahr	Stichtag	neues Geschäftsjahr
01.10.	31.12.	28.02.
3 Monate vorher		2 Monate nachher

Permanente Inventur
Wenn die Bestände fortlaufend nach Art, Menge und Wert, z. B. in einer Lagerdatei, erfasst werden, kann die körperliche Bestandsaufnahme an einem beliebigen Tag im Geschäftsjahr stattfinden, unverzichtbar wird sie aber auch dann nicht.

Permanente Inventur

altes Geschäftsjahr	Stichtag
01.01.	31.12.
beliebige Aufnahmezeiten im Geschäftsjahr	

Stichprobeninventur
Die Stichprobeninventur ist keine eigenständige Inventurart, sondern ein Inventurvereinfachungsverfahren. Unter besonderen Voraussetzungen ist es erlaubt, die Menge durch Stichproben zu ermitteln. Mit der Durchschnittsrechnung kann die Gesamtmenge bestimmt werden.

Auch im Zoo gibt es eine Inventur.

6.1.2 Inventurdifferenzen und ihre Ursachen

Bei der körperlichen Inventur werden in der Regel Abweichungen zwischen den Ist- und Sollbeständen festgestellt. Diese Abweichungen wird Inventurdifferenz genannt. Häufig sind die Istbestände kleiner als die Sollbestände. Es ist aber auch möglich, dass die Istbestände größer als die Sollbestände sind.

Eine Ursache der Inventurdifferenzen kann in der Inventur selbst liegen. Es können Fehler bei der Inventuraufnahme gemacht worden sein, weil Bestände vergessen und nicht aufgenommen wurden.

Ursachen für eine Inventurdifferenz können sein:
- Inventurfehler
- Fehler in der Verkaufsbuchung
- Fehler in der Beschaffungsbuchung
- Fehler in der Organisation
- Diebstahl und Verderb

Beispiel

- Bei der Inventur der Beska GmbH wurde vergessen, die Schaufensterware aufzunehmen.
- Ein Mitarbeiter der Beska GmbH hat sich verzählt, ein anderer hat beim Aufschreiben einen Schreibfehler gemacht.
- Beim Verkauf sind die Abverkäufe fehlerhaft erfasst worden, weil z.B. die von Hand eingegebene GTIN nicht richtig war oder die eingegebene Artikelbezeichnung nicht stimmte.
- Beim Wareneingang sind Waren nicht erfasst, doppelt erfasst oder fehlerhaft erfasst worden.
- Es kann auch vorkommen, dass Lieferantenrechnungen aufgenommen wurden, obwohl die Lieferung noch gar nicht eingetroffen ist und deshalb die Ware fehlt.
- Ebenfalls kann es passieren, dass Warenrückgaben nicht erfasst, Warenumlagerungen nicht gemeldet Diebstähle nicht ausgebucht oder noch gar nicht festgestellt worden sind.

Wareneingangskontrolle → S. 34

Verursacher von Inventurdifferenzen

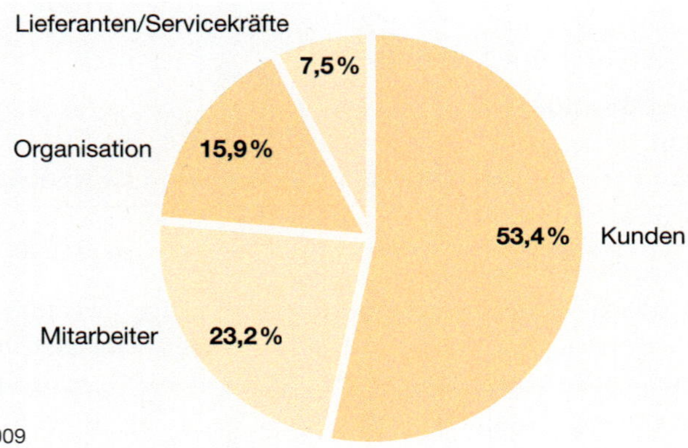

Quelle:
EHI Retail Institut, Köln, 2009

6.2 Inventar

Die durch die Inventur festgestellten Werte des Vermögens und der Schulden werden in einer Bestandsliste zusammengefasst, die sich Inventar nennt. Dabei müssen im Inventar das Vermögen und die Schulden deutlich voneinander getrennt werden. Um das Reinvermögen zu ermitteln, müssen am Ende des Inventars die Schulden vom Vermögen abgezogen werden. Das Reinvermögen ist das Kapital, das dem Unternehmer gehört. Es wird auch Eigenkapital genannt. Das Inventar ist in der Regel wie folgt aufgebaut:

Aufbau eines Inventars

A. Vermögen

Die einzelnen Positionen werden so gegliedert, dass zuerst das Vermögen aufgezählt wird, welches schwer in Bargeld umgewandelt werden kann, z. B. Grundstücke und Gebäude. An letzter Stelle steht das Bargeld in der Kasse.

I. Anlagevermögen

Zum Anlagevermögen gehören die Vermögenswerte, die vom Unternehmen mehrere Jahre lang genutzt werden können, z. B. Gebäude, Betriebs- und Geschäftsausstattung, Maschinen und Lieferfahrzeuge. Sie sind Voraussetzungen für die Aufnahme der Geschäftstätigkeit.

II. Umlaufvermögen

Das Umlaufvermögen unterliegt im Geschäftsjahr ständigen Veränderungen. Auf Grund dieser Veränderungen werden Unternehmen tätig, um Gewinne zu erzielen. Zum Umlaufvermögen gehören z. B. Warenvorräte, Forderungen aus Lieferungen und Leistungen (Forderungen an Kunden, die Ware erhalten, aber noch nicht bezahlt haben), Bankguthaben und Bargeld in der Kasse.

B. Schulden

Die einzelnen Positionen bei den Schulden werden so gegliedert, dass zuerst die Schulden aufgezählt werden, die dem Unternehmen am längsten zur Verfügung stehen, und am Schluss die Positionen, die am ehesten zurückgezahlt werden müssen.

I. Langfristige Schulden

Zu den langfristigen Schulden gehören langfristige Kredite, die eine Laufzeit von mehr als vier Jahren haben, z. B. Bankdarlehn und Hypotheken.

II. Kurzfristige Schulden

Zu den kurzfristigen Schulden gehören Verbindlichkeiten bei Banken und Lieferanten mit einer Laufzeit unter vier Jahren, z. B. Lieferantenkredit und Kontokorrentkredit.

C. Ermittlung des Reinvermögens (= Eigenkapital)

Um das Reinvermögen oder das Eigenkapital der Unternehmung zu ermitteln, werden vom Gesamtvermögen die Gesamtschulden abgezogen. Über die Verwendung des Eigenkapitals entscheiden die Inhaber allein. Die Verwendung des Fremdkapitals ist häufig mit den Kreditgebern abzustimmen. Der Eigenkapitalvergleich aus mehreren Jahren gibt dem Einzelhändler wichtige Aufschlüsse über die Entwicklung seines Unternehmens.

Grundsätzlich besteht das Inventar aus drei Bestandteilen:
A. Vermögen
B. Schulden
C. Ermittlung des Eigenkapitals

  Anlagevermögen
\+ Umlaufvermögen
= Gesamtvermögen

Hypothek
im Grundbuch eingetragene Kreditsicherheit an einem Grundstück

  Langfristige Schulden
\+ kurzfristige Schulden
= Fremdkapital

  Gesamtvermögen
− Gesamtschulden
= Eigenkapital

Das Inventar muss nach den Vorschriften des HGB zehn Jahre aufbewahrt werden.

Beska
BERLINER SUPERKAUF GMBH

Beispiel

Inventar der Beska GmbH zum 31.12.20XX

Vermögens- und Schuldenarten	Einzelwerte in Euro	Gesamtwerte in Euro
A. Vermögen		
I. Anlagevermögen		
1. Betriebs- u. Geschäftsausstattung (lt. Anlagenverzeichnis)		70.000,00
2. Fuhrpark		
PKW: B-FL 3000	18.000,00	
PKW: B-FL 1948	12.000,00	30.000,00
II. Umlaufvermögen		
1. Warenbestände lt. Warenverzeichnisse		
Warengruppe 01: Körperpflege/Kosmetik	28.200,00	
Warengruppe 02: Bürobedarf	22.500,00	
Warengruppe 03: Lederwaren	10.320,00	
Warengruppe 04: Textilwaren	43.090,00	
Warengruppe 05. Spielwaren	10.460,00	
Warengruppe 06: Werkzeug	16.710,00	
Warengruppe 07: Uhren/Schmuck	27.080,00	
Warengruppe 08: Porzellan/Glas	10.500,00	
Warengruppe 09: Lebensmittel	41.140,00	210.000,00
2. Forderungen lt. bes. Verzeichnis		10.000,00
3. Bankguthaben		
Deutsche Bank Berlin	18.720,00	
Bankgesellschaft Berlin	16.280,00	35.000,00
4. Kassenbestand		5.000,00
Summe des Vermögens		**360.000,00**
B. Schulden		
I. Langfristige Schulden		
1. Darlehensschulden		
Deutsche Bank Berlin	53.480,00	
Stadtsparkasse Berlin	26.520,00	80.000,00
II. Kurzfristige Schulden		
1. Verbindlichkeiten aus Lieferungen und Leistungen		
Terry Kleber, Halle	5.175,00	
Jenaer Glasfabrik, Jena	8.329,00	
Pflege GmbH, Starnberg	12.740,00	
Feinpapier AG, Bergisch Gladbach	13.756,00	40.000,00
Summe der Schulden		**120.000,00**
C. Reinvermögen (Eigenkapital)		
Summe des Vermögens		360.000,00
– Summe der Schulden		120.000,00
= Reinvermögen (Eigenkapital)		**240.000,00**

8

Geschäftsprozesse erfassen und kontrollieren

Vom Inventar zur Bilanz

Geschäftsprozesse

Belege

Gewinn- und Verlustrechnung

Erfolgsanalyse – grafisch darstellen

Exkurs: Technik der doppelten Buchführung

1 Vom Inventar zur Bilanz

Lernsituation 56

Inventar der Beska GmbH
→ S. 62

Bilanz
stammt vom italienischen Wort „bilancia“, was „Gleichgewicht“ oder „Waage“ bedeutet.

Erstellung einer Bilanz
→ §242 HBG

Bilanz für kleine Kapitalgesellschaften
→ §267 HBG

Jeder Unternehmer muss bei der Gründung des Unternehmens und dann mindestens am Ende eines jeden Geschäftsjahres ein Inventar und eine Bilanz aufstellen. Während im Inventar alle Vermögensteile und Schulden nach Menge und Wert untereinander in Staffelform detailliert aufgelistet sind, werden in der Bilanz Vermögen und Schulden nur wertmäßig angegeben und in Kontenform gegenübergestellt. Dabei werden die Werte bestimmter Posten zusammengefasst.

Beispiel

Vereinfachte Anfangsbilanz der Beska GmbH in Euro zum 2. Januar 20XX, erstellt aus dem Inventar vom 31.12.20XX.

Aktiva		Passiva	
A. Anlagevermögen		**A. Eigenkapital**	240.000
1. Betriebs- und Geschäftsausstattung	70.000	**B. Fremdkapital**	
2. Fuhrpark	30.000	1. Darlehen	80.000
B. Umlaufvermögen		2. Verbindlichkeiten	40.000
1. Warenbestände	210.000		
2. Forderungen aus Lieferungen und Leistungen	10.000		
3. Bankguthaben	35.000		
4. Kassenbestand	5.000		
	360.000		360.000

Anlage- und Umlaufvermögen sind auf der linken Bilanzseite, der **Aktivseite**, angeordnet, Eigen- und Fremdkapital stehen auf der rechten Bilanzseite, der **Passivseite**.

Die Bilanzen informieren in kurzer und übersichtlicher Darstellung darüber, woher das Unternehmen die finanziellen Mittel hat, mit denen es arbeitet (**Mittelherkunft/Finanzierung**), und wie das Kapital eingesetzt wird (**Mittelverwendung/Investition**). Dabei gibt die Passivseite der Bilanz Auskunft über die Art der Finanzierung: Hat der Unternehmer die finanziellen Mittel selbst aufgebracht (**Eigenkapital**) oder hat er Kredite in Anspruch nehmen müssen (**Fremdkapital**)? Die Aktivseite gibt Auskunft über die Art der Investition: Hat der Unternehmer von den finanziellen Mitteln Gegenstände des Anlagevermögens oder Warenvorräte beschafft oder liegt das Vermögen in Form von Bankguthaben, Bargeld oder Forderungen gegenüber Kunden vor?

Bilanz

Aktiva	Bilanz		Passiva
Vermögen		**Kapital**	
Anlagevermögen	in Euro	Eigenkapital	in Euro
Umlaufvermögen	in Euro	Fremdkapital	in Euro
Mittelverwendung/Investition Wie wird das Kapital im Unternehmen eingesetzt?		**Mittelherkunft/Finanzierung** Woher stammt das Kapital, mit dem das Unternehmen arbeitet?	

Für die Gliederung der Aktiv- und der Passivseite gibt es rechtliche Vorschriften. Die Aktivseite wird nach ihrer Liquidität gegliedert. Zuerst kommen die Positionen, die langfristig im Unternehmen gebunden sind und deshalb selten oder schwer in Geldmittel umgewandelt werden können. Unten stehen die kurzfristig im Unternehmen gebundenen Vermögenswerte. Die Geldmittel (= liquide Mittel) werden im Rang der Vermögensbestände zuletzt genannt. Die Gliederung auf der Passivseite richtet sich danach, wie lange das Kapital dem Unternehmen zur Verfügung steht (Fälligkeit). Der Unternehmer selbst kann sein Kapital erst zurückbekommen, wenn das Unternehmen beendet wird. Deshalb steht das Eigenkapital an erster Stelle. Die Lieferanten bekommen in der Regel ihr Kapital in kurzer Zeit. Deshalb stehen sie an letzter Stelle der Passivseite. Diese Beträge, die der Einzelhändler seinen Lieferanten schuldet, nennt man Verbindlichkeiten.

Vorschriften zur Gliederung der Bilanz → §266 HGB

Gliederung der Aktivseite

- schwer liquidierbar
- leicht liquidierbar
- liquide Mittel (Bankguthaben, Bargeld)

Gliederung der Passivseite

- Fälligkeit erst bei Auflösung des Unternehmens
- mittel- oder langfristig fällig
- in kurzer Zeit fällig

Beide Seiten der Bilanz müssen sich in der Addition immer im Gleichgewicht befinden, also gleich groß sein, denn ein Unternehmen kann Vermögenswerte nur mit dem zur Verfügung stehenden Kapital beschaffen.

Bilanzgleichung

Summe der Aktiva = Summe der Passiva

Die Bilanz dokumentiert die sachlich und wertmäßig zusammengefassten Einzelbestände der Vermögens- und Kapitalwerte zu einem bestimmten Zeitpunkt, dem Stichtag. Die Geschäftsfälle nach dem Stichtag führen zu Veränderungen der Vermögens- und/oder Kapitalbestände. Diese veränderten Werte werden nicht in die Bilanz eingetragen, sondern auf einzelnen Konten gebucht.

Dabei kann es zu folgenden Veränderungen kommen:

1. Beim **Aktivtausch** findet eine Vermögensumschichtung statt, z. B. vermindert der Barkauf eines PCs für 4.000 Euro den Bargeldbestand um denselben Wert wie sich das Anlagevermögen erhöht. Die Bilanzsumme ändert sich nicht.

Beispiel

Aktiva	**Bilanz 1**		**Passiva**
A. Anlagevermögen		**A. Eigenkapital**	240.000
1. Betriebs- und Geschäftsausstattung	74.000	**B. Fremdkapital**	
2. Fuhrpark	30.000	1. Darlehen	80.000
B. Umlaufvermögen		2. Verbindlichkeiten	40.000
1. Warenbestände	210.000		
2. Forderungen aus Lieferungen und Leistungen	10.000		
3. Bankguthaben	35.000		
4. Kassenbestand	1.000		
	360.000		360.000

2. Die **Aktiv-Passiv-Mehrung** führt zu einer Vermögens- und gleichzeitig zu einer Kapitalerhöhung, z. B. erhöht der Kauf eines Pkws für 30.000 Euro auf Rechnung das Anlagevermögen und gleichzeitig nimmt das Fremdkapital zu. Die Bilanzsumme erhöht sich.

Beispiel

Aktiva	**Bilanz 2**		**Passiva**
A. Anlagevermögen		**A. Eigenkapital**	240.000
1. Betriebs- und Geschäftsausstattung	74.000	**B. Fremdkapital**	
2. Fuhrpark	60.000	1. Darlehen	80.000
B. Umlaufvermögen		2. Verbindlichkeiten	70.000
1. Warenbestände	210.000		
2. Forderungen aus Lieferungen und Leistungen	10.000		
3. Bankguthaben	35.000		
4. Kassenbestand	1.000		
	390.000		390.000

30.000 € = (+ Fuhrpark) | 30.000 (+ Verbindlichkeiten)

30.000 € = (+ Bilanzsumme) | 30.000 (+ Bilanzsumme)

3. Der **Passivtausch** verändert die Kapitalstruktur, wenn z. B. eine kurzfristige Verbindlichkeit von 5.000 Euro in ein langfristiges Darlehen umgewandelt wird, vermindert sich das kurzfristige Fremdkapital um denselben Betrag, wie das langfristige Fremdkapital zunimmt. Die Bilanzsumme verändert sich nicht.

Beispiel

Aktiva	**Bilanz 3**		**Passiva**
A. Anlagevermögen		**A. Eigenkapital**	240.000
1. Betriebs- und Geschäftsausstattung	74.000	**B. Fremdkapital**	
2. Fuhrpark	60.000	1. Darlehen	85.000
B. Umlaufvermögen		2. Verbindlichkeiten	65.000
1. Warenbestände	210.000		
2. Forderungen aus Lieferungen und Leistungen	10.000		
3. Bankguthaben	35.000		
4. Kassenbestand	1.000		
	390.000		390.000

5.000 (Darlehen)

5.000 (Verbindlichkeiten)

4. Die **Aktiv-Passiv-Minderung** bewirkt eine Vermögens- und gleichzeitig eine Kapitalminderung. Wird z. B. eine Lieferrechnung über 2.000 Euro durch Banküberweisung beglichen, vermindern sich das Bankguthaben und gleichzeitig die Verbindlichkeiten, also das Fremdkapital. Die Bilanzsumme vermindert sich.

Beispiel

Aktiva	**Bilanz 4**		**Passiva**
A. Anlagevermögen		**A. Eigenkapital**	240.000
1. Betriebs- und Geschäftsausstattung	74.000	**B. Fremdkapital**	
2. Fuhrpark	60.000	1. Darlehen	85.000
B. Umlaufvermögen		2. Verbindlichkeiten	63.000
1. Warenbestände	210.000		
2. Forderungen aus Lieferungen und Leistungen	10.000		
3. Bankguthaben	33.000		
4. Kassenbestand	1.000		
	388.000		388.000

2.000 € = (– Bankguthaben) | 2.000 (– Verbindlichkeiten)

2.000 € = (– Bilanzsumme) | 2.000 (– Bilanzsumme)

1.1 Bilanzauswertung mit Hilfe von Kennzahlen

Die Bilanz kann mit Hilfe von Kennzahlen untersucht werden (Bilanzanalyse). Im Vergleich zu ähnlich aufgebauten Unternehmen oder beim Vergleich im Zeitablauf sagen die Kennzahlen etwas über den Vermögens- und Kapitalaufbau des Unternehmens aus.

Die Bilanzanalyse ist eine statische Betrachtung.

Die Kennzahl **Vermögensaufbau** stellt die beiden großen Positionen der Aktivseite ins Verhältnis zueinander.

Vermögensaufbau

$$\text{Vermögensaufbau} = \frac{\text{Anlagevermögen}}{\text{Umlaufvermögen}}$$

Beispiel

$$\text{Vermögensaufbau der Beska GmbH} = \frac{100.000}{260.000} = 0{,}385$$

Hier ist das Umlaufvermögen fast dreimal so groß ist wie das Anlagevermögen. Das Umlaufvermögen wird vor allem zur Umsatzerzielung eingesetzt, ihm kommt eine wichtige Rolle zu. Es sollte in einem Einzelhandelsunternehmen größer sein als das Anlagevermögen, die Kennzahl Vermögensaufbau also < 1 sein.

Achtung:
Den Beispielen liegen die Daten aus der Anfangsbilanz der Beska GmbH zu Grunde.
→ S. 64

Die **Vermögensquote** gibt den prozentualen Anteil des Anlagevermögens (**Quote des Anlagenvermögens**) oder des Umlaufvermögens (**Quote des Umlaufvermögens**) an dem Gesamtvermögen an.

Anlagevermögen

$$\text{Quote des Anlagevermögens} = \frac{\text{Anlagevermögen} \cdot 100\,\%}{\text{Gesamtvermögen}}$$

Beispiel

$$\text{Quote des Anlagevermögens der Beska GmbH} = \frac{100.000 \cdot 100\,\%}{360.000} = 27{,}78\,\%$$

Umlaufvermögen

$$\text{Quote des Umlaufvermögens} = \frac{\text{Umlaufvermögen} \cdot 100\,\%}{\text{Gesamtvermögen}}$$

Beispiel

$$\text{Quote des Umlaufvermögens der Beska GmbH} = \frac{260.000 \cdot 100\,\%}{360.000} = 72{,}22\,\%$$

Die Kennzahl **Kapitalaufbau** vergleicht die beiden großen Positionen der Passivseite miteinander. Diese Kennzahl wird auch als Finanzierung bezeichnet:

Kapitalaufbau

$$\text{Kapitalaufbau} = \frac{\text{Eigenkapital}}{\text{Fremdkapital}}$$

Beispiel

$$\text{Kapitalaufbau der Beska GmbH} = \frac{240.000}{120.000} = 2$$

Da das Eigenkapital die Kreditwürdigkeit eines Unternehmens bestimmt und Fremdkapital immer große Zinskosten verursacht, sollte diese Kennzahl immer > 1 sein. Hier ist der Eigenkapitalanteil im Verhältnis zum Fremdkapital also groß genug.

Die **Eigenkapitalquote** gibt den prozentualen Anteil des Eigenkapitals am Gesamtkapital an.

Eigenkapitalquote

$$\text{Eigenkapitalquote} = \frac{\text{Eigenkapital} \cdot 100\,\%}{\text{Gesamtkapital}}$$

Beispiel

$$\text{Eigenkapitalquote der Beska GmbH} = \frac{240.000 \cdot 100\,\%}{360.000} = 66{,}67\,\%$$

Die **Fremdkapitalquote** gibt den prozentualen Anteil des Fremdkapitals am Gesamtkapital an.

Fremdkapitalquote

$$\text{Fremdkapitalquote} = \frac{\text{Fremdkapital} \cdot 100\,\%}{\text{Gesamtkapital}}$$

Beispiel

$$\text{Fremdkapitalquote der Beska GmbH} = \frac{120.000 \cdot 100\,\%}{360.000} = 33{,}33\,\%$$

1.2 Beispiel für einen Bilanzvergleich der Beska GmbH

Saldieren
Feststellung des Differenzbetrags

Inventur
→ S. 58

Nach der Erfassung aller Geschäftsfälle werden am Ende des Geschäftsjahres die Schlussbestände durch Saldieren ermittelt. Stimmen die so ermittelten Sollbestände mit den durch Inventur festgestellten Istbeständen überein, werden diese Werte in die Schlussbilanz übernommen.

Berechnung des Schlussbestandes

Anfangsbestand (AB)
\+ Zugänge
– Abgänge
= Schlussbestand (SB)

Anfangsbilanz der Beska GmbH
→ S. 64

Für das Geschäftsjahr 20XX liegt der Beska GmbH folgende Schlussbilanz vor. Die weiteren Ausführungen beziehen sich auf einen Vergleich mit der Anfangsbilanz der Beska GmbH.

Beispiel

Vereinfachte Schlussbilanz der Beska GmbH in Euro zum 31. Dez. 20XX

Aktiva		Passiva	
A. Anlagevermögen		**A. Eigenkapital**	250.000
1. Betriebs- und Geschäftsausstattung	65.000	**B. Fremdkapital**	
2. Fuhrpark	25.000	1. Darlehen	60.000
B. Umlaufvermögen		2. Verbindlichkeiten	15.000
1. Warenbestände	180.000		
2. Forderungen aus Lieferungen und Leistungen	10.000		
3. Bankguthaben	40.000		
4. Kassenbestand	5.000		
	325.000		325.000

Was sagt die Bilanz nun über das abgelaufene Geschäftsjahr aus? Viele Bilanzpositionen der Beska GmbH haben sich verändert. Das ist im Laufe des Geschäftsjahres zwangsläufig so. Man kann feststellen, dass das Eigenkapital um 10.000 Euro gestiegen und das Fremdkapital (Darlehen und Verbindlichkeiten) um 45.000 Euro gesunken ist. Auf der Aktivseite hat der Wert des Anlagevermögens abgenommen. Beim Umlaufvermögen haben sich folgende Positionen verändert: Der Wert der Warenbestände ist gesunken, aber das Bankguthaben ist größer geworden.

Die Veränderungen sagen aber noch nichts darüber aus, warum die Werte sich verändert haben. Ohne zusätzliche Informationen kann man nur vermuten, dass das geringere Anlagevermögen durch den Wertverlust auf Grund der Nutzung entstanden ist und dass die geringeren Warenbestände durch gute Abverkäufe bedingt sind. Ein guter Abverkauf kann auch dazu geführt haben, dass der Gewinn das Eigenkapital vergrößert hat und es durch guten Geschäftsverlauf zur Rückzahlung von Darlehen und Verbindlichkeiten kam. Auch die Bilanzkennzahlen haben sich verändert.

Beispiel

$$\frac{\text{Vermögensaufbau der Beska GmbH (Schlussbilanz)}}{} = \frac{90.000}{235.000} = 0{,}383$$

Die Veränderungen im Vermögensaufbau sind kaum messbar und bringen keine Erkenntnisse für diese Wirtschaftsperiode (Ergebnis Anfangsbilanz: 0,385; Ergebnis Schlussbilanz: 0,383).

Dass sich kaum Änderungen im Verhältnis von Anlage- zum Gesamtvermögen ergeben haben, wird auch bei der Vermögensquote sichtbar. Die Quoten des Anlagevermögens hat sich um 0,09 Prozentpunkte verringert, die Quote des Umlaufvermögens um 0,09 Prozentpunkte erhöht.

Beispiel

Kapitalaufbau der Beska GmbH (Schlussbilanz) $= \frac{250.000}{75.000} = 3{,}3$

Das Verhältnis von Eigenkapital zu Fremdkapital beträgt jetzt 3,3, hat sich also um 1,3 Punkte zu Gunsten des Eigenkapitals verschoben (Ergebnis Anfangsbilanz: 2). Das Eigenkapital hat eine größere Bedeutung bekommen.

Diese Verschiebung lässt sich auch mit der Eigen- bzw. Fremdkapitalquote darstellen. Die Eigenkapitalquote ist mit 76,92 % im Vergleich zu 66,67 % um 10,25 Prozentpunkte gestiegen und damit ist die Fremdkapitalquote um 10,25 Prozentpunkte gefallen.

Um etwas zu den Gründen der Veränderungen zweier aufeinanderfolgender Bilanzen zu sagen, bedarf es weiterer Überlegungen und Informationen.

Überlegungen zum Anlagevermögen

Eine **Erhöhung des Anlagevermögens** lässt den Schluss zu, dass der Einzelhändler seine Investitionen in diesen Bereich der Bilanz erhöht hat. Dies könnte z. B. geschehen sein, weil er das Ladenlokal vergrößert oder aber vielleicht auch eine neue Filiale eröffnet hat. Auch kann der Kauf neuer Warenträger und neuer Datenkassen zu einer Erhöhung des Anlagevermögens geführt haben.

Ein **Rückgang des Anlagevermögens** kann unter anderem dadurch zu erklären sein, dass der Einzelhändler sein Geschäft verkleinert hat, die Ladenausstattung und das Gebäude durch die Nutzung an Wert verloren haben.

Das Anlagevermögen der Beska GmbH hat sich um 10.000 Euro verringert. Der Verkauf von Anlagevermögen und/oder die Erfassung des Wertverlusts bei den alten Anlagen können mögliche Gründe dafür sein, wenn die Beska GmbH gleichzeitig auf Investitionen in neue Anlagen verzichtet hat.

Grundsätzlich sind Veränderungen des Anlagevermögens besondere Beachtung zu schenken, da auf Grund der langfristigen Nutzung des Anlagevermögens das eingesetzte Kapital nicht kurzfristig für andere Investitionen oder die anderen Ausgaben des Einzelhändlers genutzt werden kann.

Andere Ausgaben
könnten z. B. der Kauf von Waren oder der Ausgleich von Verbindlichkeiten durch Lieferantenrechnungen sein.

Beispiel

Da der Einzelhändler Theo Sommer im Laufe des letzten Geschäftsjahres eine neue Ladeneinrichtung gekauft hat, kann er auf die aktuellen Angebote seiner Lieferanten für Großeinkäufe nicht eingehen, da ihm das notwendige Geld fehlt.

Überlegungen zum Umlaufvermögen

Durch die Vielzahl der täglichen Geschäfte kommt es zu häufigen Veränderungen eines jeden Postens des Umlaufvermögens. Diese ständigen Veränderungen machen es für den Einzelhändler schwerer, Schlussfolgerungen für sein Handeln zu ziehen. Er muss vor allem darauf achten, ständig liquide zu sein, also genügend Geld für die Ausgaben zur Verfügung zu haben.

Ein **erhöhter Warenbestand** zum Bilanzstichtag kann viele Ursachen haben. Er kann durch einen kurz vor Geschäftsjahresende durchgeführten Großeinkauf auf Grund eines günstigen Angebots entstanden sein. Aber auch Absatzschwierigkeiten können der Grund sein. Dann könnten gezielte Verkaufsaktionen Abhilfe schaffen. Allerdings könnte auch die Lagerhaltung für die erhöhten Warenbestände mitverantwortlich sein.

Beispiel

Die Geschäftsführung eines großen Warenhauses hat wegen Lieferengpässen bei ihren Hauptlieferanten im vergangenen Geschäftsjahr den Mindestbestand aller Warengruppen erhöht. Auf Grund neuer Produktionsmöglichkeiten der Hauptlieferanten sind diese Engpässe aber im abgelaufenen Geschäftsjahr ausgeblieben.

Umsatzerlöse für Waren und Dienstleistungen, der Verkauf eines Anlagegegenstandes, die Begleichung von Ausgangsrechnungen durch Kunden oder andere Vorgänge können eine **Erhöhung des Bankguthabens** bewirkt haben.

Beispiel

Kurz vor Ende des Geschäftsjahres hat ein Großkunde der Beska GmbH alle seine offenen Rechnungen gesammelt per Banküberweisung bezahlt.

Überweisung → S. 49

Der Warenbestand der Beska GmbH hat sich um 30.000 Euro verringert und die Geldmittel haben sich insgesamt um 5.000 Euro erhöht. Die Beska GmbH könnte durch Sonderaktionen zum Jahresende ihren Umsatz gesteigert und damit das Warenlager abgebaut haben, um Platz zu schaffen für neue Saisonwaren.

Veränderungen des Umlaufvermögens können durch eine einmalige Situation entstehen, die keine grundsätzliche Veränderung der Geschäftstätigkeiten des Einzelhändlers hervorrufen muss. Sollte sich aber mit Hilfe anderer Unterlagen herausstellen (z. B. monatliche Kontoauszüge), dass ständig sehr viel Geld auf dem Konto des Einzelhändlers vorhanden ist, sollte festgelegt werden, wie mit diesem Geld umzugehen ist. So wäre ein Abbau von Schulden oder die langfristige Anlage des Geldes zu attraktiven Zinsen eine denkbare Alternative.

Wird zum Bilanzstichtag ein **erhöhter Forderungsbestand** festgestellt, kann der Einzelhändler darauf reagieren.

Beispiel

Die Beska GmbH hat ihren Stammkunden auf Wunsch im abgelaufenen Geschäftsjahr erstmalig eine Kundenkreditkarte zur Verfügung gestellt. Durch die monatliche Abrechnung haben sich die Forderungen stark erhöht, sodass die Geschäftsführung darüber nachdenkt, das Zahlungsziel für diese Karten zu verkürzen.

Überlegungen zum Eigenkapital

Das Eigenkapital wird als Differenz aus dem Vermögen abzüglich der Schulden ermittelt. In der Regel zeigt eine **Erhöhung des Eigenkapitals**, dass der Einzelhändler im abgelaufenen Geschäftsjahr erfolgreich seinen Geschäften nachgegangen ist. Dies kann zum einen dadurch geschehen sein, dass er im Vergleich zum vorangegangenen Geschäftsjahr sein Vermögen bei gleich bleibenden Schulden erhöht. Zum anderen kann es aber dem Einzelhändler auch gelungen sein, seine Schulden teilweise abzubauen.

Beispiel

Durch ein besonders erfolgreiches Geschäftsjahr hat die Beska GmbH 150.000 Euro an zusätzlichem Gewinn erwirtschaftet. Dieses Geld wird zur teilweisen Rückzahlung eines Darlehens verwendet.

Überlegungen zum Fremdkapital

Eine höhere Fremdkapitalquote bedeutet auch immer eine höhere Zinsbelastung für den Einzelhändler, da alle Banken und Lieferanten für ihr zur Verfügung gestelltes Geld Zinsen berechnen. In diesem Fall sollte der Einzelhändler schnellstmöglich versuchen, die Fremdkapitalquote zu verringern.

Beispiel

Die Beska GmbH nimmt bei ihrer Hausbank einen Kredit in Höhe von 80.000 Euro zu 8 % p.a. auf. Dafür entstehen 6.400 Euro Zinskosten.

Eine **Verringerung der Fremdkapitalquote** lässt in der Regel auf ein wirtschaftlich sehr gesundes Unternehmen schließen. Die dadurch verringerte Zinsbelastung des Einzelhändlers erlaubt es, dieses Geld für Investitionen oder andere Ertrag versprechende Ausgaben, z. B. eine zusätzliche Werbeaktion, zu verwenden.

Für alle Überlegungen zum Anlage- und Umlaufvermögen sowie zum Eigen- und Fremdkapital gilt immer: Die Bilanz ist ein Spiegel der Vermögens- und Finanzlage des Unternehmens. Eine genaue Beurteilung des Unternehmensgeschehens ist auf Grund einer Bilanzanalyse nicht möglich. Dazu bedarf es weiterer Informationen, z. B. der Kosten- und Leistungsrechnung.

Die Kosten- und Leistungsrechnung stellt die betrieblich verursachten Aufwendungen und Erträge einer Wirtschaftsperiode gegenüber.
→ S. 73

Die Beska GmbH hat zum Schluss des Jahres 62,5 % weniger Verbindlichkeiten als zu Beginn des Jahres. Das kann damit zusammenhängen, dass noch viele Warenlieferungen ausstehen. Die Darlehensschulden der Beska GmbH haben sich um 25 % verringert, was darauf zurückgeführt werden kann, dass kein Darlehen für neue Investitionen aufgenommen wurde und alte Schulden teilweise getilgt wurden.

Lernsituation 57

2 Geschäftsprozesse erfassen und dokumentieren

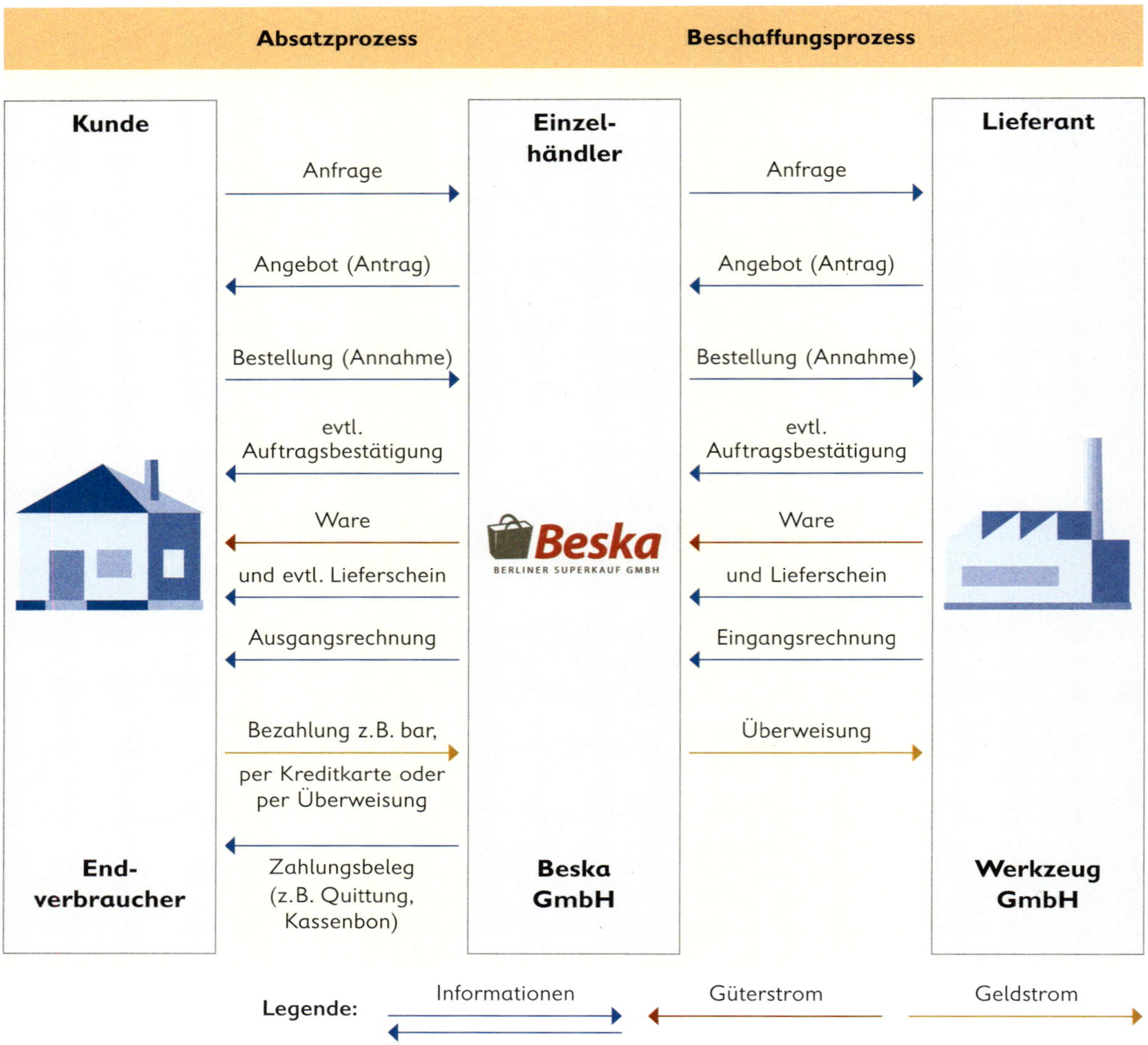

In jedem Einzelhandelsunternehmen finden Tag für Tag viele unterschiedliche betriebliche Handlungen statt. Einige Handlungen werden als Geschäftsprozesse bezeichnet. Diese Geschäftsprozesse verändern sowohl den Wert und die Menge der im Unternehmen vorhanden Waren (Güterströme) als auch den Wert der im Unternehmen vorhandenen Geldmittel (Geldströme). Beide Veränderungen werden außerdem von vielfältigen Informationen (Informationsströme) begleitet. Betriebliche Handlungen, die Wertveränderungen beim Vermögen und/oder beim Kapital hervorrufen, nennt man im Rechnungswesen **Geschäftsfälle** oder auch **Geschäftsvorfälle**.

Beispiel

Betriebliche Handlungen (Vorgänge)

betreffen die Finanzbuchhaltung	betreffen nicht die Finanzbuchhaltung
• Die Beska GmbH erhält eine Lieferung neuer Ware.	• Die Beska GmbH bestellt beim Lieferanten neue Ware.
• Die Beska GmbH zahlt die Gehälter ihrer Mitarbeiter aus.	• Die Beska GmbH schließt einen Arbeitsvertrag ab.
• Die Beska GmbH bezahlt eine Zeitungsannonce.	• Die Beska GmbH bietet Artikel zu reduzierten Preisen an.
• Die Beska GmbH kauft ein Lieferfahrzeug auf Rechnung.	• Die Beska GmbH reklamiert ein defektes Teil am Lieferfahrzeug.

2.1 Betriebliche Notwendigkeiten

Alle betrieblichen Handlungen haben vor allem ein Ziel: den Erfolg des Unternehmens zu sichern. Doch wie kann der Erfolg eines Einzelhandelsunternehmens gemessen werden? Was ist überhaupt ein Unternehmenserfolg? Um diese Fragen zu beantworten, braucht auch das kleinste Unternehmen ein leistungsfähiges Rechnungswesen, in dem die Geschäftsfälle dokumentiert werden.

Es gibt folgende Teilgebiete des Rechnungswesens:

- In der **Finanzbuchhaltung** (Buchführung) werden alle Geschäftsfälle auf Grund von Belegen, die das Vermögen und/oder das Kapital des Unternehmens beeinflussen, **vollständig, richtig, zeitgerecht und geordnet** dokumentiert. Am Ende einer Rechnungsperiode verschafft sich ein Unternehmer durch die Aufstellung einer Gewinn- und Verlustrechnung und einer Bilanz einen Überblick über das Gesamtergebnis. Die Dokumentation dient als Grundlage für die Auswertung des Unternehmenserfolgs.
- Die **Kosten- und Leistungsrechnung** dient ausschließlich innerbetrieblichen Zwecken mit dem Ziel, die Wirtschaftlichkeit zu verbessern bzw. zu kontrollieren. Es wird alles erfasst, was im Unternehmen durch den Absatz von Waren und Dienstleistungen an Kosten entsteht. Danach wird ermittelt, wo die Kosten entstanden sind. Daraus werden die Preise berechnet, die der Einzelhändler von seinen Kunden für die einzelnen Waren verlangen muss (Kalkulation).
- Mit Hilfe der **Statistik** werden innerbetriebliche Vergleiche oder Vergleiche mit anderen Unternehmen oder Branchen durchgeführt. Als Grundlage dienen die Daten aus der Finanzbuchhaltung und der Kosten- und Leistungsrechnung. Die zu Kennzahlen, Tabellen und grafischen Darstellungen aufbereiteten Daten dienen der Beurteilung von Stärken und Schwächen des Unternehmens. Die Statistik ist eine Vergleichsrechnung.
- Die **Unternehmensplanung (Planungsrechnung)** ermöglicht es dem Unternehmen, Entscheidungen für die Zukunft zu treffen, z. B. über die zukünftige Größe des Unternehmens, eventuelle Veränderungen in der Unternehmensform, der Mitarbeiterzahl usw. Basierend auf den Ergebnissen der Finanzbuchhaltung, der Kosten- und Leistungsrechnung sowie der Statistik versucht der Unternehmer die Auswirkungen von betrieblichen Entscheidungen vorauszuberechnen. Durch den Vergleich von vorgegebenen Plandaten (Solldaten) mit den Istdaten wird eine bessere Steuerung des Unternehmens möglich.

Belege → S. 75

Gewinn- und Verlustrechnung → S. 79

Bilanz → S. 64

Kosten- und Leistungsrechnung → S. 71

Kalkulation → S. 108

Statistik → S. 91

2.2 Rechtliche Notwendigkeiten

Finanzamt, Gläubiger, Kapitalgeber und andere Außenstehende haben ein Interesse an der ordnungsgemäßen Aufzeichnung der Geschäftsfälle.

Informationen	Beispiele	mögliche Interessenten
Wert des Vermögens	Warenvorräte, Bankguthaben	• Geschäftsleitung • Unternehmenseigner • Staat (Finanzamt) • Kreditgeber (Banken) • Kunden • Lieferanten • Arbeitnehmer • Mitbewerber • Öffentlichkeit
Höhe der Schulden	Darlehensschulden bei Banken, Verbindlichkeiten bei Lieferanten	
erzielte Umsätze	Erlöse für Warenverkäufe	
entstandene Aufwendungen	Wareneinsatz, Löhne, Gehälter, Mieten	
Art und Höhe des Erfolgs	Gewinn oder Verlust	

§ 238 HGB

„Jeder Kaufmann ist verpflichtet, Bücher zu führen und in diesen seine Handelsgeschäfte und die Lage seines Vermögens nach den Grundsätzen ordnungsgemäßer Buchführung ersichtlich zu machen. Die Buchführung muss so beschaffen sein, dass sie einem sachverständigen Dritten innerhalb angemessener Zeit einen Überblick über die Geschäftsvorfälle und über die Lage des Unternehmens vermitteln kann. Die Geschäftsvorfälle müssen sich in ihrer Entstehung und Abwicklung verfolgen lassen …“

Wegen des allgemeinen Interesses sind Unternehmen **gesetzlich verpflichtet**, Bücher zur Dokumentation zu führen. Buchführungsvorschriften sind sowohl im **Handelsrecht** (HGB) als auch im **Steuerrecht** (Abgabenordnung) zu finden.

Die Abgabenordnung (AO) ist ein Gesetz über Steuererhebung, Steuerschulden und Steuerstrafbestimmungen von 1976.

Bücher im Sinne des § 238 HGB können gebundene Bücher sein, aber auch Loseblattsammlungen, die durchnummeriert sind. Auch eine geordnete Ablage von Belegen sogar auf Mikrofilm oder digitalen Datenträgern gilt als Buch. Die Steuerrechtliche Buchführungspflicht ist in den **§§ 140** und **141 Abgabenordnung** geregelt.

Beachtet ein Unternehmer diese rechtlichen Vorgaben nicht, kann das Finanzamt u. U. seine Steuerschuld schätzen. Schlimmstenfalls werden steuerliche Vergünstigungen nicht gewährt oder es wird gar ein Strafverfahren wegen Steuerhinterziehung (Steuerbetrug) eingeleitet.

Bei der Buchführung müssen bestimmte Grundsätze ordnungsgemäßer Buchführung (GoB) beachtet werden.

Grundsätze der ordnungsgemäßen Buchführung (GoB)

Grundsätze ordnungsgemäßer Buchführung (GoB) haben sich im Laufe der Zeit durch die Gesetze und die sich daraus ergebende Rechtsprechung der Finanzgerichte ergeben. Diese Grundsätze sind anerkannte Regeln, die angeben, wie Bücher geführt werden müssen.

Folgende Regelungen zählen zu den **Grundsätzen ordnungsgemäßer Buchführung:**

- Die Aufzeichnungen müssen klar und übersichtlich sein.
- Sie müssen zeitgerecht, also nicht erst nach einem halben Jahr, gemacht werden. Außerdem müssen sie fortlaufend geordnet, vollständig und richtig sein.
- Zu jeder Erfassung muss ein Beleg vorliegen, der fortlaufend nummeriert und aufbewahrt werden muss (Belegprinzip).
- Aufzeichnungen müssen in einer lebenden Sprache und in Inlandswährung gemacht werden.
- Eintragungen und Aufzeichnungen müssen auch nach Korrektur in ihrer ursprünglichen Fassung erkennbar bleiben.
- Inventare, Bilanzen, Belege und Unterlagen für deren Verständnis müssen zehn Jahre aufbewahrt werden.
- Geschäftsbriefe und sonstige Unterlagen müssen sechs Jahre aufbewahrt werden.

Beleg
schriftliche Unterlage, um einen bestimmten Geschäftsfall zu dokumentieren

3 Belege als Grundlage der Dokumentation

Aus den betrieblichen Notwendigkeiten und den rechtlichen Vorschriften ergibt sich, dass alle Belege, mit denen der Kaufmann beweisen kann, was in seinem Unternehmen passierte, sorgfältig geordnet und aufbewahrt werden müssen.

Geschäftsfälle durch Belege dokumentieren

Geschäftsfall	Beleg
• Wareneinkauf auf Ziel	• Eingangsrechnung des Lieferanten
• Überweisung an einen Lieferanten	• Kontoauszug mit Lastschrift
• Warenverkauf auf Ziel	• Ausgangsrechnung an den Kunden
• Barkauf von Büromaterial	• Quittung

Nach § 238 HGB Abs. 1 müssen sich Geschäftsfälle in ihrer Entstehung und Entwicklung verfolgen lassen. Um dieser rechtsverbindlichen Vorgabe zu genügen, werden Belege vor der Buchung im Grund- und Hauptbuch mit **Ordnungsmerkmalen** versehen. Ein Beleg muss ein Buchungsdatum und eine Angabe zum Ordnungskriterium für die Ablage enthalten; das ist mindestens eine Belegnummer, die fortlaufend vergeben wird.

Danach wird der Geschäftsfall im Grund- und Hauptbuch mit Angabe der Belegnummer dokumentiert. Die Belege werden in der Buchhaltung abgelegt und mindestens zehn Jahre aufbewahrt.

Ob eine Kontierung auf dem Beleg erforderlich ist, hängt von der organisatorischen Gestaltung ab. Wichtig ist, dass man aus den Angaben auf dem Beleg auf die Buchung schließen kann und umgekehrt, dass man zur Buchung im Grund- und Hauptbuch den entsprechenden Beleg schnell wiederfinden kann.

Atlanto GmbH

Atlanto GmbH Goldbachstraße 87 10589 Berlin

Berliner Superkauf GmbH
Tauentzienstraße 60
10789 Berlin

Ablage	Beleg-Nr.	Gebucht
ER	48	14.02.XX
Arslan		

Goldbachstraße 87
10589 Berlin

Fon 030/23654798
Fax 030/23654754
Email: atlanto@t-online.de
http://www.atlanto.de

Rechnungs-Nr. 0201

Bitte bei Zahlung und Schriftverkehr angeben
Kunden- Nr. 34762 Datum 12.02.XX

Hydraulik Stapler RX 2500
Mit Teleskopmast

Nettopreis	1.250,00 €
+ sonstige Leistungen	-
+ Entsorgungskosten	-
= Zwischensumme	1.250,00 €
+ USt 19 %	237,50 €
= Gesamtbetrag	**1.487,50 €**

Lieferung inkl. eingebautem Ladegerät 220 V/12 V/15 A

Bei Rückfragen wenden Sie sich bitte an Herrn Tom Krauss.

Zahlbar 14 Tage netto Kasse nach Erhalt der Rechnung.

Mit freundlichen Grüßen

Tom Krauss

Geschäftsführer
Alberto Atlanto

Goldbachstraße 87
10589 Berlin

Fon 030/23654798
Fax 030/23654754

Email atlanto@t-online.de

Bankverbindungen
Deutsche Bank AG
IBAN DE02 1007 0000 0193 6049 00
BIC DEUTDEBBXXX
Sparkasse Berlin
IBAN DE04 1005 0000 1030 1640 00
BIC BELADEBEXXX

Handelsregister
Amtgericht Berlin
HR B 8 98 72
Littenstr. 22-17
10117 Berlin

3.1 Belegarten

Alle Belege können in Fremd- und Eigenbelege eingeteilt werden. **Fremdbelege** sind nicht im Unternehmen erstellt worden, wie z. B. die Lieferantenrechnungen sowie Rechnungen für Energie, Telefon oder die Bankauszüge. **Eigenbelege** sind im Unternehmen erstellt worden, wie z. B. Kassenberichte, Kopien der Ausgangsrechnungen und Inventurlisten.

Alle Rechnungen, die von Geschäftspartnern (z. B. Lieferanten oder Handwerksbetrieben) an das Einzelhandelsunternehmen geschickt werden, sind **Eingangsrechnungen** (ER). Sie belegen, welche Beträge die Geschäftspartner (Gläubiger) von dem Einzelhandelsunternehmen erwarten. Der Einzelhändler hat sich im Kaufvertrag verbindlich verpflichtet zu bezahlen.

Bankauszüge (BA) verzeichnen alle Geldbewegungen auf den Konten des Einzelhandelsunternehmens und sind deshalb unverzichtbare Belege für die Dokumentation der Geschäftsfälle.

Will-Tec Tools GmbH
Rechnung/Lieferschein

Will-Tec Tools GmbH · Will-Tec-Park 2 · 04155 Leipzig

Beska GmbH
Berliner Superkauf GmbH
Tauentzienstr. 60
10789 Berlin

Kunden-Nr. 20277371 | Rechnungs-Nr. 3564503 | Kommisions-Nr. 18429 | Blatt 1
Rechnungs-Datum: 21.4.XX

Artikelbezeichnung	Bestell-Nr.	Größe	Menge	Warenwert	Nettopreis gesamt
Akkubohrhammer TEC-TE	3712332	——	144	215,50 €	31.032,00 €

Rabatt: 25 %	7.758,00 €
Nettobetrag	23.274,00 €
+ 19 % Umsatzsteuer	4.422,06 €
Bruttobetrag	27.696,06 €

Bei Zahlung innerhalb von 14 Tage gewähren wir 2 % Skonto
Ihre Überweisungstermine und -beträge in Euro.
Bitte halten Sie diese unbedingt ein, um Folgekosten zu vermeiden.

27.696,06 € entspr. 30 Tage netto	27.142,14 € innerhalb 14 Tagen

Geschäftsräume
Willi-Tec-Park 2
04155 Leipzig

Telefon 03041 2569831
Telefax 03041 2569834
1A-Sevice@will-tec.de
www.will-tec.de

Creditplus Bank
IBAN DE46 6003 0600 0025 3698 71
BIC CPLUDES1XXX

Geschäftsführer Hubert Derichs
AG Leipzig
HRA 745, Finanzamt Leipzig
Ust-IdNr. DE253157788

Deutsche Bank Kontoauszug — EUR-Konto

Berlin – BIC	IBAN	erstellt am	Auszug	Blatt
DEUTDEBBXXX	DE04 1007 0000 0178 6044 23	20.02.XX	25	5

Vorgang	Vorgang	
Lastschrift (Einzug) ZEITUNGSDRUCKEREI MITTE GMBH Rechnung vom 18.02.XX	18.02.XX	203,23 –
Beska Berliner Superkauf GmbH Tauentzienstr. 60 10789 Berlin	alter Saldo	17.853,94 Haben
	neuer Saldo	17.650,71 Haben

Rechnungen, die vom Einzelhandelsunternehmen an die Kunden geschickt werden, sind **Ausgangsrechnungen**. Das Einzelhandelsunternehmen fordert von seinen eigenen Kunden die Bezahlung der Waren. Deshalb werden diese Beträge auch als Forderungen bezeichnet.

Für das Einzelhandelsunternehmen sind die **Kassenberichte** (KB) des Tages wichtige Belege. Der Tagesbericht dokumentiert die Geldbewegungen in der Kasse, mit denen der Umsatz festgestellt wird.

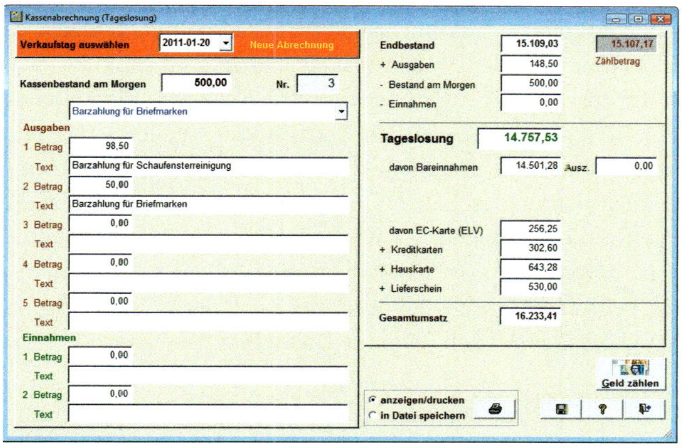

Kassenbericht im Warenwirtschaftssystem E.V.A.

Beska
BERLINER SUPERKAUF GMBH

Beska Berliner Superkauf GmbH · Tauentzienstraße 60 · 10789 Berlin

Ristorante
Da Dodo
Cimbernstraße 7
14129 Berlin

Rechnungs-Nr.:	Rechnungsdatum	Lieferdatum:
19874	25.08.20XX	25.08.20XX

Artikel	Artikelbezeichnung	Stück	Einzelpreis (in €)	Rabatt	Gesamtpreis (in €)
54325	Bettbezüge Dormawohl	40	65,00		2.600,00
				– 10 %	260,00
				Nettobetrag (in €)	2.340,00
				+ 19 % Umsatzsteuer (in €)	444,60
				Bruttorechnungsbetrag (in €)	**2.784,60**

Bei Bezahlung innerhalb von 10 Tagen abzüglich 2 % Skonto

Beska
Berliner Superkauf GmbH

Tauentzienstraße 60, 10789 Berlin, Geschäftsführer Klaus List
Telefon 030 936-0, Fax 030 936-14, E-Mail info@beska.de, Web www.beska.de
Handelsregister Amtsgericht Berlin, HR B 98 72, Littenstr. 22–17, 10117 Berlin
Finanzamt Berlin Innenstadt, Siegstr. 235, 10249 Berlin, USt-IdNr. DE136543107
Bankverbindung Deutsche Bank, IBAN DE04 1007 0000 0178 6044 23, BIC DEUTDEBBXXX

Bei Barzahlungen erhält der Kunde vom Zahlungsempfänger eine Quittung als Beleg über die erfolgte Zahlung. Eine Kopie der **Quittung** verbleibt beim Verkäufer.

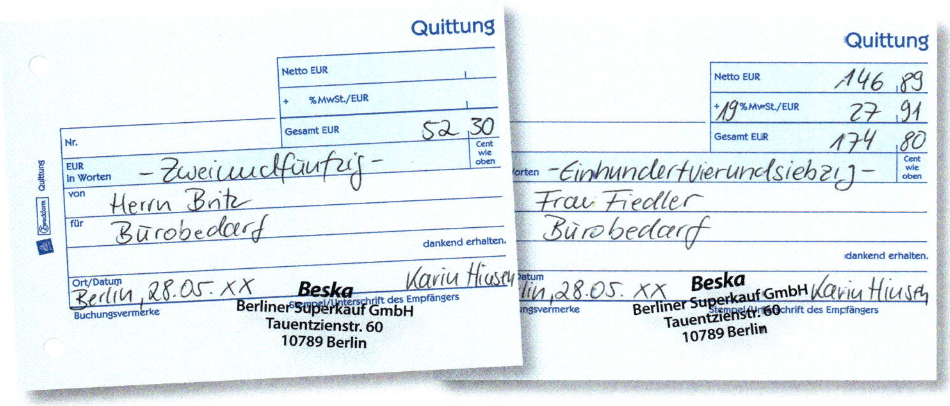

Was dokumentiert welche Belegart?

Belegart	dokumentiert
• Eingangsrechnung (ER)	• Verbindlichkeiten
• Ausgangsrechnung (AR)	• Forderungen
• Kassenbericht (KB)	• Kasseneinnahmen und -ausgaben
• Bankauszug (BA)	• Veränderungen auf Bankkonten
• Quittung	• Veränderung des Kassenbestands

3.2 Erfassen der Belege im Grundbuch und Hauptbuch

Die in der Privatwirtschaft allgemein übliche und für Kaufleute gesetzlich vorgeschriebene Methode, ordnungsgemäß Bücher zu führen, ist die doppelte Buchführung. Sie erfordert die Führung von zwei Büchern: Grund- und Hauptbuch.

Grundbuch

Entsprechend den rechtlichen Vorschriften werden alle, den Belegen zu Grunde liegenden Geschäftsfälle, aufgezeichnet. Dafür gibt es das Grundbuch, das auch **Journal** genannt wird. Darin werden die Beträge der einzelnen Belege in zeitlicher Reihenfolge erfasst. Die Darstellung des Grundbuches ist nicht einheitlich geregelt, da Grundbücher nach Inhaltsbereichen oder Abteilungen gegliedert und somit arbeitsteilig eingesetzt werden. In der Regel werden zur besseren Kontrolle die laufende Nummer, das Datum, der Betrag, Verweis auf den Belegen, der Buchungstext und Kontierung in Form eines Buchungssatzes aufgezeichnet. Der **Buchungssatz** ist eine eindeutige Anweisung dafür, wie ein Geschäftsfall im Hauptbuch zu buchen ist. Er gibt an, auf welchen Konten und auf welcher Kontoseite ein Geschäftsfall Veränderungen bewirkt. Da im Grundbuch alle Geschäftsfälle lückenlos erfasst werden, bildet es die Grundlage für Prüfungen durch Behörden, wie z. B. das Finanzamt. In diesem Lehrbuch wurde für das Grundbuch folgende Darstellung gewählt:

Buchungssatz
→ S. 98

Lfd. Nr.	Datum	Beleg	Geschäftsfall	Betrag in Euro
1	01.02.XX	ER	Wareneingang, Terry Kleber AG	2.798,85
2	01.02.XX	KB	Barverkäufe Kasse 8	15.368,95
usw.				

Hauptbuch

Da die chronologischen Eintragungen im Grundbuch keinen Überblick über die laufenden Veränderungen der einzelnen Vermögens- und Kapitalposten ermöglichen, werden alle Geschäftsfälle auf Konten gebucht, die sich im Hauptbuch befinden. Das Hauptbuch ordnet die Buchungen in einer sachlichen Ordnung den einzelnen Konten zu (z. B. Fuhrpark und Miete), so genannten **T-Konten**.

T-Konto

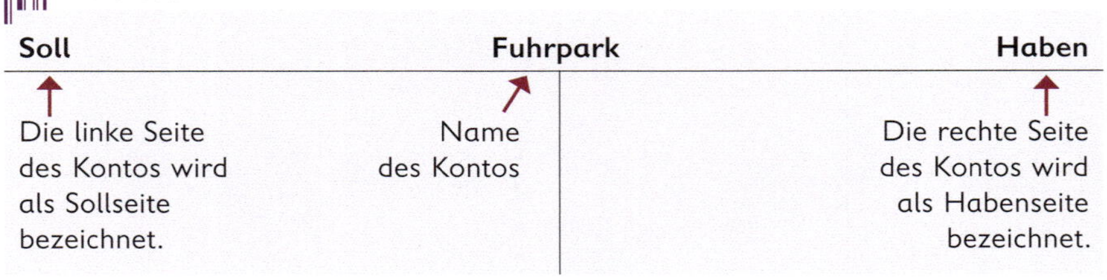

Bei der **doppelten Buchführung** wird jeder Geschäftsfall auf mindestens zwei Konten erfasst. Durch diese Eintragungen können die Werte auf den Konten zu- oder abnehmen, dies hängt von der Art des Kontos und der Seite ab, auf der die Eintragung erfolgt. Jeder Geschäftsfall bewirkt auf der Sollseite / den Sollseiten gleich große Wertveränderungen wie auf der Habenseite / den Habenseiten. Hierdurch ist gewährleistet, dass Fehler, die bei der Erfassung auftreten können, schnell entdeckt werden.

4 Gewinn- und Verlustrechnung

Lernsituation 58

Die Gewinn- und Verlustrechnung (GuV) hat die Aufgabe, die Erträge und Aufwendungen eines Geschäftsjahres einander gegenüberzustellen, um damit dem Gewinn oder dem Verlust eines Unternehmens auf die Spur zu kommen. Jeder Unternehmer möchte wissen, wie erfolgreich er innerhalb eines Geschäftsjahres gewesen ist. Der Erfolg der Geschäftstätigkeit eines Unternehmers kann ein Gewinn bzw. im schlechtesten Fall ein Verlust sein. Zusätzlich zeigt eine Gewinn- und Verlustrechnung dem Unternehmer, wie sein positiver Jahreserfolg (Jahresgewinn) oder negativer Jahreserfolg (Jahresverlust) zu Stande gekommen ist und aus welchen Quellen der Gewinn oder der Verlust stammt. Die Gewinn- und Verlustrechnung wird auch **Ergebnis- oder Erfolgsrechnung** genannt.

Jeder Geschäftsfall führt zu Wertveränderungen einzelner Bilanzpositionen. Werden durch einen Vorgang nur Änderungen beim Vermögen und/oder bei den Schulden bewirkt, so sind das Bestandsvorgänge. Geschäftsfälle, die das Eigenkapital berühren, tragen zum Erfolg des Unternehmens bei, es sind Erfolgsvorgänge. Man unterscheidet also zwischen erfolgsneutralen Geschäftsfällen (Bestandsvorgänge) und erfolgswirksamen Geschäftsfällen (Erfolgsvorgänge).

Beispiel

Erfolgsneutraler Geschäftsfall	Veränderte Bilanzpositionen		**Erfolgswirksamer** Geschäftsfall	Veränderte Bilanzpositionen	
Kauf eines Geschäftsfahrzeugs auf Ziel	Fuhrpark Verbindlichkeiten	+ +	Barzahlung für die Reparatur eines Geschäftsfahrzeugs	Kasse Eigenkapital	– –
Tilgung eines Darlehens durch Banküberweisung	Bank Darlehen	– –	Zinsgutschrift auf dem Bankkonto	Bank Eigenkapital	+ +

Erfolgswirksame Geschäftsfälle führen zu einer Minderung (Werteverzehr) oder Mehrung (Wertezufluss) des Eigenkapitals. Die Minderung des Eigenkapitals wird als **Aufwand** bezeichnet, die Mehrung des Eigenkapitals als **Ertrag**.

Beispiel

Zu den Aufwendungen zählen:
- Bezahlung der Mitarbeiter (Lohn-, Gehaltsaufwendungen)
- Zinszahlungen für geliehenes Kapital (Zinsaufwendungen)
- Bezahlung der angemieteten Geschäftsräume (Mietaufwendungen)
- Einkauf von Waren (Aufwendungen für Waren)

Zu den Erträgen zählen:
- Verkauf der Waren (Umsatzerlöse für Waren)
- Einnahmen für angelegtes Kapital (Zinsertrag)
- Einnahmen für vermietete Lagerräume (Mietertrag)

Die **Aufwendungen** (z. B. Löhne, Gehälter, Energieaufwand und Mietaufwand) werden in einem T-Konto den **Erträgen** (z. B. Verkaufserlöse) gegenübergestellt. Sind die Erträge größer als die Aufwendungen, so hat der Unternehmer einen Gewinn erwirtschaftet. Sind aber die Aufwendungen größer als die Erträge, handelt es sich um einen Verlust.

Die Gewinn- und Verlustrechnung zeigt, welche Faktoren für den Erfolg der betrieblichen Leistungserstellung verantwortlich sind.

Beispiel

Zu den Erfolgsfaktoren im Einzelhandel zählen:
- Standortwahl
- Gestaltung des Geschäftes
- Zusammensetzung und Einkauf des Sortiments
- Einrichten und Pflegen eines Warenwirtschaftssystems
- Anzahl des Personals und dessen Qualifizierung

Warenwirtschaftssystem → S. 12

Gegenüberstellung von Ertrag und Aufwendung

Erfolgsfaktoren	die damit möglichen Erträge	die damit verbundenen Aufwendungen
Standortwahl	Attraktive Gegend mit hoher Laufkundschaft kann zu einem erhöhten Abverkauf von Waren führen.	Pachtzahlungen für Geschäftsräume
Gestaltung des Geschäftes	• Blickfang = Erhöhung der Kundenbesuche, kann zu einem erhöhten Abverkauf von Waren führen • übersichtliche Anordnung des Sortiments = Erhöhung des Abverkaufs	• Kosten für die Schaufenstergestaltung • Kosten für die Warenpräsentation im Verkaufsraum
Zusammensetzung und Einkauf des Sortiments	Verkauf der Waren zu einem höheren Preis als zum Einkaufspreis	Mitarbeiter werten Lieferantenangebote aus und führen geregelte Bestellungen der Waren durch.
Lager	Absatzoptimierung ohne out-of-stock-Situation (das Lager ist teuer)	• Kosten für das Einrichten und die Pflege • Zinsen für gebundenes Kapital
Personal	• zusätzliche Abverkäufe durch gute Verkaufsgespräche • zusätzliche Abverkäufe durch gekonnte Warenpräsentation	Mitarbeiter präsentieren und pflegen die Ware im Verkaufsraum (Löhne/Gehälter des Personals)

4.1 Ermittlung des Unternehmenserfolges

Lernsituation 59

Der Unternehmenserfolg, der sowohl ein Gewinn als auch ein Verlust (negativer Gewinn) sein kann, lässt sich auf zweifache Art ermitteln:

1. durch die Gegenüberstellung von Aufwendungen und Erträgen
2. durch den Eigenkapitalvergleich des Berichtsjahres mit dem Vorjahr

4.1.1 Aufbau der Gewinn- und Verlustrechnung

Damit der Unternehmer die Quellen des Erfolges nachvollziehen kann, werden die in einem Geschäftsjahr anfallenden Aufwendungen und Erträge nicht direkt dem Eigenkapital zugerechnet, sondern auf entsprechende Aufwands- und Ertragskonten gebucht. Am Ende des Geschäftsjahres werden die dokumentierten Aufwendungen und Erträge in einem Gewinn- und Verlustkonto gegenübergestellt. Der Saldo ergibt dann den Erfolg des Geschäftsjahres.

Gewinn- und Verlustrechnung

Aufwendungen (Soll) — Gewinn und Verlust	Erträge (Haben)
• für Waren (Wareneinsatz) • für das Personal (Löhne/Gehälter) • für angemietete Lagerräume (Mietaufwendungen) • für geliehenes Kapital (Zinsaufwendungen)	• aus dem Verkauf von Waren (Umsatzerlöse) • aus der Vermietung von Lagerräumen (Mieterträge) • aus der Verpachtung eines Parkplatzes (Pachterträge) • aus Kapitalanlagen (Zinserträge)
↓	↓
Aufwendungen mindern das Eigenkapital.	Erträge mehren das Eigenkapital.

Diese oben dargestellte Gewinn- und Verlustrechnung zeigt auf der linken Seite (Lastschriftseite) den Aufwand und auf der rechten Seite (Gutschriftseite) den Ertrag. Sind die Erträge größer als die Aufwendungen, liegt ein Gewinn vor. Das Eigenkapital erhöht sich um den Betrag des Gewinns.

Beispiel

Gewinn- und Verlustrechnung der Beska GmbH im Geschäftsjahr 20XX

Aufwendungen (Soll)	Gewinn und Verlust		Erträge (Haben)
Aufwendungen für Waren (Wareneinsatz)	380.000,00	Erträge aus dem Verkauf von Waren (Umsatzerlöse)	645.450,00
Personalaufwendungen	120.000,00	Mieterträge	3.000,00
Mietaufwendungen	105.300,00	Pachterträge	5.780,00
Zinsaufwendungen	41.000,00	Zinserträge	43.450,00
Gewinn (Saldo)	51.380,00		
	697.680,00		697.680,00

	Summe der Erträge	697.680 €
–	Summe der Aufwendungen	646.300 €
=	Gewinn	51.380 €

Zum Ausgleich des Kontos wird der Gewinn auf der Sollseite gebucht. Dementsprechend wird ein Verlust auf der Habenseite gebucht.

Sind die Aufwendungen größer als die Erträge, liegt ein Verlust vor und das Eigenkapital vermindert sich um diesen Betrag.

Beispiel

Gewinn- und Verlustrechnung der Beska GmbH im Geschäftsjahr 20XX

Aufwendungen		Gewinn und Verlust	Erträge
Aufwendungen für Waren (Wareneinsatz)	420.300,00	Erträge aus dem Verkauf von Waren (Umsatzerlöse)	575.200,00
Personalaufwendungen	135.000,00	Erträge aus Vermietung und Verpachtung	2.500,00
Mietaufwendungen	110.400,00	Zinserträge	45.800,00
Zinsaufwendungen	38.600,00	Außerordentliche Erträge	7.900,00
		Verlust (Saldo)	72.900,00
	704.300,00		704.300,00

4.1.2 Erfolgsermittlung durch Eigenkapitalvergleich

Auch durch den Vergleich des Eigenkapitals von zwei aufeinanderfolgenden Geschäftsjahren ist ersichtlich, ob und in welcher Höhe das Unternehmen mit Gewinn oder Verlust gearbeitet hat, wenn keine Privatentnahme und -einlage stattgefunden haben.

Beispiel

Vereinfachte Bilanz der Beska GmbH im Vorjahr

Aktiva			Passiva
A. Anlagevermögen		**A. Eigenkapital**	431.300,00
1. Betriebs- und Geschäftsausstattung	276.000,00	**B. Fremdkapital**	
2. Fuhrpark	52.000,00	1. Darlehen	348.500,00
B. Umlaufvermögen		2. Verbindlichkeiten	67.300,00
1. Warenbestände	418.000,00		
2. Bankguthaben	93.500,00		
3. Kassenbestand	7.600,00		
	847.100,00		847.100,00

Beispiel

Vereinfachte Bilanz der Beska GmbH im Berichtsjahr

Aktiva			Passiva
A. Anlagevermögen		**A. Eigenkapital**	551.200,00
1. Betriebs- und Geschäftsausstattung	342.000,00	**B. Fremdkapital**	
2. Fuhrpark	43.300,00	1. Darlehen	215.600,00
B. Umlaufvermögen		2. Verbindlichkeiten	53.200,00
1. Warenbestände	270.000,00		
2. Bankguthaben	146.100,00		
3. Kassenbestand	18.600,00		
	820.000,00		820.000,00

	Eigenkapital des Berichtsjahres	551.200,00 €
–	Eigenkapital des Vorjahres	431.300,00 €
=	Gewinn	119.900,00 €

4.2 Erfolg durch den Verkauf von Waren

Ausschlaggebend für den Erfolg eines Einzelhandelsunternehmens sind die Umsatzerlöse für Waren. Wareneinsatz und Handlungskosten sind weitere Größen, die den Erfolg des Unternehmens und somit den Gewinn und Verlust beeinflussen.

Wareneinsatz

Die Summe aller Aufwendungen für die in einem Abrechnungszeitraum verkaufte Ware zum Bezugspreis wird als Wareneinsatz bezeichnet. Will man also den Wareneinsatz einer Periode bestimmen, so addiert man die Werte aller eingekauften Waren. Man muss aber auch berücksichtigen, ob sich die Lagerbestände verändert haben. Ist das Lager größer geworden, wurde eingekaufte Ware nicht verkauft. Also ist der Wareneinsatz um diesen Betrag kleiner als der Wert der eingekauften Waren. Ist der Lagerbestand aber kleiner geworden, wurde zusätzlich zu den Wareneinkäufen auch noch Ware vom Lager verkauft. Also ist der Wareneinsatz größer als der Wert der eingekauften Waren.

Berechnung des Wareneinsatzes

	Warenanfangsbestand (zum Bezugspreis) der im Lager befindlichen Waren
+	Wareneinkauf (zum Bezugspreis)
–	Warenendbestand (zum Bezugspreis) der noch im Lager befindlichen Ware
=	Wareneinsatz

Beispiel

	Warenanfangsbestand	100.000,00 €
+	Wareneinkauf	750.000,00 €
–	Warenendbestand	120.000,00 €
=	Wareneinsatz	730.000,00 €

Erläuterung: Der Einzelhändler hat die im Abrechnungszeitraum verkaufte Ware zum Preis von 730.000,00 € bezogen.

Der Einzelhändler trägt alleine die Entscheidung, für welche Waren er wie viel Geld ausgeben möchte. Um den Wareneinsatz sicherzustellen, sind die Einkaufsmengen und die Einkaufspreise der Waren zu begrenzen bzw. zu kontrollieren.

Beispiel

Im Bereich Einkauf
- können Lieferantenangebote verglichen werden,
- können Rabatte durch Großeinkäufe ausgenutzt werden.

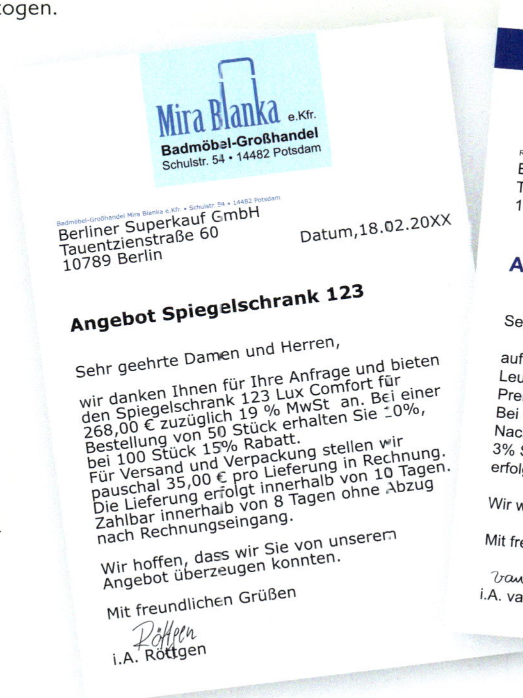
Mira Blanka e.Kfr.
Badmöbel-Großhandel
Schulstr. 54 • 14482 Potsdam

Badmöbel-Großhandel Mira Blanka e.Kfr. • Schulstr. 54 • 14482 Potsdam
Berliner Superkauf GmbH
Tauentzienstraße 60
10789 Berlin

Datum,18.02.20XX

Angebot Spiegelschrank 123

Sehr geehrte Damen und Herren,

wir danken Ihnen für Ihre Anfrage und bieten den Spiegelschrank 123 Lux Comfort für 268,00 € zuzüglich 19 % MwSt an. Bei einer Bestellung von 50 Stück erhalten Sie 10%, bei 100 Stück 15% Rabatt.
Für Versand und Verpackung stellen wir pauschal 35,00 € pro Lieferung in Rechnung.
Die Lieferung erfolgt innerhalb von 10 Tagen.
Zahlbar innerhalb von 8 Tagen ohne Abzug nach Rechnungseingang.

Wir hoffen, dass wir Sie von unserem Angebot überzeugen konnten.

Mit freundlichen Grüßen

Röttgen
i.A. Röttgen

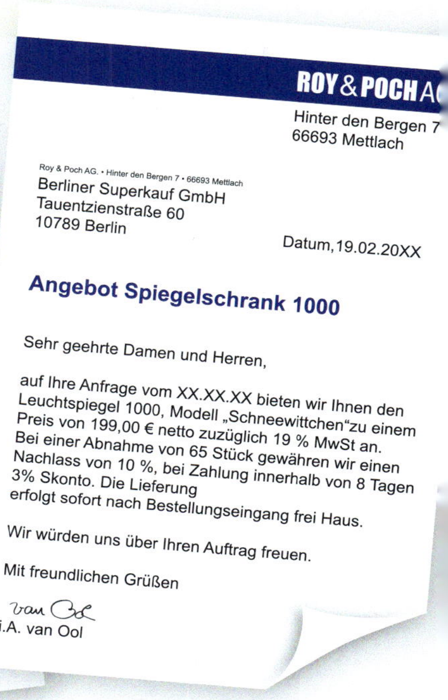
ROY & POCH AG
Hinter den Bergen 7
66693 Mettlach

Roy & Poch AG. • Hinter den Bergen 7 • 66693 Mettlach
Berliner Superkauf GmbH
Tauentzienstraße 60
10789 Berlin

Datum,19.02.20XX

Angebot Spiegelschrank 1000

Sehr geehrte Damen und Herren,

auf Ihre Anfrage vom XX.XX.XX bieten wir Ihnen den Leuchtspiegel 1000, Modell „Schneewittchen“zu einem Preis von 199,00 € netto zuzüglich 19 % MwSt an. Bei einer Abnahme von 65 Stück gewähren wir einen Nachlass von 10 %, bei Zahlung innerhalb von 8 Tagen 3% Skonto. Die Lieferung erfolgt sofort nach Bestellungseingang frei Haus.

Wir würden uns über Ihren Auftrag freuen.

Mit freundlichen Grüßen

van Ool
i.A. van Ool

Lernsituation 60

Wenn keine anderen Erträge vorliegen:

	Umsatzerlöse für Waren
–	Wareneinsatz
–	Handlungskosten
=	Gewinn

Bezugspreis = Einstandspreis
→ S. 24

Lagerbestand
→ S. 46

Achtung: Der Wareneinsatz bezieht sich nicht auf die Menge der eingekauften Waren, sondern auf die Menge der verkauften Waren bewertet zum Bezugspreis.

Limitrechnung
→ S. 16

Erweiterte Limitrechnung
→ S. 118

Handlungskosten

Nach dem Einkauf von Waren werden diese gelagert, neu verpackt, veredelt, entsprechend präsentiert und dann verkauft. Während dieser Zeit fallen für den Einzelhandel weitere Aufwendungen an. Diese Aufwendungen werden als Handlungskosten bezeichnet.

Handlungskosten sind Kosten, die durch das Betreiben eines Unternehmens entstehen.
→ S. 109

Handlungskosten im Einzelhandel

Aufwendungen	Beispiele für Handlungskosten
für Personal	Gehälter/Löhne der Mitarbeiter, Ausbildungsvergütungen, Sozialversicherungsbeiträge
für Geschäftsräume	Miete/Pacht für Geschäftsräume, die betrieblich genutzt werden
für Lagerräume	• Kosten für Licht, Heizung, Raumreinigung • Zinsen für gebundenes Kapital (s.S.48) • Büromaterial
weitere Aufwendungen	• Kosten für Telekommunikation

Es gibt ganz unterschiedliche Möglichkeiten, die Handlungskosten in einem Einzelhandelsunternehmen zu senken und dadurch den Erfolg zu verbessern.

Beispiel

Handlungskosten	Möglichkeiten, die Handlungskosten zu senken
Personalaufwendungen	• Personaleinsatz planen und ggf. verändern • Einsatz von Personal mit Berufserfahrung
Mietaufwendungen	Geschäftsräume mit günstigerem Mietzins anmieten
Aufwendungen für Lager- und Geschäftsräume	• energiesparende Leuchtmittel einsetzen • Räume nicht überheizen
weitere Aufwendungen	günstiger Bezug von Büromaterialien (Sonderangebote wahrnehmen) usw.

Erfolg aus Warengeschäften

Durch den Verkauf von Waren hat der Einzelhändler die Möglichkeit, einen Gewinn aus Warengeschäften (Warenrohgewinn) zu erzielen. Dieser Warenrohgewinn des Einzelhändlers entsteht dadurch, dass er seine Waren zu höheren Preisen verkauft, als zu denen er sie eingekauft hat.

Berechnung des Warenrohgewinns/-verlust

   Umsatzerlöse für Waren (Waren bewertet zum Nettoverkaufspreis)
– Aufwendungen für Waren (Wareneinsatz)

= Warenrohgewinn

Sind die Aufwendungen für Waren größer als die Erlöse, handelt es sich um einen Warenrohverlust.

Achtung: Einen Gewinn aus dem Warengeschäft kann man nur erzielen, wenn Waren verkauft werden. Die Umsatzerlöse für Waren und der Wareneinsatz beziehen sich auf dieselbe Menge von Waren, nämlich auf die Menge der verkauften Waren.

Umsatzerlöse = Menge der verkauften Waren bewertet zum Nettoverkaufspreis
Wareneinsatz = Menge der verkauften Waren bewertet zum Bezugspreis

Beispiel

Die Beska GmbH möchte für einen hochwertigen Herrenanzug den Rohgewinn/Rohverlust in einem bestimmten Abrechnungszeitraum ermitteln. Der Bezugspreis beträgt 500,00 Euro/Stück, der Nettoverkaufspreis 725,00 Euro/Stück.

1. Erfolg aus Warengeschäften ohne Veränderung des Warenbestandes

Folgende Daten liegen vor:	Anfangsbestand	8 Stück
	Schlussbestand	8 Stück
	Wareneinkäufe	20 Stück

Da bei diesem Artikel keine Bestandsveränderung vorliegt, sind während des Abrechnungszeitraumes gleich viele Anzüge eingekauft wie verkauft worden.

Wareneinsatz:	20 · 500,00 €	=	10.000,00 €
Umsatzerlöse:	20 · 725,00 €	=	14.500,00 €
Warenrohgewinn:	14.500,00 € – 10.000,00 €	=	4.500,00 €

2. Erfolg aus Warengeschäften mit Bestandserhöhung

Folgende Daten liegen vor:	Anfangsbestand	8 Stück
	Schlussbestand	12 Stück
	Wareneinkäufe	20 Stück

In diesem Abrechnungszeitraum ist mehr Ware eingekauft worden als verkauft.

	Warenanfangsbestand	8 Stück
+	Wareneinkäufe	20 Stück
–	Warenschlussbestand	12 Stück
=	Wareneinsatz (Stück)	16 Stück

Wareneinsatz:	16 · 500,00 €	=	8.000,00 €
Umsatzerlöse:	16 · 725,00 €	=	11.600,00 €
Warenrohgewinn	11.600,00 € – 8.000,00 €	=	3.600,00 €

3. Erfolg aus Warengeschäften mit Bestandsverminderung

Folgende Daten liegen vor:	Anfangsbestand	8 Stück
	Schlussbestand	6 Stück
	Wareneinkäufe	20 Stück

In diesem Abrechnungszeitraum ist mehr Ware verkauft worden als eingekauft.

	Warenanfangsbestand	8 Stück
+	Wareneinkäufe	20 Stück
-	Warenschlussbestand	6 Stück
=	Wareneinsatz (Stück)	22 Stück

Wareneinsatz:	22 · 500,00 €	=	11.000,00 €
Umsatzerlöse:	22 · 725,00 €	=	15.950,00 €
Warenrohgewinn	15.950,00 € – 11.000,00 €	=	4.950,00 €

Der Warenrohgewinn des Einzelhandels kann u. a. verbessert bzw. verändert werden durch:

- Ausnutzen von Sonderangeboten der Lieferanten
- Mehrabsatz durch Werbemaßnahmen
- Preiserhöhung bei stark nachgefragten Artikeln
- usw.

Reingewinn/Verlust

Der Warenrohgewinn/-verlust ist zwar die entscheidende Quelle für den Unternehmenserfolg, sagt aber noch nichts darüber aus, ob das gesamte Ergebnis des Einzelhandelsunternehmens positiv oder negativ ist. Dieses wird in der Gewinn- und Verlustrechnung berechnet, wo der Reingewinn/-verlust als Differenz (Saldo) zwischen allen Aufwendungen und allen Erträgen eines Einzelhandelsunternehmens ermittelt wird. Der Reingewinn wird als positives Ergebnis eines Geschäftsjahres bezeichnet (Gegensatz: Reinverlust = negatives Ergebnis). Ist der Reingewinn gemeint, wird gewöhnlich nur vom Gewinn gesprochen.

Berechnung des Reingewinns/-verlusts

	Summe aller Erträge (E)
–	Summe aller Aufwendungen (A)
=	Reingewinn (wenn E > A), sonst Reinverlust

Beispiel

Gewinn- und Verlustrechnung der Beska GmbH im Geschäftsjahr 20XX

	Aufwendungen		**Gewinn und Verlust**	**Erträge**
	Aufwendungen für Waren (Wareneinsatz)	380.000,00	Erträge aus dem Verkauf von Waren (Umsatzerlöse)	645.450,00
Handlungskosten	Personalaufwendungen	120.000,00	Mieterträge	3.000,00
Handlungskosten	Mietaufwendungen	105.300,00	Pachterträge	5.780,00
Handlungskosten	Zinsaufwendungen	41.000,00	Zinserträge	43.450,00
	Gewinn (Saldo)	51.380,00		
		697.680,00		697.680,00

Berechnung des Warenrohgewinns

	Umsatzerlöse für Waren	645.450,00 €
–	Wareneinsatz	380.000,00 €
=	Rohgewinn	265.450,00 €

Berechnung des Reingewinns

	Summe aller Erträge	697.680,00 €
–	Summe aller Aufwendungen	646.300,00 €
=	Reingewinn	51.380,00 €

4.3 Analyse des Unternehmenserfolgs

Lernsituation 61

Der Einzelhändler hat die Möglichkeit, mit Hilfe von Kennzahlen wirtschaftliche und finanzielle Entwicklungen im Unternehmen zu betrachten. Aussagekräftige Kennzahlen, so genannte **Rentabilitätskennziffern**, verlangen eine Gegenüberstellung von Zahlen über mehrere Geschäftsjahre oder zwischen zwei Unternehmen gleicher Branche und gleicher Organisationsstruktur.

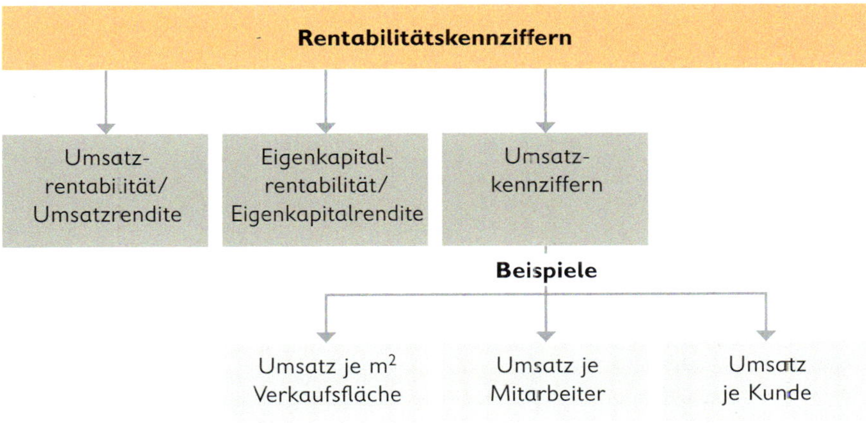

4.3.1 Umsatzrentabilität/Umsatzrendite

Die Umsatzrentabilität ist ein Gradmesser, um die Gewinnentwicklung des Unternehmens zu beurteilen. Ein Einzelhändler stellt sich beispielsweise die Frage, wie viel Gewinn bei einem Umsatz von 100 Euro erwirtschaftet wurde. Deshalb bezeichnet die Kennzahl Umsatzrentabilität das Verhältnis zwischen dem Gewinn in einem Geschäftsjahr und den Umsatzerlösen in diesem Geschäftsjahr.

Umsatzrentabilität
Umsatz = 100 %
Gewinn (Rendite) = x %

Berechnung der Umsatzrentabilität

$$\text{Umsatzrentabilität} = \frac{\text{Gewinn} \cdot 100\,\%}{\text{Umsatzerlöse}}$$

In Ausnahmefällen kann die Umsatzrentabilität auch auf den Rohgewinn bezogen werden. In die Formel wird dann statt des Reingewinns der Rohgewinn eingesetzt.

Fällt die Umsatzrentabilität im Vergleich zu anderen Unternehmen der gleichen Branche und gleicher Organisationsstruktur gering aus, kann dies ein Hinweis auf eine schlechte Geschäftspolitik sein. Geschäftspolitische Maßnahmen können sein: Handlungskosten senken, Verkaufspreise angemessen kalkulieren usw.

Gleiche Organisationsstruktur:
- ähnliche Mitarbeiterzahl
- ähnliche Mietkosten
- Betriebsform
- Verkaufsform

Kalkulation des Verkaufspreises
→ S. 109

Beispiel

Die Beska GmbH erzielte im abgelaufenen Geschäftsjahr einen Umsatz von 10.250.000 Euro. Der Reingewinn betrug 244.000 Euro. Im aktuellen Geschäftsjahr wurde ein Umsatz von 12.780.000 Euro erzielt und der Reingewinn betrug 265.000 Euro. Wie hoch war die Umsatzrendite in beiden Geschäftsjahren?

Umsatzrentabilitätsanalyse

Schritt 1: Die Umsatzrentabilität des abgelaufenen Geschäftsjahres berechnen

$$\text{Umsatzrentabilität des abgelaufenen Geschäftsjahres} = \frac{244.000 \cdot 100\,\%}{10.250.000}$$

$$= 2{,}38\,\%$$

Die Umsatzrentabilität von 2,38% bedeutet, dass die Beska GmbH pro 100 Euro Umsatz einen Gewinn von 2,38 Euro erwirtschaftet hat. Um allerdings eine detaillierte Aussage zu treffen, ob diese Zahl positiv oder negativ zu beurteilen ist, müsste die Geschäftsleitung eine Rentabilitätsanalyse durchführen.

Schritt 2: Die Umsatzrentabilität des aktuellen Geschäftsjahres berechnen

$$\text{Umsatzrentabilität des aktuellen Geschäftsjahres} = \frac{265.000 \cdot 100\,\%}{12.780.000}$$

$$= 2{,}07\,\%$$

Eine Umsatzrentabilität von 2,07% bedeutet, dass die Beska GmbH pro 100 Euro Umsatz einen Gewinn von 2,07 Euro erwirtschaftet hat.

Schritt 3: Die Umsatzrentabilität vergleichen und analysieren

Beim Vergleich der beiden Zahlen ist zu erkennen, dass die Umsatzrentabilität um 0,31 Prozentpunkte geringer ausfällt, obwohl Gewinn und Umsatz gestiegen sind.

Die Geschäftsleitung hat nun die Aufgabe festzustellen, wie dieses Ergebnis entstanden ist.

Mögliche Ursachen:
- Bestehende Lieferverträge mit festen Abnahmemengen mussten eingehalten werden, obwohl der Verkauf dieser Produkte schleppend war (= hohe Kapitalbindung für Waren).
- fehlende Beobachtung des Marktes, des Kundenverhaltens
- Erhöhung der Miete für die Geschäftsräume

4.3.2 Eigenkapitalrentabilität

Eigenkapitalrentabilität
(ø) Eigenkapital = 100%
Gewinn = x%

Ein Einzelhändler, der in sein Unternehmen Kapital eingebracht hat, stellt sich die Frage, ob sich diese Investition lohnt. Vielleicht hätte er sein Geld bei einem Kreditinstitut ertragreicher anlegen können. Die Kennziffer Eigenkapitalrentabilität dient deshalb dazu, den Gewinn im prozentualen Verhältnis zum eingesetzten Eigenkapital zu setzen.

Während eines Geschäftsjahres wird das Eigenkapital fortlaufend durch jeden Erfolgsvorgang vermehrt oder vermindert. Um eine genaue Aussagekraft dieser Messzahl zu erreichen, wird vom durchschnittlichen Eigenkapital ausgegangen, denn durch Privatentnahmen und/oder -einlagen verändert sich das Eigenkapital im Laufe des Geschäftsjahres. Die Eigenkapitalrentabilität sollte über dem landesüblichen Zinssatz für langfristig angelegtes Kapital liegen, damit der Eigenkapitalgeber für das vorhandene Geschäftsrisiko entschädigt wird. Möglicherweise wird über das Eigenkapital das Einkommen für den Kapitalgeber und seine Familie gesichert.

Um die Eigenkapitalrentabilität beurteilen zu können, müssen zwei Kriterien herangezogen werden: Die Eigenkapitalverzinsung (Anlagemöglichkeiten bei Kreditinstituten) und die Risikoprämie (Unternehmerwagnis).

Berechnung des durchschnittlichen Eigenkapitals

$$\text{durchschnittliches Eigenkapital} = \frac{\text{Eigenkapital am Anfang des Geschäftsjahres} + \text{Eigenkapital am Ende des Geschäftsjahres}}{2}$$

Maßgeblich für die Berechnung ist das Eigenkapital am Ende des Geschäftsjahres, bevor der Gewinn des abgelaufenen Geschäftsjahres hinzugerechnet wurde. Gab es im Laufe des Geschäftsjahres keine Veränderungen am Eigenkapital, braucht man nur mit dem Anfangseigenkapital zu rechnen.

Berechnung der Eigenkapitalrentabilität ohne Privatentnahmen/-einlagen

$$\text{Eigenkapitalrentabilität} = \frac{\text{Gewinn} \cdot 100\,\%}{\varnothing\ \text{Eigenkapital}}$$

Um festzustellen, ob der Einzelhändler mit der Höhe der Eigenkapitalrentabilität zufrieden ist, muss er diese der Verzinsung gegenüberstellen, die er bei einer Anlageform in einem Kreditinstitut erzielt hätte. Die Investition (Geldeinlage) in einem Einzelhandel kann ein erhöhtes Risiko darstellen. Es hängt also von der Risikobereitschaft ab, ob man in einen Einzelhandel Geld investiert. Die Eigenkapitalrentabilität sollte deshalb immer höher sein als die Verzinsung in weniger riskanten Anlageformen bei Kreditinstituten.

Ein Risiko könnte z.B. ein Umsatzrückgang sein. Im ungünstigsten Fall kann die Existenz des Einzelhändlers gefährdet sein.

Beispiel

Herr Cato hat ein beträchtliches Vermögen und möchte dies investieren. Er erwägt, in die Beska GmbH zu investieren oder sein Geld bei seiner Hausbank anzulegen. Ihm liegen folgende Informationen vor:

- Beska GmbH: Gewinn 150.000 Euro,
  durchschnittliches Eigenkapital 2.000.000 Euro
- Hausbank: 5 % Zinsen

Lösung

$$\text{Eigenkapitalrentabilität der Beska GmbH} = \frac{150.000 \cdot 100\,\%}{2.000.000} = 7{,}5\,\%$$

Herr Cato hat sich entschieden, sein Geld auf Grund der höheren Eigenkapitalrendite bei der Beska GmbH zu investieren. Die Beska GmbH bietet ihm 2,5 Prozentpunkte mehr als seine Hausbank. Aus diesem Grund wird Herr Cato das Risiko eingehen und sein Geld in die Beska GmbH investieren.

4.3.3 Weitere Umsatzkennziffern

Personal- und Raumkosten belasten ein Einzelhandelsgeschäft mit den höchsten Anteilen an den Gesamtkosten. Die Kennzahlen **Umsatz je m² Verkaufsfläche, Umsatz je Mitarbeiter** oder **Umsatz je Kunde**, die im Zeitvergleich, im Vergleich mit anderen Filialen oder im Branchendurchschnitt erhoben werden, leisten einen wichtigen Beitrag für die Beurteilung des Unternehmenserfolges und dienen als Grundlage für unternehmerische Entscheidungen, wie z. B. die Optimierung der Warenpräsentation, die Verbesserung der Preisgestaltung, die Förderung des Impulskaufs u. a.

Preisgestaltung → S. 104

Beispiel

Die Lebensmittelabteilung der Beska GmbH verfügt über eine Verkaufsfläche von 540 m^2, die Verkaufsfläche im Kassenbereich beträgt 80 m^2. Im Abrechnungszeitraum hat die Lebensmittelabteilung einen Umsatz von 13.446,00 Euro erzielt, auf den Kassenbereich entfielen 2.816,00 Euro Umsatz. Wie rentabel sind die einzelnen Verkaufsflächen?

Lebensmittelabteilung: $\frac{13.446{,}00 \text{ €}}{540 \text{ m}^2} = 24{,}90 \text{ € je m}^2$

Kassenbereich: $\frac{2.816{,}00 \text{ €}}{80 \text{ m}^2} = 35{,}20 \text{ € je m}^2$

Der Kassenbereich hat bezogen auf den Umsatz eine höhere Flächenausnutzung, im Einzelhandel auch Flächenproduktivität genannt. Deshalb eignet sich dieser Bereich für die Präsentation von Impulsartikeln mit hoher Gewinnspanne.

Berechnung des Umsatzes ...

... je m^2 Verkaufsfläche

Umsatz je m^2 Verkaufsfläche = $\frac{\text{Umsatz in €}}{\text{Anzahl der m}^2 \text{ Verkaufsfläche}}$

Beispiel

48 Mitarbeiter der Beska GmbH erzielten im Abrechnungszeitraum einen Umsatz von 36.480,00 Euro, im Vorjahreszeitraum betrug der Umsatz 35.360,00 Euro bei 52 Mitarbeitern. Vergleichen Sie die Umsätze je Mitarbeiter.

Zeitraum im Berichtsjahr: $\frac{36.480{,}00 \text{ €}}{48 \text{ Mitarbeiter}} = 760{,}00 \text{ € je Mitarbeiter}$

Vorjahrjahreszeitraum: $\frac{35.360{,}00 \text{ €}}{52 \text{ Mitarbeiter}} = 680{,}00 \text{ € je Mitarbeiter}$

Im Vergleich zu den Vorjahresdaten scheint sich der Personalabbau gelohnt zu haben, weil ein höherer Umsatz pro Mitarbeiter erzielt werden konnte. Zu besseren Erkenntnissen gelangt man erst, wenn die Art der Beschäftigungsverhältnisse berücksichtigt werden.

... je Mitarbeiter

Umsatz je Mitarbeiter = $\frac{\text{Umsatz in €}}{\text{Anzahl der Mitarbeiter}}$

Beispiel

Die Beska GmbH hat in einer Sonderaktion nach einem Umbau ihren Umsatz von 13.482,00 Euro auf 14.376,00 Euro steigern können. Gleichzeitig hat sich im Vergleichszeitraum die Kundenzahl von 420 auf 480 erhöht.

vor dem Umbau: $\frac{13.482{,}00 \text{ €}}{420 \text{ Kunden}} = 32{,}10 \text{ € je Kunde}$

nach dem Umbau: $\frac{14.376{,}00 \text{ €}}{480 \text{ Kunden}} = 29{,}95 \text{ € je Kunde}$

Trotz der positiven Entwicklung bezüglich der Umsätze und der Kundenzahl kauft der Kunde im Durchschnitt (Man spricht im Einzelhandel vom Durchschnittsbon) für 2,15 Euro weniger ein. Weitere Angaben sind erforderlich, um zu wissen, ob dafür auch längere Kassierzeiten erforderlich waren und ob der Kunde längere Wartezeiten an der Kasse in Kauf nehmen musste oder mehr Personal an der Kasse eingesetzt wurde.

... je Kunde

Umsatz je Kunde = $\frac{\text{Umsatz in €}}{\text{Anzahl der Kunden}}$

5 Erfolgsanalyse – grafisch darstellen

Lernsituation 62

Ein Sprichwort lautet: „Ein Bild sagt mehr als tausend Worte." Das gilt natürlich auch, wenn es darum geht, Kennziffern aus dem betrieblichen Rechnungswesen zu visualisieren. Visualisieren bedeutet, unübersichtliche Zahlenreihen oder große Datenmengen in eine leicht verständliche, bildliche Form zu bringen. Unwichtige Details können dabei möglicherweise ausgeklammert werden. Visualisierte Informationen oder Daten sind dadurch immer so dargestellt, dass der Interessent den wichtigsten Zusammenhang schnell erkennen kann.

Visualisieren
bildlich darstellen, veranschaulichen

Zur Visualisierung kann eine übersichtlich aufbereitete Tabelle dienen, eine gedruckte Grafik oder eine Skizze, ein kurzer Film oder Ähnliches. Für die Darstellung betrieblicher Zusammenhänge sind hauptsächlich **Diagramme** geeignet, die einen Verlauf darstellen, Zahlen und Daten vergleichbar machen oder Anteile eines Ganzen wiedergeben.

Grafik
(griech.) Schaubild, Abbildung

5.1 Liniendiagramm

Das Liniendiagramm ist eine grafische Darstellung, die sich besonders eignet, die **Entwicklung** bzw. den Verlauf eines Sachverhaltes **im Zeitablauf** zu verdeutlichen.

Beispiel

Steffen Wolff, Verkäufer der Textilabteilung der Beska GmbH, erhält eine monatliche Umsatzprovision für verkaufte Ware.
Die nebenstehende Grafik zeigt, wie sich seine Umsatzprovision über ein Geschäftsjahr entwickelt.

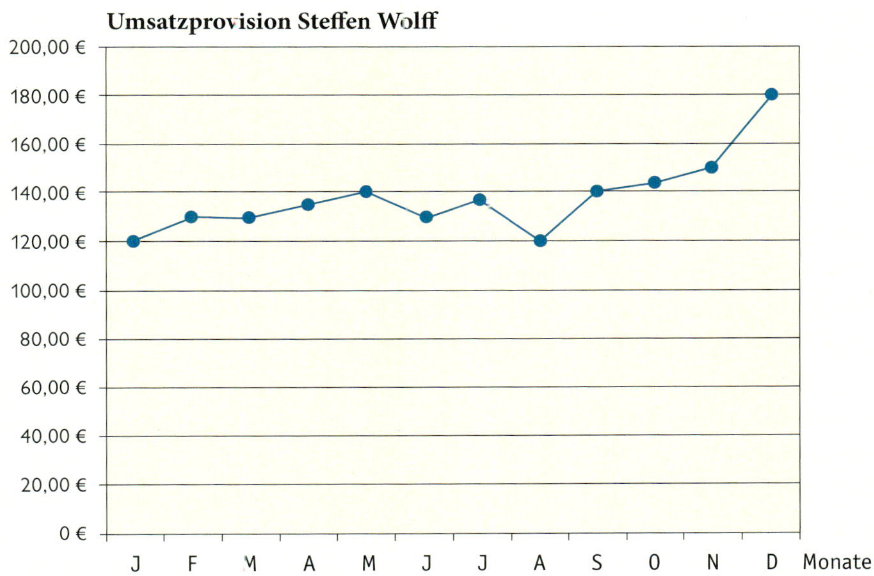

Anhand des Liniendiagramms ist eine Auswertung und Interpretation über den Verlauf möglich: Von Januar bis Mai steigt Steffen Wolffs Umsatzprovision, sodass man davon ausgehen kann, dass das Verkaufsseminar, welches besucht wurde, erfolgreich war und Steffen Wolff immer bessere Umsätze erzielt. In den Sommermonaten geht der Umsatz zurück, was sehr wahrscheinlich auf die Urlaubszeit zurückzuführen ist. Im Herbst steigt die Umsatzprovision steil an und erreicht im Dezember den höchsten Wert. Diese Entwicklung hängt einerseits mit der immer besseren Verkaufstechnik Steffen Wolffs und andererseits mit dem Weihnachtsgeschäft zusammen.

5.2 Balken- und Säulendiagramm

Mit Hilfe eines Balkendiagramms lassen sich insbesondere **Zahlenvergleiche** und **Rangfolgen** visualisieren.

Beispiel

Alle Vollzeitkräfte der Textilabteilung (Warengruppe 4) der Beska GmbH erhalten eine Umsatzprovision. Um die erzielten Provisionen des 2. Quartals zu vergleichen, wird folgendes Balkendiagramm zur Visualisierung verwendet:

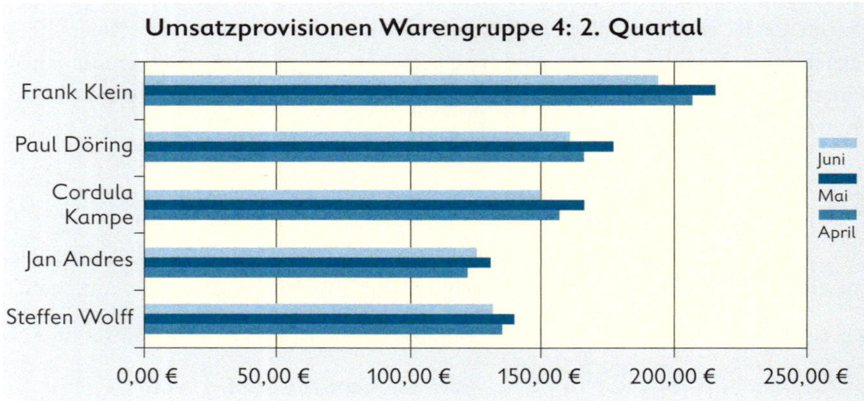

Auch hier ist eine Interpretation des Diagramms möglich: Entsprechend ihrer Berufserfahrung, Verkaufstechnik und Motivation erzielen die Mitarbeiter der Textilabteilung zunächst unterschiedliche monatliche Verkaufprovisionen. Dieses Balkendiagramm verdeutlicht nicht nur die Provisionsentwicklung der einzelnen Mitarbeiter im Verlauf des Geschäftsjahres, sondern gleichzeitig wird eine Rangfolge zwischen den einzelnen Mitarbeitern visualisiert. Im 2. Quartal des Jahres schwanken die einzelnen Monatsprovisionen zusätzlich bei jedem Verkäufer. Die Grafik zeigt, dass bei allen Verkäufern der Mai umsatzstärkster Monat ist, wobei im April und Juni alle Verkäufer gleichsam geringere Umsätze erzielen. Da sich die Schwankung der Monatsprovisionen bei den Verkäufern ähnelt, kann davon ausgegangen werden, dass der Monat Mai allgemein ein umsatzstarker Monat in der Textilabteilung ist. Das folgende Säulendiagramm bestätigt diese Interpretation.

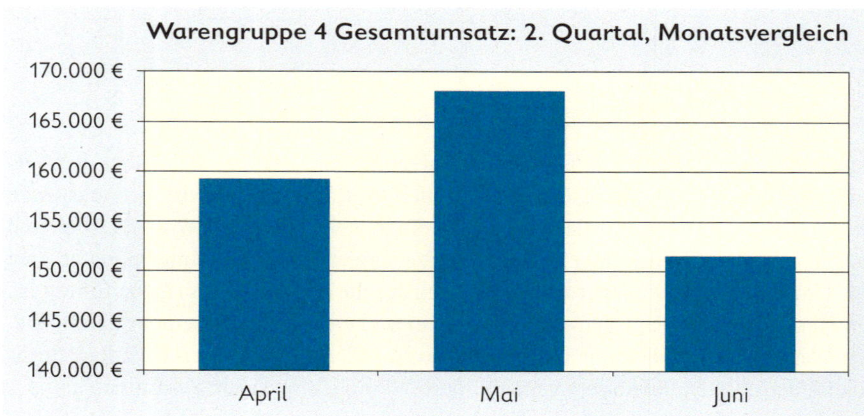

5.3 Stapeldiagramm

Bei der Sonderform des Säulendiagramms, dem Stapeldiagramm, werden zwei oder mehr Zahlenreihen addiert und grafisch übereinandergestapelt. Das ist nur bei Werten möglich, die zur gleichen Gruppe gehören.

Beispiel

Testkäufer der Beska GmbH haben die durchschnittlichen Warte- und Kassierzeiten im Wochenverlauf ermittelt.

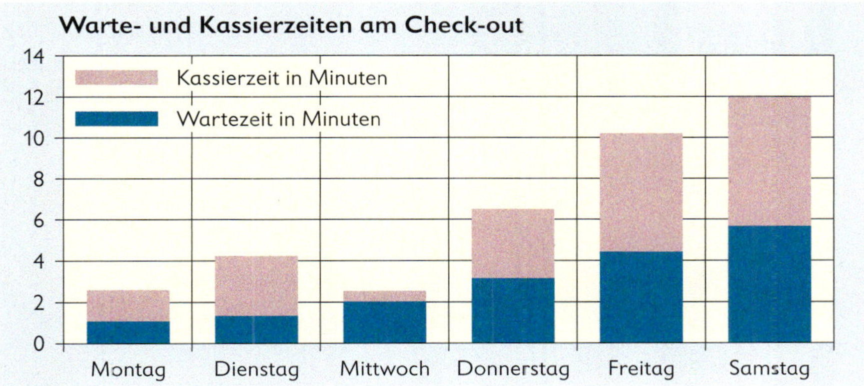

Das Stapeldiagramm lässt erkennen, wie viele Minuten der Kassiervorgang insgesamt bei der Beska GmbH im Durchschnitt an den einzelnen Wochentagen dauert. Zum Wochenende hin müssen die Kunden sowohl die höchsten Kassier- als auch Wartezeiten in Kauf nehmen. Während man bei dieser Darstellungsform die Wartezeiten gut ablesen kann, sind die Kassierzeiten nicht auf einen Blick ersichtlich.

5.4 Kreis- und Tortendiagramm

Ein **Kreisdiagramm** ist eine geeignete Darstellungsform für Teilwerte eines Ganzen. Der Kreis ist dabei in mehrere Segmente unterteilt. Jedes Segment zeigt einen prozentualen Teilwert und der Kreis somit die Gesamtheit der Teilwerte (100 Prozent) an.

Beispiel

Der Gesamtumsatz für einen Abrechnungszeitraum der Beska GmbH wird in unterschiedlichen Anteilen von den einzelnen Abteilungen erbracht. Der prozentuale Anteil der einzelnen Abteilungen am Gesamtumsatz lässt sich mit Hilfe des nebenstehenden Kreisdiagramms darstellen.

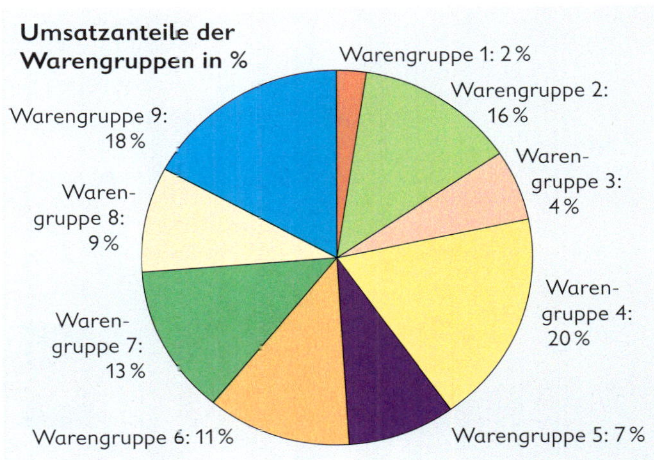

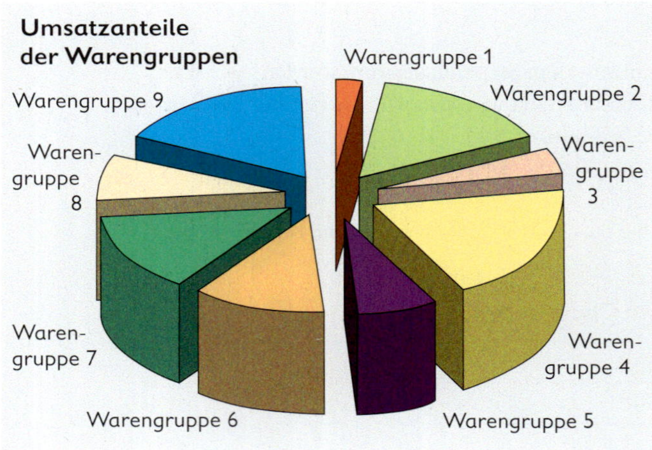

Das entsprechende **Tortendiagramm** zeigt eine dreidimensionale Darstellung des gleichen Sachverhalts.

Während beim Kreisdiagramm sofort auffällt, dass die Warengruppe 4 „Textil" den größten Anteil am Gesamtumsatz hat, wird beim Tortendiagramm vor allem der Vergleich zwischen den Umsatzanteilen der einzelnen Warengruppen deutlich.

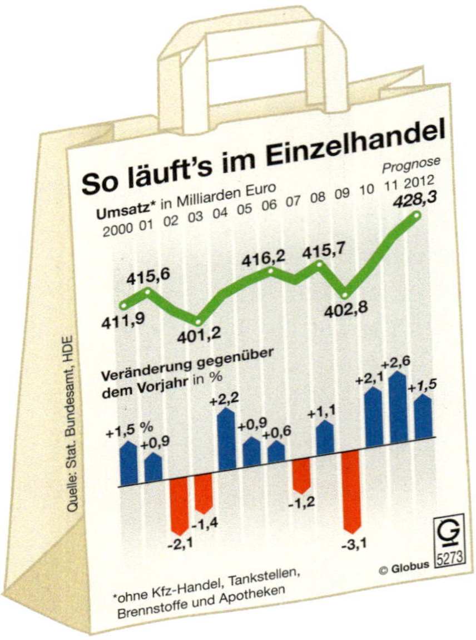

5.5 Kombination verschiedener Diagrammtypen

Auch Kombinationen verschiedener Diagrammtypen sind möglich. In ein und derselben Grafik können Verläufe dargestellt, Werte verglichen und gleichzeitig Anteile an einem Gesamtwert gezeigt werden.

In nebenstehender Grafik wird die Entwicklung des Einzelhandelsumsatzes zwischen 2000 und 2012 aufgezeigt. Das Liniendiagramm vergleicht die Umsätze in Milliarden Euro, während das Säulendiagramm die prozentualen Veränderungen der Umsätze im Vergleich zum jeweiligen Vorjahr darstellt.

5.6 Grundsätze für die Auswahl von Diagrammen

Die Auswahl des geeigneten Diagrammtyps richtet sich nach den Inhalten, die visualisiert werden sollen.

Struktur,
z.B. Anteile, Zusammensetzung

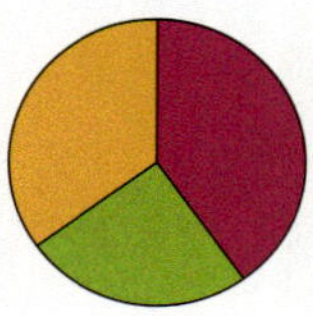

Rangfolge,
z.B. Vergleich

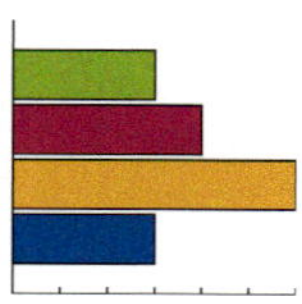

Entwicklung, Verlauf,
z.B. Zeitreihe, Prognose

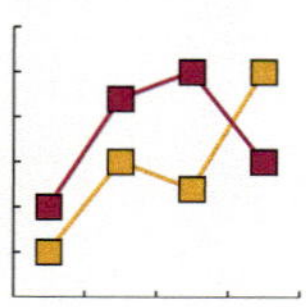

Häufigkeit,
z.B. räumliche oder zeitliche Verteilung

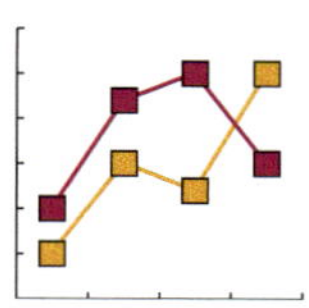

Exkurs Technik der doppelten Buchführung

Exkurs

Der Einzelhändler benötigt nicht nur zu Beginn und am Ende eines Geschäftsjahres durch die jeweiligen Bilanzen einen Überblick über seine Vermögens- und Kapitalstruktur, sondern muss jederzeit anhand von Zahlenmaterial unternehmerische Entscheidungen treffen können.

Beispiel

Während des Geschäftsjahres stellt ein Einzelhändler durch die Auswertung der Warenein- und -verkäufe fest, dass sich der daraus ergebende Gewinn halbiert hat. Durch eine Analyse der entsprechenden Zahlen kann der Einzelhändler Maßnahmen einleiten, die diese für das Unternehmen gefährliche Situation beseitigen.

Um jederzeit auf geeignetes Zahlenmaterial zurückgreifen zu können, muss der Einzelhändler alle anfallenden Geschäftsfälle mit Hilfe von Belegen dokumentieren. Diese Dokumentation von Geschäftsfällen erfolgt im Rahmen der Finanzbuchführung und erfasst alle Auswirkungen auf die Vermögens- und Kapitalstruktur des Unternehmens.

Dokumentation von Geschäftsfällen = Finanzbuchführung

1 Auswirkungen von Geschäftsfällen auf die Bilanz

Die Bilanz ist das Ergebnis der mindestens einmal pro Jahr durchgeführten Inventur. Somit besitzen die Werte der einzelnen Posten auch nur zum Bilanzstichtag, in der Regel dem 31.12. des Jahres, ihre Gültigkeit. Jeder der durch die Geschäfte des Einzelhändlers ausgelösten Geschäftsfälle führt zu einer Veränderung der Posten der Bilanz.

Bilanz → S. 64

Inventur → S. 58

Veränderungen der Bilanzposten → S. 65

Mögliche Veränderungen der Bilanzposten

Beispiel	Wirkung	Bezeichnung der Bilanzveränderung
Einkauf von Waren durch Banküberweisung	Veränderung der Posten Waren und Bank auf der Aktivseite; • Waren wird größer (+) • Bank wird kleiner (–)	Aktivtausch Gesamtvermögen bleibt gleich
Umwandlung einer Lieferanten-verbindlichkeit in eine Darlehensschuld	Veränderung der Posten Verbindlichkeiten und Darlehen auf der Passivseite • Darlehen wird größer (+) • Verbindlichkeiten wird kleiner (–)	Passivtausch Gesamtvermögen bleibt gleich
Kauf eines Warenträgers auf Ziel	Veränderung des Postens Betriebs- und Geschäftsausstattung (BGA) auf der Aktivseite und des Postens Verbindlichkeit auf der Passivseite • BGA wird größer (+) • Verbindlichkeit wird größer (+)	Aktiv-Passiv-Mehrung Vermögens- und Kapitalmehrung
teilweise Rückzahlung eines Darlehens durch Banküberweisung	Veränderung des Postens Bank auf der Aktivseite und des Postens Darlehen auf der Passivseite • Bank wird kleiner (–) • Darlehen wird kleiner (–)	Aktiv-Passiv-Minderung Vermögens- und Kapitalminderung

Ein sachverständiger Dritter könnte z. B. das Finanzamt oder eine Bank sein.

Da jeder Geschäftsfall die Werte der einzelnen Posten der Bilanz ständig verändert, müsste der Einzelhändler, um jederzeit Informationen über seine Vermögens- und Kapitalstruktur zu erhalten, nach jedem Geschäftsfall jeweils eine neue Bilanz erstellen. Da dies für die Praxis unmöglich ist und der Gesetzgeber fordert, dass ein sachverständiger Dritter innerhalb einer angemessenen Frist die vorgenommenen Geschäfte des Einzelhändlers prüfen kann, wird die Bilanz in Konten aufgelöst. Das bedeutet, dass für jeden einzelnen Posten der Bilanz ein separates Konto eingerichtet wird und der Bestand dieses Postens als Anfangsbestand in das Konto übernommen wird.

Soll (S) = linke Seite des Kontos

Haben (H) = rechte Seite des Kontos

AB = Anfangsbestand

BGA = Betriebs- und Geschäftsausstattung

Alle Posten der Bilanz, die auf der Aktivseite stehen, werden in **Aktivkonten** eingetragen. Alle Posten der Bilanz, die auf der Passivseite stehen, werden in **Passivkonten** eingetragen. Da in der Bilanz der aus der Inventur ermittelte Bestand des Einzelhändlers an Vermögen und Schulden erfasst ist, werden diese Konten auch als **Bestandskonten** bezeichnet. Die Anfangsbestände werden bei den Aktivkonten auf die linke Seite eingetragen, da sich dort auch die entsprechenden Posten in der Bilanz wiederfinden. Entsprechend geht der Einzelhändler auch bei den Passivkonten vor, d. h., die Anfangsbestände der Passivkonten werden auf die rechte Seite eingetragen, da sich dort ebenfalls die entsprechenden Posten in der Bilanz wiederfinden. Sowohl bei den Aktivkonten als auch bei den Passivkonten wird die linke Seite als Soll, die rechte Seite als Haben bezeichnet.

Beispiel

Aktiva	**Bilanz der Beska GmbH**		**Passiva**
BGA	70.000,00	Eigenkapital	108.000,00
Waren	40.000,00	Darlehensschulden	17.000,00
Forderungen	5.000,00	Verbindlichkeiten	15.000,00
Bank	25.000,00		
	140.000,00		**140.000,00**

Aktivkonten

S	BGA		H
AB	70.000,00		

S	Warenbestand		H
AB	40.000,00		

S	Forderungen		H
AB	5.000,00		

S	Bank		H
AB	25.000,00		

Passivkonten

S	Eigenkapital		H
		AB	108.000,00

S	Darlehensschulden		H
		AB	17.000,00

S	Verbindlichkeiten		H
		AB	15.000,00

Die durch die Geschäftsfälle verursachten **Mehrungen** der Anfangsbestände werden auf die jeweilige Seite der Konten gebucht, auf der auch der Anfangsbestand eingetragen wurde. **Minderungen** des Anfangsbestandes werden dann entsprechend auf der gegenüberliegenden Seite des Kontos gebucht.

Buchungen auf dem Aktiv- und Passivkonto

S	Aktivkonto H
Anfangsbestand Mehrungen	Minderungen

S Passivkonto	H
Minderungen	Anfangsbestand Mehrungen

Beispiel

Die Beska GmbH kauft ein neues Warenträgersystem für 8.000 € auf Ziel ein.

Einkauf auf Ziel = Rechnung wird nach Ablauf einer Frist (Ziel) bezahlt.

S	BGA	H
AB	70.000 8.000	

S	Verbindlichkeiten	H
	AB	15.000 8.000

Nach Ablauf eines Geschäftsjahres müssen alle Veränderungen der Bestandskonten durch die verschiedenen Geschäftsfälle zu einem Abschluss gebracht werden, damit der Einzelhändler diese Ergebnisse mit den Ergebnissen der Inventur vergleichen kann. Zu diesem Zweck werden alle Bestandskonten saldiert, d.h., der Schlussbestand (Saldo) aller Aktivkonten und Passivkonten wird ermittelt. Dabei werden alle Mehrungen zum Anfangsbestand hinzugezählt und alle Minderungen vom Anfangsbestand abgezogen. Als Ergebnis erhält man dann den Schlussbestand.

Saldo
Differenz zwischen der wertmäßig größeren und kleineren Seite eines Kontos

Berechnung des Schlussbestands

  Anfangsbestand
\+ Mehrungen
– Minderungen

= Schlussbestand

Buchung des Schlussbestands

S	Aktivkonto H
Anfangsbestand + Mehrungen	– Minderungen = Schlussbestand

S Passivkonto	H
– Minderungen = Schlussbestand	Anfangsbestand + Mehrungen

Alle Schlussbestände werden dann in das so genannte **Schlussbilanzkonto** (SBK) übertragen. Dabei stehen die Schlussbestände der Aktivkonten auf der Sollseite, die Schlussbestände der Passivkonten auf der Habenseite des Schlussbilanzkontos.

Beispiel

Die Konten BGA und Verbindlichkeiten werden abgeschlossen.

S	BGA		H
AB	70.000 8.000	SB	78.000
	78.000		78.000

S	Verbindlichkeiten		H
SB	23.000	AB	15.000 8.000
	23.000		23.000

Die Werte des Schlussbilanzkontos werden in die Bilanz übertragen. Diese Bilanz bildet dann die Grundlage für die Dokumentation der Geschäftsfälle des folgenden Jahres.

Schlussbilanzkonto

S	SBK	H
Schlussbestände Aktivkonten		Schlussbestände Passivkonten

2 Der Buchungssatz

Im Grundbuch des Einzelhändlers werden alle Geschäftsfälle mit Hilfe von Belegen nach ihrer zeitlichen Reihenfolge mit Datum erfasst und entsprechend nummeriert. Damit man auch nach längerer Zeit noch in Erfahrung bringen kann, welcher Geschäftsfall hinter der Nummer 124 am 10. Mai steht, wird neben dem Datum und der jeweiligen Nummer auch noch ein kurzer Text notiert, der alle notwendigen Informationen liefert. Dieser Text wird in Form von Buchungssätzen geschrieben. Im Buchungssatz wird immer zuerst das Konto genannt, das die Sollbuchung aufnimmt, und dann in Verbindung mit dem Wort „an" das Konto, welches die Habenbuchung erfasst.

Beispiel

Geschäftsfall	Buchungssatz	S	H
Zieleinkauf eines Geschäftsfahrzeuges für 30.000 €	Fuhrpark	30.000	
	an Verbindlichkeiten		30.000
Umwandlung einer Lieferantenverbindlichkeit von 55.000 € in eine Darlehensschuld	Verbindlichkeit	55.000	
	an Darlehen		55.000
Kauf eines Kopierers per Banküberweisung für 3.800 €	BGA	3.800	
	an Bank		3.800
Rückzahlung eines Darlehens durch Banküberweisung in Höhe von 116.000 €	Darlehen	116.000	
	an Bank		116.000

3 Erfolgswirksame Geschäftsfälle

Geschäftsfälle verändern nicht nur die Bestände des Einzelhändlers an Vermögen und Schulden, sondern können in der Regel auch seinen Erfolg beeinflussen. Der Erfolg eines Einzelhändlers kann durch den Vergleich des Eigenkapitals zweier aufeinanderfolgender Geschäftsjahre ermittelt werden, wenn innerhalb des Geschäftsjahres keine neuen Gesellschafter aufgenommen bzw. wenn keine Privateinlagen oder Privatentnahmen vorgenommen wurden. Somit ergibt sich die Veränderung des Eigenkapitals alleine aus der Geschäftstätigkeit des Einzelhändlers.

Wenn das Eigenkapital zum Ende des Geschäftsjahres größer geworden ist, so hat der Einzelhändler einen Gewinn erwirtschaftet. Ist das Eigenkapital aber zum Ende des Geschäftsjahres kleiner geworden, so war dieses Jahr nicht so erfolgreich und der Einzelhändler hat Verlust gemacht.

Erfolg
- Positiv = Gewinn
- Negativ = Verlust

Beispiel

	Eigenkapital am Ende des Jahres	270.000 €
–	Eigenkapital am Anfang des Jahres	210.000 €
=	Gewinn	60.000 €

Da sich der Erfolg des Einzelhändlers immer in der Veränderung des Eigenkapitals ausdrückt, müssen auch alle erfolgswirksamen Geschäftsfälle auf dem Eigenkapitalkonto gebucht werden. Da durch die Vielzahl der Geschäftsfälle dies zu einer sehr unübersichtlichen Darstellung des Kontos Eigenkapital führen würde, wird dieses Konto in so genannte **Erfolgskonten** aufgeteilt. Man unterscheidet hierbei Aufwandskonten und Ertragskonten.

Erfolgskonten = Aufwandskonten und Ertragskonten

Alle Geschäftsfälle, die zu einer Verminderung des Eigenkapitals führen, werden auf **Aufwandskonten** gebucht. Da Minderungen des Eigenkapitals auf der Sollseite gebucht werden, wird auch auf den Aufwandskonten immer auf der Sollseite gebucht.

Eigenkapitalminderungen = Buchung auf Aufwandskonten im Soll

Beispiel

Die Beska GmbH überweist ihrem Angestellten Ernst Ebersbach ein Gehalt von 1.850,00 Euro auf sein Konto.

Buchungssatz:

Gehaltsaufwendungen	1.850,00 €
an Bank	1.850,00 €

S	Gehaltsaufwendungen		H
Bank	1.850		

S	Bank		H
AB	15.000	Gehaltsaufwendungen	1.850

Weitere Aufwandskonten sind z. B. Miet- und Zinsaufwendungen.

Alle Geschäftsfälle, die zu einer Mehrung des Eigenkapitals führen, werden auf **Ertragskonten** gebucht. Da Mehrungen des Eigenkapitals auf der Habenseite gebucht werden, wird auch auf den Ertragskonten immer auf der Habenseite gebucht.

Beispiel

Die Beska GmbH bekommt von ihrer Bank Zinsen in Höhe von 400,00 Euro auf ihr Konto gutgeschrieben.

Buchungssatz:

Bank	400,00 €
an Zinserträge	400,00 €

S	Bank	H
AB 15.000 Zinserträge 400		

S	Zinserträge	H
		Bank 400

Weitere Ertragskonten sind z. B. Mieterträge und Provisionserträge.

Aufteilung in Erfolgskonten

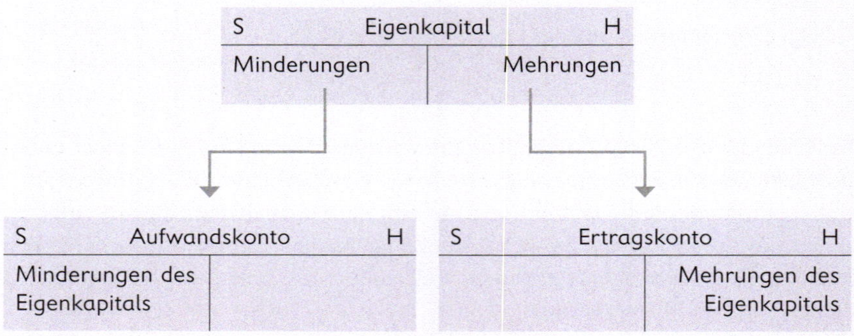

Da alle erfolgswirksamen Geschäftsfälle das Eigenkapital verändern, müssen die Erfolgskonten am Ende des Geschäftsjahres auf das Eigenkapitalkonto abgeschlossen werden. Da der Einzelhändler die Übersichtlichkeit des Eigenkapitalkontos weiterhin erhalten will, werden alle Erfolgskonten zunächst auf dem so genannten Gewinn- und Verlustkonto abgeschlossen. Hierbei wird der Saldo eines jeden Aufwandskontos im Soll des GuV-Kontos, der Saldo eines jeden Ertragskontos im Haben des GuV-Kontos gebucht.

Abschlussbuchungssätze

GuV an Aufwandskonto — Ertragskonto an GuV

S	Gewinn- und Verlustkonto	H
Aufwandskonten		Ertragskonten

Beispiel

S	Lohnaufwendungen		H
	7.000	GuV	7.000
	7.000		7.000

S	Mieterträge		H
GuV	1.000		1.000
	1.000		1.000

S	Zinsaufwendungen		H
	2.000	GuV	2.000
	2.000		2.000

S	Provisionserträge		H
GuV	12.000		12.000
	12.000		12.000

S	GuV		H
Lohnaufwendungen	7.000	Mieterträge	1.000
Zinsaufwendungen	2.000	Provisionserträge	12.000

Abschlussbuchungssätze

• GuV	7.000	
an Lohnaufwendungen		7.000
• GuV	2.000	
an Zinsaufwendungen		2.000
• Mieterträge		1.000
an GuV	1.000	
• Provisionserträge		12.000
an GuV	12.000	

Mit Hilfe des GuV-Kontos und der darin abgeschlossenen Aufwendungen und Erträge kann der Einzelhändler erkennen, wie er gewirtschaftet hat. Ist die Summe der Erträge größer als die Summe der Aufwendungen, so hat er einen Gewinn erzielt. Ist die Summe der Aufwendungen größer als die Summe der Erträge, so ist dem Einzelhändler ein Verlust entstanden.

Erträge größer als Aufwendungen = Gewinn

Erträge kleiner als Aufwendungen = Verlust

Der Saldo des Gewinn- und Verlustkontos wird dann auf das Eigenkapitalkonto gebucht.

Beispiel

	Summe der Erträge des Geschäftsjahres	13.000 €
–	Summe der Aufwendungen des Geschäftsjahres	9.000 €
=	Gewinn	4.000 €

S	GuV		H
Lohnaufwendungen	7.000	Mieterträge	1.000
Zinsaufwendungen	2.000	Provisionserträge	12.000
Eigenkapital (Gewinn)	4.000		
	13.000		13.000

Abschlussbuchungssätze

GuV	4.000	
an Eigenkapital		4.000

4 Buchungen beim Ein- und Verkauf von Waren

Warenverkauf = Ertrag

Grundlage für den Erfolg des Einzelhändlers ist der Umstand, dass er die Ware zu einem höheren Preis verkauft, als er sie eingekauft hat. Er erwirtschaftet also durch den Verkauf der Waren zu einem höheren Preis einen Ertrag. Daher muss er für die Warenverkäufe das Ertragskonto „Umsatzerlöse für Waren" einrichten.

Wareneinkauf = Aufwand

Um den Gewinn aus den Warengeschäften ermitteln zu können, müssen den Umsatzerlösen die dazugehörigen Einkaufswerte der Waren als Aufwand gegenübergestellt werden. Insofern benötigt der Einzelhändler auch das Warenaufwandskonto „Aufwendungen für Waren", auf dem der Einkaufswert der verkauften Waren erfasst wird.

Die Konten Warenaufwand und Umsatzerlöse werden durch Wareneinkäufe und Warenverkäufe im laufenden Geschäftsjahr verändert. Immer wenn Ware eingekauft wird, entstehen Warenaufwendungen, immer wenn Waren verkauft werden, entstehen Umsatzerlöse für Waren. Dabei wird davon ausgegangen, dass immer nur so viel Waren eingekauft wie auch verkauft wird.

Beispiel

Die Beska GmbH kauft Waren auf Ziel für 20.000 Euro ein.

Buchungssatz

Aufwendungen für Waren	20.000 €	
an Verbindlichkeiten		20.000 €

AfW = Aufwendungen für Waren

S Aufwendungen für Waren	H
Verbindlichkeiten 20.000	

S Verbindlichkeiten	H
	AB 45.000
	AfW 20.000

Die Beska GmbH verkauft Waren auf Ziel für 30.000 Euro.

Buchungssatz

Forderungen	30.000 €	
an Umsatzerlöse für Waren		30.000 €

UfW = Umsatzerlöse für Waren

S Umsatzerlöse für Waren	H
	Forderungen 30.000

S Forderungen	H
AB 20.000	
UfW 30.000	

Sollten in einem Jahr mehr Waren eingekauft als verkauft werden oder wird in ein neues Geschäftsjahr mit Waren aus dem alten Geschäftsjahr gestartet, so wird dieser „jahresüberdauernde" Lagerbestand an Waren auf dem Konto Warenbestand gebucht. Dieses Konto wird also nur zum Geschäftsjahresanfang und zum Abschluss gebucht und zeigt lediglich die durch die Inventur ermittelten Warenbestände.

9

Preispolitische Maßnahmen vorbereiten und durchführen

Einflussgrößen auf die Preispolitik

Preisstrategien

Handelskalkulation

Vorwärtskalkulation

Rückwärtskalkulation

Differenzkalkulation

Erweiterte Limitrechnung

1 Preispolitik

Lernsituation 63

Die Preispolitik ist ein wichtiges Absatzinstrument des Einzelhändlers, denn der Preis der Ware ist ein entscheidendes Verkaufsargument. Der Einzelhändler muss sich entscheiden, welche Kundengruppe er ansprechen möchte: Sollen preisbewusste Kunden angesprochen werden oder Kunden, die sich auf Grund eines höheren Preises einen Imagegewinn durch den Kauf der Ware versprechen? Je nach Kundengruppe wählt der Einzelhändler eine andere Preisstrategie und kalkuliert seine Preise dementsprechend.

Eigenkapitalrentabilität → S. 88

Handelskalkulation → S. 108

Die Vorschriften der Preisangabenverordnung (PAngV) müssen bei der Preisauszeichnung beachtet werden.

Bei der Preisgestaltung muss der Einzelhändler sowohl betriebsinterne als auch betriebsexterne Gegebenheit berücksichtigen. Betriebsintern geht es dem Einzelhändler in erster Linie darum, Kosten zu decken und sein Eigenkapital zu verzinsen. Hierfür berechnet er mit Hilfe der Handelskalkulation seine Preise. Die so ermittelten Preise werden dann aber nicht unbedingt ausgezeichnet, denn der Einzelhändler kann seine Augen nicht vor betriebsexternen Einflussgrößen verschließen. So kann er nicht die Preise seiner Mitbewerber oder das Nachfrageverhalten seiner Kunden außen vor lassen. Mitunter versucht auch der Lieferant Einfluss auf die Preisgestaltung des Einzelhändlers zu nehmen.

1.1 Einflussgrößen auf die Preisgestaltung

Folgende Einflussgrößen müssen bei der Preisgestaltung des Einzelhändlers Berücksichtigung finden:

betriebsinterne Einflussgrößen auf die Preisgestaltung:
- Kosten des Einzelhändlers
- Gewinnerwartung

betriebsexterne Einflussgrößen auf die Preisgestaltung:
- Nachfrageverhalten der Kunden
- Preisgestaltung der Mitbewerber
- Preisvorstellungen des Lieferanten/Herstellers

Kosten des Einzelhändlers

Durch die Beschaffung der Waren fallen Kosten in Höhe der Bezugspreise an. Darüber hinaus fallen weitere Kosten an, z. B. verursacht durch die Lagerung der Waren, die kundengerechte Präsentation der Ware und durch die Mitarbeiter des Einzelhändlers, die die Kunden beraten. Diese Kosten, z. B. Energie-, Werbe- und Personalkosten, werden üblicherweise im Einzelhandel als Handlungskosten bezeichnet. Handlungskosten sind somit alle weiteren Kosten, die ein Einzelhändler neben den Aufwendungen für Waren noch hat, um ein Einzelhandelsunternehmen zu betreiben. Alle Kosten des Einzelhändlers zusammengenommen, also Bezugspreise zuzüglich Handlungskosten, ergeben die Selbstkosten des Einzelhändlers. Die Selbstkosten berechnet der Einzelhändler mit Hilfe der Handelskalkulation. Die Selbstkosten, zuzüglich der gültigen Umsatzsteuer, stellen die kurzfristige Preisunergrenze dar. Hierbei hat der Einzelhändler alle seine Kosten gedeckt, aber noch keinen Gewinn erzielt. Diese Art der Preisgestaltung kann der Einzelhändler kurzfristig als Preisstrategie einsetzen, z. B. um seine Waren deutlich günstiger anzubieten als seine Mitbewerber und somit Marktanteile zu gewinnen (Marktdurchdringungsstrategie). Langfristig muss der Warenpreis aber nicht nur die Kosten decken, sondern auch einen Gewinn beinhalten.

Handlungskosten → S. 84

Lagerkosten → S. 48

Die Verkaufspreise werden mit Hilfe des Kalkulationsschemas berechnet.

Gewinnerwartung des Unternehmers

Die Gewinnerwartung eines Einzelhändlers hat unmittelbar Einfluss auf seine Preisgestaltung. Um seine Verkaufspreise zu kalkulieren, schlägt der Einzelhändler nach der Ermittlung seiner Selbstkosten nun seinen geplanten Gewinn auf die Selbstkosten drauf. Als Ergebnis erhält er den Nettoverkaufspreis für seine Ware. Je nach Gewinnerwartung des Unternehmers fällt der Verkaufspreis der Ware dadurch höher oder geringer aus.

Nachfrageverhalten der Kunden

Neben der Beachtung seiner Kosten und Gewinnerwartung muss der Einzelhändler auch die Preisvorstellungen seiner Kunden berücksichtigen. So kann er z.B. durch die Marktforschung die Preisvorstellungen seiner Kunden für bestimmte Produkte oder ganze Sortimentsbereiche erfragen und ihre Reaktionen auf Preisveränderungen ermitteln. Man geht in vielen Fällen davon aus, dass die Kunden eher einen niedrigeren als einen hohen Preis akzeptieren. Jedoch sind Kunden auch bereit, für Waren einen höheren Preis zu zahlen, wenn sie sich dadurch einen Imagegewinn oder außergewöhnlich gute Qualität der Ware versprechen.

Marktforschung
Sammlung von Marktinformationen, unter anderem zur Ermittlung des Verhaltens der Kunden

Das Nachfrageverhalten der Kunden ist aber nicht nur von deren Bedürfnissen abhängig, sondern auch von den Einkommensverhältnissen und Zukunftserwartungen der Kunden sowie den steuerlichen Entscheidungen der Regierung. Mit anderen Worten, das Nachfrageverhalten der Kunden wird auch vom Konjunkturverlauf bestimmt. Sind die Kunden grundsätzlich bereit, nur einen bestimmten Preis für eine Ware zu zahlen, entweder weil ihr Budget einen höheren Preis nicht zulässt oder weil sie das Preis-Leistungs-Verhältnis entsprechend bewerten, dann stellt dieser Preis die **Preisobergrenze** für den Einzelhändler dar.

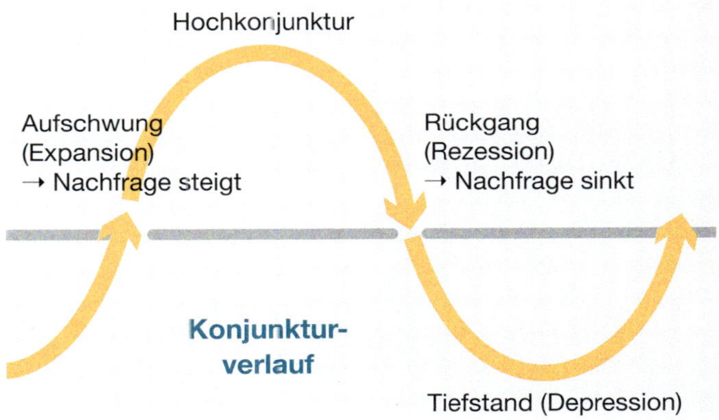

Konjunktur
regelmäßige Schwankungen aller wichtigen ökonomischen Größen, wie z.B. Produktion, Beschäftigung, Preise und Zinssatz

Preisgestaltung der Mitbewerber

In fast allen Branchen des Einzelhandels gibt es für jeden Einzelhändler eine Vielzahl von Mitbewerbern, die alle gemeinsam im Wettbewerb um die Kunden stehen. Daher kann es sich so gut wie kein Einzelhändler leisten, die Preise seiner Konkurrenz nicht zu beachten.

Der Einzelhändler kann sich nun als Reaktion auf die Preise seiner Mitbewerber entweder defensiv oder offensiv verhalten. Er verhält sich defensiv in seiner Preispolitik, wenn er sich am durchschnittlichen Marktpreis oder am Preis des Marktführers orientiert. Dient der Preis des Marktführers als Richtgröße, so übernimmt der Einzelhändler diesen Preis und auch alle Preisänderungen des Marktführers. Seine höher kalkulierten eigenen Preise könnte er auf Grund seiner geringen Marktmacht nicht durchsetzen. Auch ist es im Rahmen der defensiven Preispolitik üblich, wenn viele Mitbewerber am Markt sind, sich am durchschnittlichen Preis als Richtgröße zu orientieren. Bei der defensiven Preispolitik ist der Preis des Marktführers oder auch der durchschnittliche Preis die Preisobergrenze für den Einzelhändler. Liegt der vom Einzelhändler kalkulierte Preis einer Ware über dem am Markt realisierbaren Preis (Preisobergrenze), muss der Einzelhändler nach Möglichkeiten suchen, Kosten zu senken.

Defensiv
verteidigend, abwehrend

Offensiv
angreifend, angriffslustig

Marktmacht
Fähigkeit des Einzelhändlers, Einfluss auf das Verhalten vieler Kunden zu nehmen

Anders handelt der Einzelhändler, wenn er sich für die offensive Preispolitik entscheidet. Dann versucht der Einzelhändler seine eigenen Preisvorstellung am Markt durchzusetzen. Diese Preisvorstellungen können über dem durchschnittlichen Marktpreis liegen (Strategie der Hochpreispolitik) oder deutlich unter dem durchschnittlichen Marktpreis (Niedrigpreisstrategie).

Preisvorstellungen des Lieferanten/Herstellers

Ausnahmen beim Verbot der Preisbindung: Verlagserzeugnisse, verschreibungspflichtige Pharmazeutika

Grundsätzlich ist der Einzelhändler frei in seiner Preisgestaltung, denn nach den §§ 14 und 15 des **Gesetzes gegen Wettbewerbsbeschränkungen** (GWB) ist die Preisbindung verboten. D. h., ein Hersteller/Lieferant darf dem Einzelhändler keine rechtsverbindlichen Wiederverkaufspreise vorschreiben. Dennoch versuchen viele Lieferanten die Preisgestaltung des Einzelhändlers zu beeinflussen, indem sie, sollte der Einzelhändler ihren Preisvorstellungen nicht folgen, diesen nicht weiter beliefern.

1.2 Preisstrategien

Die verschiedenen Einflussgrößen auf die Preisgestaltung können beim Einzelhändler zu unterschiedlichen Strategien der Preisgestaltung führen.

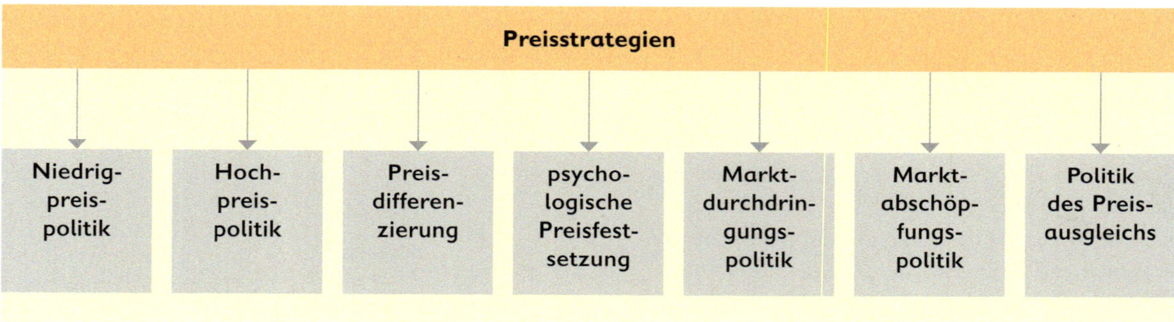

- **Niedrigpreispolitik:** Mit Hilfe von niedrigen Preisen sollen all die Kunden angesprochen werden, die sehr preisbewusst einkaufen wollen oder müssen. Extrem niedrige Preise sollen zu hohen Absatzzahlen verhelfen. Diese Strategie findet dann meist Anwendung auf das gesamte Sortiment des Einzelhändlers.
- **Hochpreispolitik:** Das gesamte Sortiment oder Teile davon werden mit einem hohen Preis ausgezeichnet, um hiermit die besondere Qualität, die diese Waren besitzen oder die Exklusivität der Waren herauszustellen. Somit sollen Kunden mit gehobenen Ansprüchen zum Kauf angeregt werden.
- **Preisdifferenzierung:** Mit dieser Strategie bietet der Einzelhändler dieselbe Ware zu unterschiedlichen Preisen an. Wenn verschiedenen Personengruppen unterschiedliche Preise gewährt werden, wird von **personeller Preisdifferenzierung** gesprochen. Um **zeitliche Preisdifferenzierung** handelt es sich, wenn Produkte zu unterschiedlichen Zeiten zu verschiedenen Preisen angeboten werden. Wenn bei unterschiedlichen Verkaufsmengen unterschiedliche Preise verlangt werden, dann spricht man von der **mengenmäßigen Preisdifferenzierung**. Von **räumlicher Preisdifferenzierung** spricht man wiederum, wenn an unterschiedlichen Standorten für dieselbe Ware verschiedene Preise verlangt werden.

Beispiel

- Personelle Preisdifferenzierung: Jeder Auszubildende, der bei der Beska GmbH Schokolade kauft, bekommt die Schokolade 10 % günstiger.
- Zeitliche Preisdifferenzierung: Frühaufsteher erhalten in den ersten beiden Stunden nach Geschäftsöffnung 15 % Preisnachlass.
- Mengenmäßige Preisdifferenzierung: Der Stückpreis für bunte Fackeln beträgt 2,99 Euro. Bei Kauf der Zehnerpackung Fackeln zahlt der Kunde aber nur 25,00 Euro (Stückpreis 2,50 Euro)
- Räumliche Preisdifferenzierung: Die Beska GmbH verkauft den Riesenteddy in der Hauptgeschäftsstelle für 89,00 Euro. In der Geschenkboutique am Bahnhof aber für 109,00 Euro.

- **Psychologische Preisfestsetzung:** Der Einzelhändler möchte mit seinen Preisen bei seinen Kunden den Eindruck erwecken, dass seine Waren besonders knapp kalkuliert sind.

Beispiel

Hierzu legt der Einzelhändler in der Regel „krumme" Preise wie 6,49 Euro oder 2,98 Euro fest, auch wenn die Kalkulationsrechnung 6,50 Euro bzw. 3,00 Euro ergeben hat.

- **Marktdurchdringungspolitik:** Bei der Einführung neuer Produkte in seinem Sortiment versucht der Einzelhändler zunächst durch niedrige Preise im gesamten Markt viele Marktanteile zu gewinnen. Wenn das Produkt gut eingeführt ist und vielen Kunden bekannt ist, werden die Preise langsam angehoben.

Dauerhafte Angebote unter Einstands-/Bezugspreis ist laut UWG wettbewerbswidrig.

- **Marktabschöpfungspolitik:** Hier versucht der Einzelhändler bei der Einführung neuer Produkte zunächst sehr hohe Preise am Markt durchzusetzen, um seine Alleinstellung auszunutzen und damit hohe Umsätze zu erzielen. Wenn im Laufe der Zeit die Zahl der Einzelhändler, die ebenfalls dieses Produkt anbieten, zunimmt, werden die Preise langsam gesenkt, um wettbewerbsfähig zu bleiben.
- **Politik des Preisausgleichs** (Mischkalkulation)**:** Im Rahmen seiner Kalkulation legt der Einzelhändler für bestimmte Waren die Preise so fest, dass durch den Verkauf dieser Waren ein Verlust entsteht (Ausgleichnehmer). Durch den Gewinn für andere Waren wird dieser Verlust wieder ausgeglichen (Ausgleichgeber). Diese Strategie kann auf Grund der Konkurrenzsituation notwendig sein, wenn für die Verlustbringer am Markt keine höheren Preise erzielt werden können. Insgesamt sollte der Gewinn aber immer höher als die Verluste sein.

Mischkalkulation
Ausgleichskalkulation

Ausgleichnehmer
Produkte, die im Rahmen der Mischkalkulation mit Verlust verkauft werden

Ausgleichgeber
Produkte, die im Rahmen der Kalkulation mit Gewinn verkauft werden

2 Handelskalkulation

Ein Einzelhändler muss seine Geschäftsprozesse sehr genau erfassen, dokumentieren und auswerten. Auf Grund der Erfolgsrechnungen vergangener Perioden kann der Einzelhändler überlegen, welche Höhe die Verkaufspreise seiner einzelnen Artikel haben sollen. Diese Verkaufspreise setzen sich aus verschiedenen Bestandteilen zusammen. Der Verkaufspreis beinhaltet viele Kosten, die vom Einkauf bis zum Verkauf der Ware entstehen und somit dem Wert einer Ware zugerechnet werden müssen. Neben den Kosten beeinflussen noch andere Einflussgrößen die Preisbildung, sie können in interne und externe Einflussgrößen unterteilt werden.

Einflussgrößen auf die Preisbildung → S. 104

Wenn es sich um **interne Einflussgrößen** handelt, kann der Einzelhändler diese beeinflussen. Die Verkaufspreise, die durch die Kalkulation ermittelt werden, können dann mit den Marktpreisen verglichen werden. **Externe Einflussgrößen** müssen als gegeben genommen werden, hierauf kann der Einzelhändler lediglich reagieren, z. B. in Form von Preispolitik.

Beispiel

- interne Einflussgrößen: Lagerkosten, Energiekosten, Unternehmensziel
- externe Einflussgrößen: Beschaffungskosten, Nachfrageverhalten, allgemeine Wirtschaftssituation (= Konjunktur), Konkurrenzpreise

Der Verkaufspreis einer Ware beinhaltet nicht nur den Preis, den der Händler selbst beim Einkauf aufwenden muss, sondern auch die Aufwendungen, die z. B. durch das Ladenlokal und das Personal entstehen. Außerdem muss der Einzelhändler für seine unternehmerische Tätigkeit einen Lohn erhalten. Ohne diesen **Unternehmerlohn**, einen Teil des Gewinns, würde der Händler sein Geschäft nicht betreiben wollen.

Der **Bruttoverkaufspreis** eines Artikels setzt sich aus verschiedenen Bestandteilen zusammen und wird mittels der Handelskalkulation berechnet, die sich aus der Bezugs- und der Verkaufskalkulation zusammensetzt.

Ausgangspunkt der **Bezugskalkulation** stellt der Listeneinkaufpreis dar. Diesen Preis führt der Lieferant des Einzelhändlers in seiner Preisliste auf. Vom Listeneinkaufpreis wird der Rabatt abgezogen, den der Lieferant aus verschiedenen Gründen gewähren kann. Anschließend zieht der Einzelhändler Skonto ab, der für eine vorzeitige Zahlung gewährt wird. Nun addiert der Einzelhändler alle anfallenden Bezugskosten, die für die Lieferung und Transportversicherung sowie für die Verpackung der Ware anfallen und er erhält den Bezugspreis der Ware.

	Listeinkaufspreis
–	Lieferantenrabatt
=	Zieleinkaufspreis
–	Lieferantenskonto
=	Bareinkaufspreis
+	Bezugskosten
=	**Bezugspreis** (Einstandspreis)

Rabatt und Skonto → S. 20 f.

An die Bezugskalkulation schließt sich nun die **Verkaufskalkulation** des Einzelhändlers an, indem zum Bezugspreis (Aufwendungen für Waren) die Handlungskosten addiert werden. Unter Handlungskosten versteht der Einzelhändler alle weiteren Aufwendungen neben den Aufwendungen für Waren, die durch den Handel mit Waren entstehen, z. B.

- die Aufwendungen für Personal
- die Aufwendungen für Pacht
- die Aufwendungen für Energie und
- weitere Aufwendungen (z. B. Büromaterial)

	Bezugspreis
+	Handlungskosten
=	**Selbstkosten** (Selbstkostenpreis)

Handlungskosten → S. 84

Die Summe, bestehend aus den Handlungskosten und dem Bezugspeis der Ware, bezeichnet der Einzelhändler als Selbstkosten. Die Selbstkosten stellen die kurzfristige Preisuntergrenze dar, denn zum Selbstkostenpreis werden zumindest alle Kosten des Einzelhändlers gedeckt.

Zu den Selbstkosten addiert der Einzelhändler seinen geplanten Gewinn hinzu und erhält als Summe daraus den Nettoverkaufspreis. Der Gewinn ist der Lohn des Einzelhändlers für seine unternehmerische Tätigkeit, das unternehmerische Risiko, das er trägt und die Verzinsung seines Eigenkapitals.

	Selbstkosten
+	Gewinn
=	**Nettoverkaufspreis**

Zum Nettoverkaufspreis rechnet der Einzelhändler zum Schluss die jeweils gültige Umsatzsteuer hinzu und erhält damit den Bruttoverkaufspreis. Die Umsatzsteuer berechnet der Einzelhändler dem Endverbraucher, da er sie an das Finanzamt abführen muss.

	Nettoverkaufspreis
+	Umsatzsteuer
=	**Bruttoverkaufspreis**

Die Berechnungsgrundlage für die Verkaufskalkulation ergibt sich aus der Gewinn- und Verlustrechnung einer abgelaufenen Periode. Auf Grund der Ergebnisse der letzten Periode werden Prozentsätze für die Handlungskosten und den Gewinn ermittelt, die als Planungsgrundlage für die neue Preiskalkulation dienen.

Gewinn- und Verlustrechnung → S. 79

Zusammenhang zwischen Gewinn- und Verlustrechnung und der Kalkulation

Gewinn- und Verlustrechnung

❶ • Wareneinsatz (Aufwendungen für Waren) 380.000,00 €	• Umsatzerlöse für Waren 697.680,00 € ❹
❷ • Aufwendungen für Energie, Gehälter, Löhne, Ausbildungsvergütungen, Mieten, Versicherungen usw. 266.000,00 €	
• Gewinn 51.680,00 € ❸	

Kalkulation

Aufwendungen für Waren (Wareneinsatz)	380.000,00 €
+ Handlungskosten	266.000,00 €
= Selbstkosten (Selbstkostenpreis)	646.000,00 €
+ Gewinn	51.680,00 €
= Nettoumsatzerlöse (ohne Umsatzsteuer)	697.680,00 €
+ Umsatzsteuer (19 %)	132.559,20 €
= Bruttoumsatzerlös (einschließlich Umsatzsteuer)	830.239,20 €

❶ Die **Aufwendungen für Waren** entsprechen der Summe der Bezugspreise aller eingekauften Waren, zuzüglich der Bestandsminderungen oder abzüglich der Bestandsmehrungen am Lager.

❷ Die **Aufwendungen für Personal, Ladenlokal und Lager** usw. ergeben zusammen die Handlungskosten, die zur Ermittlung des Handlungskostenzuschlagsatzes dienen.

❸ Der erreichte **Gewinn** der letzten Periode dient zur Berechnung des Gewinnzuschlags.

❹ Die **Umsatzerlöse für Waren** entsprechen der Summe der Nettoverkaufspreise aller verkauften Waren.

Anhand der Gewinn- und Verlustrechnung aus der vergangenen Periode berechnet der Einzelhändler seine Zuschlagssätze für Handlungskosten und Gewinn für die Preiskalkulation der kommenden Saison. In unserem Beispiel entsprechen die Handlungskosten 70 % des Wareneinsatzes.

Beispiel

Berechnung des Handlungskostenzuschlags:
Der Wareneinsatz ist der Grund(-Ausgangs-)wert mit 100 %.
Also ergibt sich folgender Ansatz:

380.000 € → 100 %
266.000 € → ? %

$$? \% = \frac{266.000\ € \cdot 100\ \%}{380.000\ €} = 70\ \%\ \text{Handlungskostenzuschlag}$$

Berechnung des Handlungskostenzuschlags

$$\text{Handlungskostenzuschlag} = \frac{\text{Handlungskosten in €} \cdot 100\ \%}{\text{Wareneinsatz in €}}$$

Der **Gewinnzuschlag** kann auf der Gewinnspanne der vorigen Periode basieren, die tatsächlich erwirtschaftet wurde. Für das neue Geschäftsjahr kann von diesem Gewinnzuschlag natürlich abgewichen werden, indem der zu erzielende Gewinn neu festgesetzt werden. Dies ist eine unternehmerische Entscheidung.

Die Zahlen der vergangenen Periode liefern hier nur eine Planungsgrundlage. Der Gewinnzuschlag entspricht in diesem Beispiel 8 % der Selbstkosten des Unternehmens.

Beispiel

Berechnung des Gewinnzuschlags:
Die Selbstkosten sind der Grundwert, also entsprechen sie 100 %.
Der Ansatz lautet also:

646.000 € → 100 %
51.680 € → ? %

$$? \% = \frac{51.680\ € \cdot 100\ \%}{646.000\ €} = 8\ \%\ \text{Gewinnzuschlag}$$

Berechnung des Gewinnzuschlags

$$\text{Gewinnzuschlag} = \frac{\text{Gewinn in €} \cdot 100\ \%}{\text{Selbstkosten in €}}$$

Fazit: Aus dem gesamten Unternehmensergebnis (GuV) der vergangenen Geschäftsperiode werden Kalkulationszuschläge ermittelt, die die Basis für die Preiskalkulation pro Stück des kommenden Geschäftsjahres bilden.

Lernsituation 64

Lernsituation 65

2.1 Vorwärtskalkulation und ihre Vereinfachungen

Damit der Einzelhändler seinen Bruttoverkaufspreis berechnen kann, benötigt er die Daten aus der Bezugskalkulation. Unter Berücksichtigung des Wareneinkaufs ergibt sich das nachfolgende ausführliche Kalkulationsschema.

Beispiel

Der Artikel Fernlenkflugzeug aus der Warengruppe 05 soll kalkuliert werden. Laut Liste beträgt der Preis 250,00 Euro. Unser Lieferant Spielwerke GmbH & Co. KG gewährt 20 % Lieferantenrabatt und 2,5 % Lieferantenskonto. Die Bezugskosten betragen 10 % des Bareinkaufspreises. Der Handlungskostenzuschlag beträgt 70 % und der Gewinnzuschlag 8 %. An Umsatzsteuer fallen 19 % an.

Ausführliches Kalkulationsschema zur Vorwärtskalkulation

1. Schritt: Zieleinkaufspreis

100 % → 250,00 €
80 % ? €

$$? \,€ = \frac{250{,}00\,€ \cdot 80\,\%}{100\,\%} = 200{,}00\,€$$

2. Schritt: Bareinkaufspreis

100 % → 200,00 €
97,5 % ? €

$$? \,€ = \frac{200{,}00\,€ \cdot 97{,}5\,\%}{100\,\%} = 195{,}00\,€$$

3. Schritt: Bezugspreis

100 % → 195,00 €
110 % ? €

$$? \,€ = \frac{195{,}00\,€ \cdot 110\,\%}{100\,\%} = 214{,}50\,€$$

4. Schritt: Selbstkosten

100 % → 214,50 €
170 % ? €

$$? \,€ = \frac{214{,}50\,€ \cdot 170\,\%}{100\,\%} = 364{,}65\,€$$

5. Schritt: Nettoverkaufspreis

100 % → 364,65 €
108 % ? €

$$? \,€ = \frac{364{,}65\,€ \cdot 108\,\%}{100\,\%} = 393{,}82\,€$$

6. Schritt: Bruttoverkaufspreis

100 % → 393,82 €
119 % ? €

$$? \,€ = \frac{393{,}82\,€ \cdot 119\,\%}{100\,\%} = 468{,}65\,€$$

Bezugskalkulation	Listeneinkaufspreis	100 %	250,00 €	
	– Lieferantenrabatt	20 %	50,00 €	
	1. Schritt: = Zieleinkaufspreis	80 %	200,00 €	100 %
	– Lieferantenskonto		5,00 €	2,5 %
	2. Schritt: = Bareinkaufspreis	100 %	195,00 €	97,5 %
	+ Bezugskosten	10 %	19,50 €	
	3. Schritt: = Bezugspreis	110 %	214,50 €	100 %
Verkaufskalkulation	+ Handlungskosten		150,15 €	70 %
	4. Schritt: = Selbstkosten	100 %	364,65 €	170 %
	+ Gewinnzuschlag	8 %	29,17 €	
	5. Schritt: = Nettoverkaufspreis	108 %	393,82 €	100 %
	+ Umsatzsteuer		74,83 €	19 %
	6. Schritt: = Bruttoverkaufspreis		468,65 €	119 %

Um nicht für jeden einzelnen Artikel eine komplette Vorwärtskalkulation durchführen zu müssen, ist es sinnvoll, die ermittelten Zuschlagssätze für Gewinn und Handlungskosten sowie den aktuellen Umsatzsteuersatz mit Kalkulationsvereinfachungen zusammenzufassen. So ergeben sich folgende Kalkulationsvereinfachungen für die Vorwärtskalkulation:
Der **Kalkulationszuschlag** entspricht der Differenz zwischen dem Bezugspreis und dem einmalig kalkulierten Bruttoverkaufspreis in Prozent des Bezugspreises.

Beispiel

Bezugspreis	214,50 €	≙ 100 %	
+ Handlungskosten	150,15 €	254,15 € Differenz	
+ Gewinn	29,17 €		
+ Umsatzsteuer	74,83 €		
= Bruttoverkaufspreis	468,65 €	≙ ? %	

Bei der Berechnung hilft auch hier wieder der Dreisatz. Grund-, also Ausgangswert mit 100 % ist der Bezugspreis. Auf ihn bezieht sich der Kalkulationszuschlag.
Der Ansatz lautet also:

214,50 € → 100 %
254,15 € → ? %

$$?\% = \frac{254{,}15\text{ €} \cdot 100\,\%}{214{,}50\text{ €}} = 118{,}48\overline{48}\,\%\ \text{Kalkulationszuschlag}$$

Berechnung des Kalkulationszuschlags

$$\text{Kalkulationszuschlag (KalkZ)} = \frac{(\text{Bruttoverkaufspreis in €} - \text{Bezugspreis in €}) \cdot 100\,\%}{\text{Bezugspreis in €}}$$

Mit dem ermittelten Kalkulationszuschlag können nun für alle Artikel, die mit dem gleichen Gewinnzuschlag, dem gleichen Handlungskostenzuschlag und der gleichen Umsatzsteuer kalkuliert werden, schnell die Bruttoverkaufspreise ermittelt werden.

Beispiel

Bezugspreis		214,50 €
+ Kalkulationszuschlag	(214,50 € · $118{,}43\overline{48}$ %)	254,15 €
= Bruttoverkaufspreis		468,65 €

Bezugspreis	214,50 €	
+ Handlungskosten		214,50 € · 118,4848 = 254,15 €
+ Gewinn		
+ Umsatzsteuer		
= Bruttoverkaufspreis	468,65 €	

Noch einfacher geht es mit dem **Kalkulationsfaktor**. Hier wird der Bezugspreis mit einem Faktor (einer Zahl) multipliziert, um in einem Schritt vom Bezugspreis zum Bruttoverkaufspreis zu kommen. Der Kalkulationsfaktor wird errechnet, indem man einmalig mit dem vollständigen Schema einen Bruttoverkaufspreis kalkuliert und diesen dann durch den Bezugspreis dividiert.

Berechnung des Kalkulationsfaktors

$$\text{Kalkulationsfaktor (KalkF)} = \frac{\text{Bruttoverkaufspreis in €}}{\text{Bezugspreis in €}}$$

Beispiel

Es können sich Rundungsdifferenzen ergeben.

$$\text{KalkF} = \frac{468{,}65\ €}{214{,}50\ €} = 2{,}18\overline{48}$$

Bezugspreis	214,50 €	
+ Handlungskosten		214,50 € · 2,1848 = 468,65 €
+ Gewinn		
+ Umsatzsteuer		
= Bruttoverkaufspreis	468,65 €	

2.2 Rückwärtskalkulation und ihre Vereinfachungen

Lernsituation 66

Lernsituation 67

Manchmal führen Mitbewerber Waren, die der Einzelhändler noch nicht gelistet hat. Der Einzelhändler kennt den Bruttoverkaufspreis der Mitbewerber, er kennt seine Handlungskosten und seine Gewinnerwartung. Der Einzelhändler möchte nun wissen, zu welchem Bezugspreis (Einstandspreis) er die Ware selbst maximal einkaufen kann, wenn er den Preis der Mitbewerber halten möchte und dennoch kostendeckend und mit seiner Gewinnerwartung kalkuliert.

Beispiel

In der Warengruppe Körperpflege hatte die Beska GmbH bisher kein Sun Spray im Angebot. Die Wettbewerber zeichnen das Produkt im Laden mit einem Preis von 7,99 Euro aus. Die Beska GmbH kalkuliert Körperpflegeartikel mit 70 % Handlungskostenzuschlag und 5 % Gewinn. Außerdem müssen 19 % Umsatzsteuer berücksichtigt werden. Wie hoch darf der maximale Bezugspreis der Beska GmbH sein? Antwort auf diese Frage gibt die Rückwärtskalkulation. Hier wird das Kalkulationsschema für die Handelskalkulation von oben übernommen, nur wird hier vom Bruttoverkaufspreis nach oben zum Listeneinkaufspreis gerechnet.

Kalkulationsschema zur Rückwärtskalkulation

3. Schritt: Bezugspreis
170 % → 6,39 €
100 % ? €

$$? € = \frac{6{,}39\ € \cdot 100\ \%}{170\ \%} = 3{,}76\ €$$

2. Schritt: Selbstkosten
105 % → 6,71 €
100 % ? €

$$? € = \frac{6{,}71\ € \cdot 100\ \%}{105\ \%} = 6{,}39\ €$$

1. Schritt: Nettoverkaufspreis
119 % → 7,99 €
100 % ? €

$$? € = \frac{7{,}99\ € \cdot 100\ \%}{119\ \%} = 6{,}71\ €$$

Schritt 3: Bezugspreis	100 %	3,76 €	
– Handlungskosten	70 %	2,63 €	
Schritt 2: = Selbstkosten	170 %	6,39 €	100 %
– Gewinn		0,32 €	5 %
Schritt 1: = Nettoverkaufspreis	100 %	6,71 €	105 %
– Umsatzsteuer	19 %	1,28 €	
= Bruttoverkaufspreis	119 %	7,99 €	

Beispiel

Der zukünftige Lieferant für das Sun Spray darf maximal zu einem Bezugspreis in Höhe von 3,76 Euro anbieten, damit die Beska GmbH bei den gegebenen Kalkulationszuschlägen den Mitbewerberpreis halten kann. Findet die Beska GmbH keinen Lieferanten, der zu diesen Konditionen das Spray anbietet und will sie trotzdem den Mitbewerberpreis halten, dann muss sie entweder Handlungskosten einsparen, was natürlich kurzfristig sehr schwierig ist oder auf Gewinn verzichten. In diesem Fall würde das Spray im Rahmen der Mischkalkulation zu einem Ausgleichsnehmer werden.

Die Rückwärtskalkulation lässt sich in ähnlicher Weise vereinfachen wie die Vorwärtskalkulation. Es gibt folgende **Kalkulationsvereinfachungen**:
Um in einem Schritt vom Bruttoverkaufspreis zum Bezugspreis zu gelangen, berechnet man den **Kalkulationsabschlag**. Basis der Berechnung ist hier der Bruttoverkaufspreis.

Bruttoverkaufspreis = 100 %

Beispiel

Bezugspreis	3,76 €	≙ ? %	
– Handlungskosten	2,63 €		
– Gewinn	0,32 €	4,23 € Differenz	
– Umsatzsteuer	1,28 €		
= Bruttoverkaufspreis	7,99 €	≙ 100 %	

Der Kalkulationsabschlag ist also die Differenz zwischen dem Bruttoverkaufspreis und dem Bezugspreis in Prozent, bezogen auf den Bruttoverkaufspreis. Ausgangspunkt ist der Bruttoverkaufspreis.

7,99 € → 100 %
4,23 € → ? %

$$? \% = \frac{4{,}23 \text{ €} \cdot 100 \%}{7{,}99 \text{ €}} = 52{,}941\overline{18} \% \text{ Kalkulationsabschlag}$$

Berechnung des Kalkulationsabschlags

$$\text{Kalkulationsabschlag (KalkAb)} = \frac{(\text{Bruttoverkaufspreis in €} - \text{Bezugspreis in €}) \cdot 100 \%}{\text{Bruttoverkaufspreis in €}}$$

Mit dem ermittelten Kalkulationsabschlag können nun für alle Artikel, die mit dem gleichen Gewinnzuschlag, dem gleichen Handlungskostenzuschlag und der gleichen Umsatzsteuer kalkuliert werden, ausgehend vom Bruttoverkaufspreis schnell die Bezugspreise ermittelt werden.

Beispiel

Bruttoverkaufspreis		7,99 €
– Kalkulationsabschlag	(7,99 € · 52,94118 %)	4,23 €
= Bezugspreis		3,76 €

Bezugspreis	3,76 €	
– Handlungskosten		7,99 € · 52,94118 % = 4,23 €
– Gewinn		
– Umsatzsteuer		
= Bruttoverkaufspreis	7,99 €	

Handelsspanne = Rohgewinn in %

Um betriebliche Kennzahlen vergleichbar zu machen, wird im Einzelhandel außer dem Kalkulationsabschlag auch die **Handelsspanne** berechnet, die sich auf die Differenz zwischen dem Nettoverkaufspreis und dem Bezugspreis bezieht.

Beispiel

	Bezugspreis		3,76 €	
–	Handlungskosten	70 %	2,63 €	2,95 € Differenz
–	Gewinn	5 %	0,32 €	
=	Nettoverkaufspreis		6,71 €	

6,71 € → 100 %
2,95 € → ? %

$$?\% = \frac{2{,}95\ € \cdot 100\ \%}{6{,}71\ €} = 43{,}9642\ \%\ \text{Handelsspanne}$$

Berechnung der Handelsspanne

$$\text{Handelsspanne (Hsp)} = \frac{(\text{Nettoverkaufspreis in €} - \text{Bezugspreis in €}) \cdot 100\ \%}{\text{Nettoverkaufspreis in €}}$$

Mit der ermittelten Handelsspanne können nun für alle Artikel, die mit dem gleichen Gewinnzuschlag und dem gleichen Handlungskostenzuschlag kalkuliert werden, ausgehend vom Nettoverkaufspreis schnell die Bezugspreise ermittelt werden.

Beispiel

	Nettoverkaufspreis		6,71 €
–	Handelsspanne	(6,71 € · 43,9642 %)	2,95 €
=	Bezugspreis		3,76 €

	Bezugspreis	3,76 €	
–	Handlungskosten		6,71 € · 43,9642 % = 2,95 €
–	Gewinn		
=	Nettoverkaufspreis	7,99 €	

Lernsituation 68

2.3 Differenzkalkulation

Mitunter nehmen Mitbewerber drastische Preissenkungen vor. Der Einzelhändler muss nun überlegen, ob er diesen Marktpreis bei fixem Bezugspreis und gegebenen Handlungskosten halten kann. Mit Hilfe der Differenzkalkulation kann der Einzelhändler berechnen, wie hoch der für ihn verbleibende Gewinn ist. Dazu rechnet er, vom Einstandspreis ausgehend, den Selbstkostenpreis mit der Vorwärtskalkulation aus. Danach berechnet er mit Hilfe der Rückwärtskalkulation, ausgehend vom Marktpreis, den Nettoverkaufspreis. Als Differenz ergibt sich dann der verbleibende Gewinn.

Beispiel

Der Bezugspreis pro Zehnerpackung Fineliner beträgt 5,10 Euro. Büroartikel werden mit 70 % Handlungskosten kalkuliert. Am Markt kann die Zehnerpackung Fineliner bei 19 % Umsatzsteuer mit 10,86 Euro verkauft werden. Wie hoch ist dann der zu erzielende Gewinn?

Kalkulationsschema zur Differenzkalkulation

Bezugspreis	100 %	5,10 €	
+ Handlungskosten	70 %	3,57 €	
Schritt 1: = Selbstkosten	170 %	8,67 €	100 %
Schritt 3: + Gewinn		0,46 €	5,31 %
Schritt 2: = Nettoverkaufspreis	100 %	9,13 €	107,96 %
– Umsatzsteuer	19 %	1,73 €	
= Bruttoverkaufspreis	119 %	10,86 €	

Gewinn als Differenz der Selbstkosten und des Nettoverkaufspreises

1. Schritt: Selbstkosten
100 % → 5,10 €
170 % ? €

$$? \text{ €} = \frac{5{,}10 \text{ €} \cdot 170\,\%}{100\,\%} = 8{,}67 \text{ €}$$

3. Schritt: Gewinn
in €:
9,13 € – 8,67 € = 0,46 €
in %:
8,67 € → 100 %
0,46 € → ? %

$$? \,\% = \frac{100\,\% \cdot 0{,}46 \text{ €}}{8{,}67 \text{ €}} = 5{,}31\,\%$$

2. Schritt: Nettoverkaufspreis
119 % → 10,86 €
100 % ? €

$$? \text{ €} = \frac{10{,}86 \text{ €} \cdot 100\,\%}{119\,\%} = 9{,}13 \text{ €}$$

Beispiel

Als Gewinn verbleiben also pro Zehnerpackung 0,46 Euro. Bezogen auf den Selbstkostenpreis beträgt der Gewinn also 5,31 %.

2.4 Tabellarisches Kalkulationsschema der Vorwärts- und Rückwärtskalkulation

Vorwärtskalkulation

Listeneinkaufspreis	100 %		Bezugskalkulation
Lieferantenrabatt	– 20 %		
Zieleinkaufspreis	= 80 %	100 %	
Lieferantenskonto		–2,5 %	
Bareinkaufspreis	= 100 %	97,5 %	
Bezugskosten	+ 10 %		
Bezugspreis	= 110 %	100 %	
Handlungskosten		+ 70 %	Verkaufskalkulation
Selbstkosten	= 100 %	170 %	
Gewinnzuschlag	+ 8 %		
Nettoverkaufspreis	= 108 %	100 %	
Umsatzsteuer		+ 19 %	
Bruttoverkaufspreis		119 %	

Rückwärtskalkulation

Listeneinkaufspreis		100 %	
Lieferantenrabatt		+ 20 %	
Zieleinkaufspreis	= 100 %	80 %	
Lieferantenskonto	+ 2,5 %		Bezugskalkulation
Bareinkaufspreis	= 97,5 %	100 %	
Bezugskosten		– 10 %	
Bezugspreis	= 100 %	110 %	
Handlungskosten	– 70 %		
Selbstkosten	= 170 %	100 %	
Gewinnzuschlag		– 8 %	Verkaufskalkulation
Nettoverkaufspreis	= 100 %	108 %	
Umsatzsteuer	– 19 %		
Bruttoverkaufspreis	119 %		

2.5 Erweiterte Limitrechnung

Limitrechnung → S. 16

Die Limitrechnung bestimmt als Planrechnung den Betrag, der für die Beschaffung von Waren aufgewendet werden muss, um bestimmte Unternehmensziele zu erreichen. Nun wird es möglich, mit Hilfe der Rückwärtskalkulation bzw. deren Vereinfachungsverfahren, ausgehend von den Umsatzzahlen in Euro den Wareneinsatz zu bestimmen. Hierfür benötigt der Einzelhändler lediglich die Handelsspanne oder den Kalkulationsabschlag. Die Vereinfachungsverfahren der Rückwärtskalkulation gelten dabei sowohl für die Stückbetrachtung als auch für die Gesamtmengenbetrachtung.

Stück- und Gesamtbetrachtung im Vergleich

Stückbetrachtung	Gesamtmengenbetrachtung
= Bezugspreis	= Wareneinsatz
– Handelspanne	– Handelspanne
Nettoverkaufspreis	Nettoumsatz

Das Schema der Limitrechnung wird nun um den oben genannten Aspekt erweitert:

Limitrechnung

geplanter Nettoumsatz
– Handelsspanne
= geplanter Wareneinsatz
– Lagerabbau / + Lageranbau
= Gesamtlimit
– Limitreserve
– bereits erteilte Aufträge
= freies Limit

10

Besondere Verkaufssituationen bewältigen

Besondere Kunden

Kundentypen und -gruppen

Geschenkeverkauf

Finanzierungskauf

Kunden in Begleitung

Hochbetrieb

Beschwerden

Ladendiebstähle

Telefonieren

1 Besondere Kunden

Lernsituation 69

Konsumforscher versuchen die Vielfalt von Menschen in verschiedene Kundengruppen einzuteilen und daraus gruppenspezifisches, typisches Käuferverhalten abzuleiten. Was bedeutet aber „typisch"? Wie oft hört man „typisch Mann", „typisch Frau", „typisch Lehrer" oder „typisch Schüler". Typisch heißt, dass eine Person bestimmte Merkmale (z. B. Geschlecht, Alter, Beruf o. Ä.) und bestimmte Eigenschaften (z. B. Sparsamkeit, Gesundheitsbewusstsein, Bequemlichkeit o. Ä.) mit einer Gruppe von anderen Personen gemeinsam hat.

O.Ä.
oder Ähnliches

Es ist außerordentlich problematisch, auf Grund eines einzigen Merkmals, wie z. B. des Geschlechts oder einzelner charakterlicher Eigenschaften, aussagekräftige Kundenprofile zu erstellen, ohne in ein Klischeedenken zu geraten.

Klischee
eingefahrene Vorstellung

Beispiel

Ergebnisse von Befragungen haben gezeigt, dass Frauen längere Zeit zum Einkaufen benötigen als Männer. Dieses Ergebnis alleine sagt aber noch nichts darüber aus, ob männliche Kunden sich schneller für den Kauf einer Ware entschließen können als Frauen oder ob Männer preisbewusster einkaufen als Frauen. Das hängt vielmehr von der Warengruppe oder der Persönlichkeitsstruktur eines Einzelnen ab, unabhängig vom Geschlecht.

Kunden lassen sich aber nach unterschiedlichen Kriterien einteilen. Demografische Kriterien beschreiben die Entwicklung von Bevölkerungen und deren Strukturen. Soziografische Kriterien weisen auf die gesellschaftliche und berufliche Stellung hin. Psychologische Kriterien beschreiben die Eigenschaften der Kunden.

Die Typenlehre versucht, Menschen nach ihren Eigenschaften einzuteilen. Es gibt hier viele verschieden Ansätze.

Kunden lassen sich nach unterschiedlichen Kriterien einteilen

Demografische Kriterien	Soziografische Kriterien	Psychologische Kriterien (= Typenlehre)
• Geschlecht • Alter (z. B. Kinder, Jugendliche, Erwachsene, Senioren) • Herkunft (Inländer, Ausländer oder Wohnort) • Familienstand (ledig, verheiratet, getrennt lebend, geschieden, verwitwet) • usw.	• Einkommen • Beruf • Vereinsmitgliedschaft • Haushaltsgröße • Wohnverhältnisse • Freizeitaktivitäten • usw.	• Preisbewusstsein (Smartshopper) • Markenbewusstsein • Gesundheitsbewusstsein • Umweltbewusstsein • Bequemlichkeit • Sportlichkeit • Experimentierfreude • Unentschlossenheit • usw.

Marktforscher analysieren das Kunden- und Konsumverhalten oft im Auftrag von Industrie oder Handel. Als Ergebnis solcher Studien liegen meistens Kunden- und Konsumtypologien vor, die sich nur auf eine bestimmte Branche beziehen und deshalb für den gesamten Einzelhandel keine allgemein gültige Aussagekraft besitzen.

Beispiel

- der experimentierfreudige Hobbykoch → Branche Lebensmittel
- die extravagant Gekleidete → Branche Textil und Bekleidung
- der Hautpflegetyp → Branche Körperpflege und Kosmetik

Wie schwierig für den Verkäufer die Auswertung von Kundengruppen anhand einzelner Merkmale, wie z. B. des Alters, sein kann, soll an folgendem Beispiel verdeutlicht werden.

Beispiel

Das Kaufverhalten „Best Ager" (Generation 45 +) wurde von ACNielsen, einem Marktforschungsinstitut, unter die Lupe genommen. Als Ergebnis dieser Untersuchung wurden fünf Typen ermittelt:

- die klassischen Oldies
- die Gebildeten
- die Aktuellen
- die Unbewussten
- die Unternehmungslustigen

Aus dieser Systematik ist erkennbar, dass das Kaufverhalten dieser Gruppe nicht über das Alter, sondern über die Lebenseinstellung definiert wird.

Eine Schwierigkeit, Kunden bestimmten Typen zuzuordnen, ergibt sich daraus, dass das Kundenverhalten oft situationsabhängig und nicht von charakterlichen Eigenschaften geprägt ist.

Beispiel

- Ein Kunde, der sehr anspruchsvoll beim Kauf einer Digitalkamera ist, legt geringen Wert auf die Qualität modischer Artikel. Er kann also nicht generell als anspruchsvoller Kunde bezeichnet werden.
- Ein Kunde, der lautstark eine Reklamation vorträgt, ist nicht unbedingt als aggressiver Kunde einzustufen.

Trotz aller Einschränkungen gibt es Erkenntnisse über das typische Kaufverhalten einiger Kundengruppen und Kundentypen. Dem Verkäufer können diese als Orientierungshilfe für das persönliche Beratungsgespräch dienen, um sich in kurzer Zeit auf die unterschiedlichen Kunden einzustellen und angemessen reagieren zu können.

Je nach Branche sollten das Einzelhandelsunternehmen beziehungsweise der Verkäufer grundsätzlich in der Lage sein, sich auf verschiedene Kundentypen einzustellen. So wird man im Lebensmitteleinzelhandel sicherlich eine Vielzahl unterschiedlicher Kundentypen antreffen, die alle die gleiche Aufmerksamkeit und eine kompetente und zuvorkommende Beratung erwarten. Stehen einzelne Kundentypen bei der Sortimentsgestaltung und der Art der Beratung zu sehr im Vordergrund, kann das zur Unzufriedenheit und Kaufverweigerung bei den Kundentypen führen, die von diesen Entscheidungen nicht profitieren.

1.1 Kundengruppen

Kundengruppen lassen sich gut nach den demografischen Merkmalen finden, z. B. gibt es die Kundengruppe Mann, die Kundengruppe Frau, die Kundengruppen in verschiedenen Lebensaltern sowie die Gruppe der ausländischen Kunden.

1.1.1 Kaufverhalten von Männern und Frauen

Kundenbefragungen in Warenhäusern und Verbrauchermärkten haben ergeben, dass Frauen sich etwa doppelt so viel Zeit zum Einkaufen lassen wie Männer. Während die Frauen den Großteil der Versorgungseinkäufe für die Familie erledigen, dient der Einkauf der Männer häufig der Eigenversorgung. Frauen gehen bei Besorgungen für den täglichen Bedarf öfter nach Einkaufszetteln vor. Sie lassen sich aber eher zu einem Impulskauf animieren und sind daher empfänglicher für Ergänzungsangebote.

1.1.2 Kaufverhalten von Kunden in verschiedenen Lebensaltern

Kinder

Kinder beeinflussen häufig das Kaufverhalten ihrer Eltern. So haben Konsumentenforscher in einer Studie herausgefunden, dass Kinder die Eltern zum Spontankauf von bis zu zehn Artikeln veranlassten, ohne dass die Eltern dies bewusst wahrgenommen hatten.

Sie sind aber auch direkte Käufer und als Kunden von morgen ernst zu nehmen. Kinder reagieren empfindlich, wenn sie zurückgesetzt werden. Sie gehen nicht mehr gerne in das Geschäft und erzählen es zu Hause weiter. Das kann dazu führen, dass auch die Eltern das Geschäft meiden werden.

Dagegen werden Aufmerksamkeiten des Verkäufers (z. B. eine nette Begrüßung des Kindes mit Namen oder kleine Geschenke wie Luftballone) gegenüber dem Kind auch positiv von den Eltern registriert. In einigen Unternehmen werden kleinere Kinder, die alleine in das Geschäft kommen, anfangs vom Verkaufspersonal begleitet, um ihnen die Angst vor dem Einkaufen zu nehmen. Das Kassenpersonal sollte darauf achten, dass das Geld korrekt abgezählt wird und dass Ware, Kassenbon und eventuelles Wechselgeld vom Kind gut verstaut werden.

Das Taschengeld der Kids

Durchschnittliche monatliche Geldbezüge

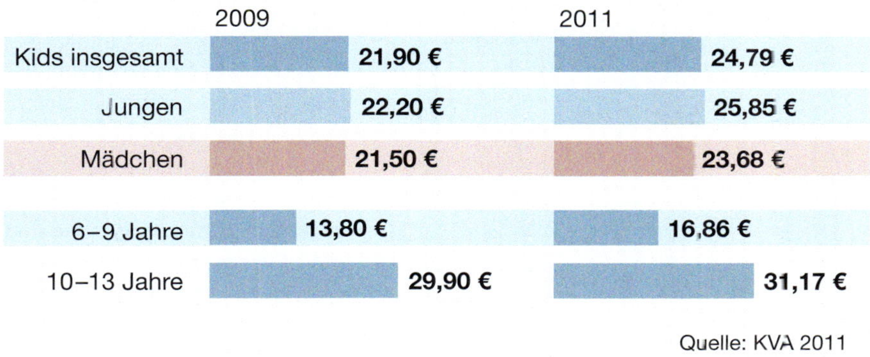

Jährlich führt die Egmont Media Solutions die Marktstudie KidsVerbraucherAnalyse (KVA) durch.

Bei Kaufabschlüssen mit Kindern müssen die rechtlichen Bestimmungen zur Geschäftsfähigkeit beachtet werden.

Kinder unter sieben Jahren sind geschäftsunfähig und dürfen nur Botengänge für die Eltern machen. Falls die gewünschte Ware nicht vorrätig ist, sollte man dem Kind keine Ersatzware mitgeben.

Beschränkt geschäftsfähige Kinder, die älter als sieben Jahre sind, benötigen für den Kauf die Zustimmung der Eltern, es sei denn, die Kinder können die Ware im Rahmen ihres Taschengeldes bezahlen.

Bei größeren Beträgen ist es besser, die Zustimmung der Eltern einzuholen oder einholen zu lassen.

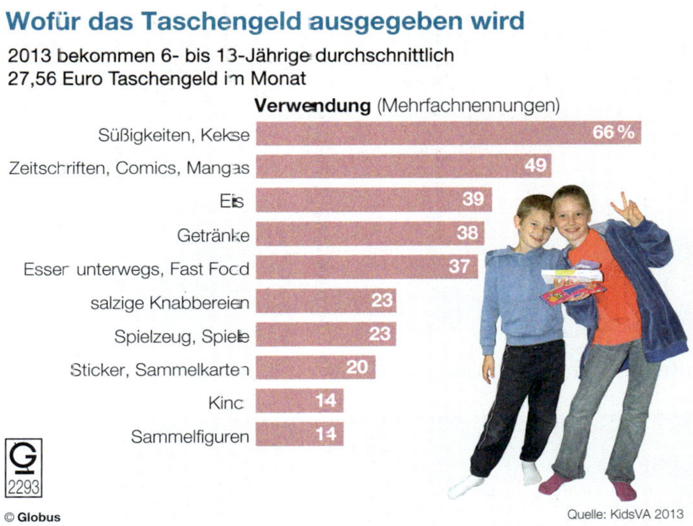

Begriffe des bürgerlichen Rechts

Rechts- und Geschäftsfähigkeit

Handlungsfähigkeit ◀▶ **Rechtsfähigkeit**

Geschäftsfähigkeit	**geschäftsunfähig**	Kinder unter 7 Jahren; geistig behinderte Menschen	Rechtsgeschäfte sind nichtig; kleinere Alltagsgeschäfte geistig behinderter Erwachsener gelten aber als wirksam
	beschränkt geschäftsfähig	Kinder und Jugendliche von 7 bis 17 Jahren	Taschengeldgeschäfte sind wirksam; andere Rechtsgeschäfte nur mit Genehmigung der Eltern
	voll geschäftsfähig	Volljährige (ab 18 Jahren)	Rechtsgeschäfte sind wirksam

© Erich Schmidt Verlag   ZAHLENBILDER 128 031

Kaufkraftverteilung in Deutschland nach Altersklassen
(Anteile an gesamter Kaufkraft in %)

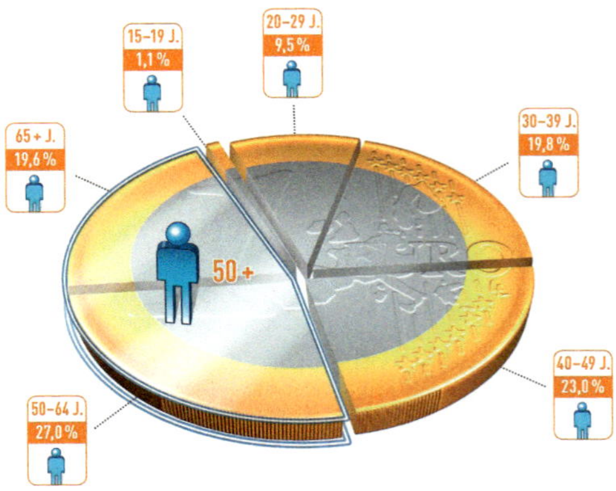

Quelle:
METRO Group (Berechnung auf Basis Statistisches Bundesamt und GfK)

Jugendliche und junge Erwachsene

Jugendliche (14 – 17 Jahre) und junge Erwachsene (18 – 21 Jahre) sind kaufkräftige Konsumenten. Durch Taschengeld, Geldgeschenke von Eltern und Verwandten, durch kleine Jobs oder bei jungen Erwachsenen durch eigenes Einkommen sind sie in der Lage, die von ihnen gewünschten Artikel zu kaufen. Junge Kunden achten sehr auf ihr Image und möchten im Trend liegen oder sogar herausstechen. Sie kaufen vorzugsweise Markenartikel und Kleidung sollte vor allem einen exklusiven Labelaufdruck tragen. Sie sind aufgeschlossen gegenüber Produktinnovationen und sie sind auch bereit, dafür viel Geld zu bezahlen. Beim Kauf von Lebensmitteln neigen die meisten zu Convenienceprodukten.

Bei der Bedienung von Jugendlichen muss sich jeder Verkäufer an die Vorgaben des Jugendschutzgesetzes halten. Danach besteht ein **Abgabeverbot** für

- Getränke aus Branntwein an Jugendliche unter 18 Jahren,
- andere alkoholhaltige Getränke (z. B. Bier, Wein) an Jugendliche unter 16 Jahren,
- Tabakwaren an Jugendliche unter 18 Jahren,
- jugendgefährdende Zeitschriften, Bücher, DVD o. Ä. an Jugendliche unter 18 Jahren und
- pyrotechnische Gegenstände (z. B. bestimmte Feuerwerkskörper) an Jugendliche unter 18 Jahren.

Auf jeden Fall ist bei Kaufabschlüssen mit Jugendlichen eine Alterskontrolle notwendig. Dabei sollte man sich nicht auf die persönliche Schätzung des Alters verlassen, sondern den Jugendlichen nach einem entsprechenden Ausweispapier, z. B. dem Personalausweis, fragen. Da die rechtlichen Bestimmungen zur beschränkten Geschäftsfähigkeit auf minderjährige Jugendliche auch zutreffen, sollte man Verträge mit größeren Kaufsummen nicht ohne Zustimmung der Eltern abschließen. Ratenkäufe dürfen mit Jugendlichen überhaupt nicht abgeschlossen werden.

Ratenkauf → S. 132

Genauso wie die Kinder sind die Jugendlichen und jungen Erwachsenen die Kunden der Zukunft. Sie haben aber schon sehr klare Vorstellungen, wofür sie ihr Geld ausgeben wollen. Jungendliche wohnen meist noch zu Hause und junge Erwachsene ziehen in der Regel auch immer später in die erste eigene Wohnung. Daher können sie ihr Geld für eine Vielzahl von Artikeln ausgeben, bei denen nicht der Nutzen im Vordergrund bzw. als Kaufmotiv steht, sondern vielmehr die mögliche Anerkennung im Freundeskreis durch den Kauf der Artikel.

Der Einzelhändler kann dies in seiner Sortimentsplanung immer berücksichtigen, um auch diese für ihn wichtige Kundengruppe zu erreichen.

Senioren

Die Bezeichnung Senior ist nicht einheitlich definiert. Das Seniorenmarketing beschäftigt sich mit Personen von über 45 Jahren, über 50 oder 60 Jahren. So fallen auch die Forschungsergebnisse über das Kaufverhalten manchmal unterschiedlich aus. Während die Älteren unter den Senioren sich überwiegend markentreu verhalten, probieren die Jüngeren auch gerne mal etwas Neues aus.

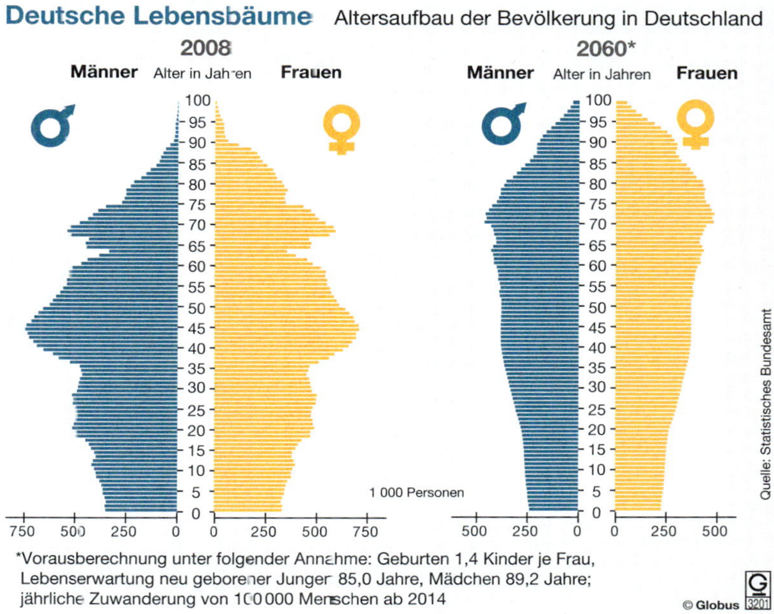

Auf Grund von Verschiebungen in der Altersstruktur der Bevölkerung sind Senioren zu einer interessanten Zielgruppe in der Marktforschung geworden. Diese Gruppe hat nicht nur zahlenmäßig zugenommen, sondern sie verfügt auch zum Teil über eine gute Kaufkraft und ist konsumfreudig. Viele Senioren fühlen sich jünger und sind sehr aktiv und gesund. Sie möchten sich auch im gereiften Alter noch etwas gönnen, sind konsum- und experimentierfreudig, sie wollen fachkundig beraten werden. Sie legt besonderen Wert darauf, dass das Preis-Leistungs-Verhältnis stimmt.

Mit steigendem Alter interessieren sich die Senioren für eine gesunde Lebensführung. Ältere Menschen möchten entsprechend ihren Bedürfnissen beraten werden, sie erwarten auch ein entsprechendes Angebot an Dienstleistungen, aber sie möchten nicht als Senioren angesprochen werden.

Fachkundige Beratung

Ein Teil der alten Menschen ist in seiner Mobilität eingeschränkt. Angefangen von der Produktwahl bis hin zum Einpacken sind sie häufig auf die Hilfe des Verkaufspersonals angewiesen. Im Verkaufsgespräch ist auf eine langsame deutliche Aussprache zu achten, weil das Hörvermögen im Alter nachlässt. Auch beim Abzählen des Geldes müssen Verkäufer öfter behilflich sein. Wenn es möglich ist, sollte man die älteren Kunden auf Sitzgelegenheiten im Geschäft, auf Heimlieferservice und andere Kundendienstleistungen aufmerksam machen.

Viele ältere Menschen leben allein. Beim Kauf von Lebensmitteln wünschen sie kleine Mengen und Gerichte, die einfach zuzubereiten sind. Im Alter nehmen Krankheiten, die eine besondere Ernährung notwendig machen, wie beispielsweise Diabetes, zu. Auch dies sollte bei der Kundenberatung berücksichtigt werden. Der Einzelhändler muss dieser Kundengruppe besondere Beachtung schenken. Auf Grund des demografischen Wandels verfügt die Generation 50+ schon jetzt über 47 % der Kaufkraft in Deutschland und dies mit steigenden Tendenzen.

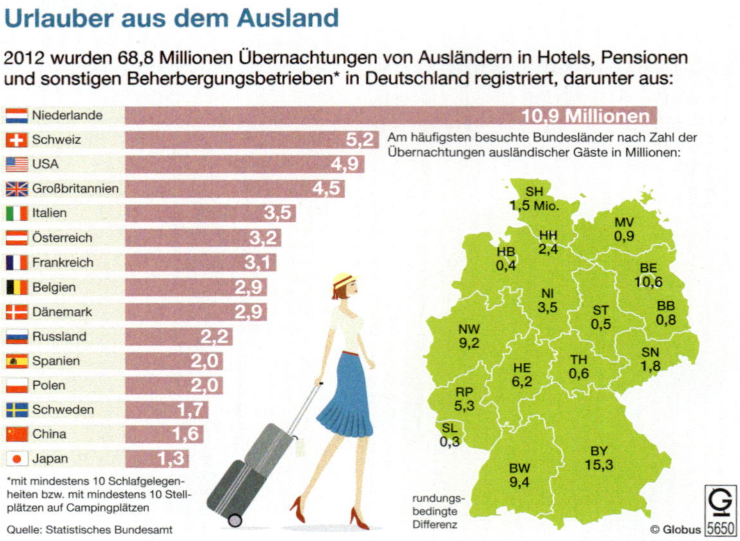

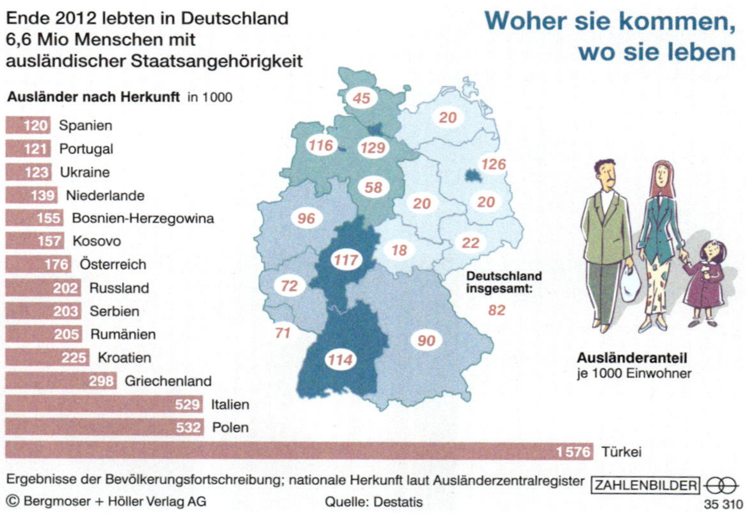

1.1.3 Ausländische Kunden

Touristen, Messebesucher oder Migranten benötigen besondere Unterstützung des Verkaufspersonals, wenn Sprachprobleme bestehen. Sie erleichtern die Orientierung der ausländischen Kunden, wenn Sie

- langsam und deutlich sprechen,
- freundlich und aufmerksam sind,
- auf Symbole oder Zahlen hinweisen,
- die „Ware sprechen lassen“ und,
- falls möglich, sich in einer Fremdsprache mit dem ausländischen Kunden unterhalten.

Auch der Hinweis auf steuerfreies Einkaufen (z. B. durch das Serviceunternehmen Global Blue) kann dazu beitragen, dass sich ausländische Kunden von dem Verkäufer kompetent beraten fühlen.

Im Lebensmittelbereich können Sie bei der Beratung die besonderen Essgewohnheiten oder die religiös bedingten Essvorschriften berücksichtigen. Die große Zahl ausländischer Kunden hat mittlerweile in vielen Städten dazu geführt, dass gerade im Lebensmittelbereich zahlreiche Einzelhandelsunternehmen gegründet worden sind, die ihr Sortiment ausschließlich an den Bedürfnissen dieser Kundengruppen ausrichten.

1.2 Kundentypen

Kundentypen finden sich in allen Kundengruppen. Sie können wie folgt unterschieden werden.

Kundin beim Preisvergleich

Preisorientierte Kunden

Der Smartshopper befindet sich auf der bewussten Suche nach Schnäppchen. Er macht ständig Preisvergleiche, um das für ihn günstigste Angebot zu finden. Es handelt sich um einen mündigen, selbstbewussten Konsumenten mit Lust auf kleine Preise. Im Verkaufsgespräch neigt er zum Feilschen. Bieten Sie dem Kunden Kaufanreize wie Rabatte an oder weisen Sie auf Sonderangebote oder Bonusaktionen hin.

Markenbewusste Kunden

Bei den markenbewussten Kunden läuft die Kaufentscheidung weniger vernunftgesteuert ab. Gute Bekanntheitswerte und das positive Image des Markenartikels flößen den Kunden Vertrauen ein. Der Preis ist diesen Kunden zwar nicht gleichgültig, aber zweitrangig. Hinweise auf Premiumqualitäten von Produkten oder auf Möglichkeiten, Ersatzteile nachkaufen zu können, überzeugen diese Kunden.

Gesundheitsorientierte Kunden

Bei Wellness-Kunden stehen gesunde Ernährung, Entspannung und Fitness im Vordergrund für die Kaufentscheidung. Diesem Ziel dienen Produkte aus allen Branchen: Kosmetika, Lebensmittel, Bekleidungs- und Sportartikel, Möbel, Bettwäsche u. Ä. Die Verkaufsargumentation muss sich an dem Bedürfnis des Kunden nach Wohlbefinden ausrichten. Gute Kenntnisse in diesem neuen Trendmarkt versetzen Sie in die Lage, diesen Kunden wertvolle Tipps zur Entspannung, Ernährung und Bewegung zu geben.

Wellness
Kombination aus wellbeing (Wohlbefinden) und Fitness (in Form von fit sein)

Der Bio-Kunde kann keiner homogenen Gruppe zugeordnet werden. Man findet unter diesen Kunden sowohl die Intensivkäufer, bei denen Umwelt und Tierschutz eine wesentliche Rolle spielen, als auch die Selten- und Gelegenheitskäufer, die vor allem den Genuss hochwertiger Lebensmittel schätzen. Häufig ist der Bio-Kunde auch bereit, deutlich mehr für den Einkauf seiner Bio-Produkte auszugeben. Gerade vor dem Hintergrund der in den letzten Jahren bekannt gewordenen Lebensmittelskandale ist die Gruppe der Bio-Kunden deutlich gewachsen.

Homogen
gleichmäßig zusammengesetzt

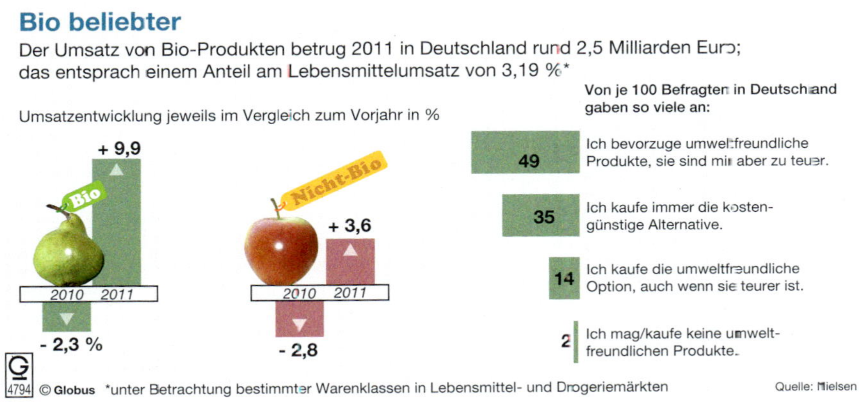

2 Spätkunden

Lernsituation 70

Bis in das 19. Jahrhundert waren die Geschäfte in Deutschland zwischen 5 und 23 Uhr geöffnet und das an sieben Tagen in der Woche. Allerdings muss man bedenken, dass erst 1879 das erste deutsche Warenhaus eröffnet wurde. 1891 wurde dann erstmals gesetzlich der Sonntagsverkauf auf fünf Stunden beschränkt und am 01. Oktober 1900 trat das erste Ladenschlussgesetz (**LadschlG**) Deutschlands in Kraft, das die Ladenöffnungszeiten werktags auf die Zeit von 5 bis 21 Uhr beschränkte. Wer sonntags öffnen wollte, der benötigte eine Sondergenehmigung, die es z. B. für Lebensmittelgeschäfte und Bäckereien gab. 1956 wurde das Ladenschlussgesetz der Bundesrepublik verabschiedet und erlangte ab 1. Januar 1957 Gültigkeit. Im Laufe der Zeit gab es dann verschiedene Änderungen. Seit 1957 gilt aber immer die Regelung: Kunden, die sich vor Ladenschluss schon im Geschäft befinden, dürfen zu Ende bedient werden.

Gesetzliche Ladenöffnungszeiten in den Bundesländern

Bundesland	Ladenöffnungszeiten	Inkrafttreten
Baden-Württemberg	Mo. bis Sa. von 00:00 Uhr bis 24:00 Uhr, 3 verkaufsoffene Sonn- und Feiertage (max. 5 h, spätestens bis 18:00 Uhr)	ab 06.03.2007
Bayern	Mo. bis Sa. von 06:00 bis 20:00 Uhr	kein eigenes Gesetz, Bundesrecht
Berlin	Mo. bis Sa. von 00:00 Uhr bis 24:00 Uhr, 8 verkaufsoffene Sonn- und Feiertage durch Allgemeinverfügung, 2 weitere nach Anzeige (max. 2 Sonn- und Feiertage im Monat, nicht aufeinanderfolgend; 13:00 Uhr bis 20:00 Uhr)	ab 15.11.2006, letzte Änderung vom 13.10.2010
Brandenburg	Mo. bis Sa. von 00:00 Uhr bis 24:00 Uhr, 6 verkaufsoffene Sonn- und Feiertage (max. 2 Sonn- und Feiertage im Monat; 13:00 Uhr bis 20:00 Uhr)	ab 01.12.2006, letzte Änderung zum 01.01.2011
Bremen	Mo. bis Sa. von 00:00 Uhr bis 24:00 Uhr, 4 verkaufsoffene Sonn- und Feiertage (max. 5 h, frühstens ab 11:00 Uhr, spätestens bis 18:00 Uhr)	ab 01.04.2007
Hamburg	Mo. bis Sa. von 00:00 Uhr bis 24:00 Uhr, 4 verkaufsoffene Sonntage (max. 5 h, spätestens bis 18:00 Uhr, nicht in der Adventszeit)	ab 01.01.2007
Hessen	Mo. bis Sa. von 00:00 Uhr bis 24:00 Uhr, 4 verkaufsoffene Sonn- und Feiertage (max. 6 h, spätestens bis 20:00 Uhr, nicht in der Adventszeit)	ab 01.12.2006
Mecklenburg-Vorpommern	Mo. bis Fr. von 00:00 Uhr bis 24:00 Uhr, Sa. von 00:00 Uhr bis 22:00 Uhr, 4 verkaufsoffene Sonntage (nicht im Dezember, mit Ausnahme des 1. Advent)	ab 01.07.2007
Niedersachsen	Mo. bis Sa. von 00:00 Uhr bis 24:00 Uhr, 4 verkaufsoffene Sonntage (max. 5 h, nicht in der Adventszeit)	ab 01.04.2007, letzte Änderung zum 14.10.2011
Nordrhein-Westfalen	Mo. bis Sa. von 00:00 Uhr bis 24:00 Uhr, 4 verkaufsoffene Sonn- und Feiertage (max. 5 h, max. 1 Sonntag in der Adventszeit)	ab 21.11.2006
Rheinland-Pfalz	Mo. bis Sa. von 06:00 Uhr bis 22:00 Uhr, 4 verkaufsoffene Sonntage (max. 5 h, frühstens ab 11:00 Uhr, nicht in der Adventszeit)	ab 29.11.2006
Saarland	Mo. bis Sa. von 06:00 Uhr bis 20:00 Uhr, 1 Tag im Jahr bis 24:00 Uhr, 4 verkaufsoffene Sonn- und Feiertage (max. 5 h, spätestens bis 18:00 Uhr)	ab 15.11.2006
Sachsen	Mo. bis Sa. von 06:00 Uhr bis 22:00 Uhr, 5 verkaufsoffene Sonntage (max. 2 aufeinanderfolgende Sonntage)	ab 01.01.2011
Sachsen-Anhalt	Mo. bis Fr. von 00:00 Uhr bis 24:00 Uhr, Sa. von 00:00 Uhr bis 22:00 Uhr, 4 verkaufsoffene Sonn- und Feiertage (max. 5 h, frühestens ab 11:00 Uhr, spätestens bis 20:00 Uhr)	ab 01.12.2006
Schleswig-Holstein	Mo. bis Sa. von 00:00 Uhr bis 24:00 Uhr, 4 verkaufsoffene Sonn- und Feiertage (max. 5 h, spätestens bis 18:00 Uhr, nicht in der Adventszeit)	ab 01.12.2006
Thüringen	Mo. bis Fr. von 00:00 Uhr bis 24:00 Uhr, Sa. von 00:00 Uhr bis 22:00 Uhr, 4 verkaufsoffene Sonn- und Feiertage (max. 6 h, frühstens ab 11:00 Uhr, spätestens bis 20:00 Uhr; nicht im Dezember, mit Ausnahme des 1. Advent)	ab 01.12.2006

Seit 2006 kann in Deutschland jedes Bundesland für sich bestimmen, wie lang die Geschäfte geöffnet haben dürfen. Dadurch ist die Einheitlichkeit im Ladenschluss in der Bundesrepublik verloren gegangen, denn die Länder nutzen diese Möglichkeit ganz unterschiedlich.

Insofern ist die Problematik des „späten" Kunden in vielen Geschäften durch verlängerte Öffnungszeiten nicht mehr ganz aktuell. Aber auch heute kann es noch problematische Situationen geben. Denn nicht nur die Ladenöffnungszeiten haben sich verändert, auch die allgemeinen Arbeitszeiten sind im Lauf der Zeit flexibler geworden.

Beispiel

Um 19:55 Uhr wird der Verkaufsmitarbeiter Herr Müller von einer Kundin angesprochen, die ein ausführliches Beratungsgespräch zum Kauf eines Wäschetrockners möchte. Herr Müller ist aber um 20:15 Uhr selbst bei einem Notar für einen wichtigen Termin verabredet.

Auch dieser „Spätkunde" möchte zuvorkommend behandelt werden. Wenn der Verkäufer versucht, diesem Kunden freundlich und persönlich zu begegnen, ist die Situation mit einem der folgenden Tipps sicher zu lösen.

Tipps zum Verhalten gegenüber Spätkunden

Verkaufssituation kurz vor Ladenschluss	Verkäuferverhalten
Kunde in eigener Berufskleidung betritt zügig einen Supermarkt	• auf Signale achten, die darauf schließen lassen, dass der Kunde eine bestimmte Ware sucht • Hilfe mittels präziser Hinweise anbieten
Stammkunde, der ohne Eile grundsätzlich erst kurz vor Ladenschluss kommt und sich Zeit nimmt	• um Verständnis für die Ladenöffnungszeiten bitten • ausführliche Beratung und Bedienung am Folgetag anbieten
Kunde wünscht ausführliche Beratung zu einem Joggingschuh und möchte gern mehrere Modelle anprobieren	• eine kurze Beratung anbieten • um Verständnis für die Ladenöffnungszeiten bitten • ausführliche Beratung und Bedienung am Folgetag anbieten
Verkäufer muss dringend selbst pünktlich den Laden verlassen, es sind jedoch noch Kunden im Geschäft	• um Verständnis bzw. Entschuldigung bitten • möglichst einen Kollegen um Hilfe bitten, anstatt die Kunden aus dem Laden zu weisen
Kunde hat sich für einen hochwertigen Artikel entschieden	Zusatz- und Ergänzungsartikel anbieten, denn Spätkunden kaufen diese gern aus Gründen der Zeitersparnis
Kunde reagiert verärgert auf einen freundlichen Hinweis des Verkäufers auf den Ladenschluss	Kunden weiterhin freundlich behandeln und als seltenen Einzelfall betrachten

3 Geschenkeverkauf

Lernsituation 71

Wenn kurz vor Weihnachten die fieberhafte Jagd nach Geschenken beginnt oder der Freund in allerletzter Minute noch ein Geburtstagsgeschenk für seine Freundin benötigt, steht das Verkaufspersonal mit Geschenkvorschlägen beratend an der Seite der Kunden. Es gibt Kunden,

- die eine genaue Vorstellung von dem haben, was sie verschenken/kaufen wollen, oder Kunden
- die erwarten, dass das Verkaufspersonal hilft, ein passendes Geschenk zu finden.

Empathie
Einfühlungsvermögen

Hat der Kunde noch keine genaue Vorstellung, sind Empathie und verkäuferische Fähigkeiten des Verkäufers gefragt.

Bedarfsermittlung

Achten Sie bei Geschenkverkäufen darauf, dass Sie eine intensive und gewissenhafte Bedarfsermittlung durchführen. Bringen Sie zu Beginn des Verkaufsgespräches schnell in Erfahrung, wer der Beschenkte ist. Für das Beratungsgespräch lassen sich daraus viele nützliche Informationen ableiten. Denken Sie an das Kaufmotiv des Kunden: Freude bereiten! Anschließend ermitteln Sie den Bedarf des Kunden sowie den Bedarf des Geschenkempfängers. Nutzen Sie hierfür das direkte Verfahren der Bedarfsermittlung.

Beispiel

- Verkäufer: „Für wen soll das Geschenk sein?"
- Verkäufer: „Für welchen Anlass suchen Sie ein Geschenk?"
- Verkäufer: „Wie alt ist Ihre Enkelin?"
- Verkäufer: „Welches Hobby hat Ihre Frau?"

Aus den ermittelten Kundenaussagen erfragen Sie den Anspruch des Käufers an das Geschenk. Es ist für Sie wichtig zu erfahren, ob das Geschenk einen bestimmten Zweck erfüllen soll, z. B. Bedürfnis nach Prestige: Das Geschenk muss ein Markenartikel sein. Der Geschenkanlass wird häufig einen Hinweis für eine Preisobergrenze geben. Somit vermeiden Sie das häufig doch für den Kunden so unangenehme Fragen nach seiner Preisobergrenze.

Verwenden Sie in einem solchen Verkaufsgespräch das Verfahren der indirekten Bedarfsermittlung, da der Verkauf von Geschenken oft eine intensive Überzeugungsarbeit von dem Verkäufer erfordert. Der Kunde muss davon überzeugt werden, dass er sich für das richtige Geschenk entschieden hat.

Beispiel

Verkäufer: „Ihre Enkelin kann mit dieser Hose selbstverständlich im Garten bei Wind und Wetter spielen. Die Hose kann in der Waschmaschine bei 95 Grad gewaschen werden."
Verkäufer: „Mit diesem Experimentierkasten kann Ihr Sohn über 70 Versuche durchführen."

Geschenkvorlage

Sie sollten nach der erfolgreichen Bedarfsermittlung geeignete Geschenke vorlegen. Legen Sie nicht zu viele Geschenke vor, dies kann den Kunden verwirren. Achten Sie auf die Signale des Kunden, damit Sie sich bei der Verkaufsargumentation auf einen Geschenkvorschlag konzentrieren können.

Bevorzugt der Kunde einen Geschenkvorschlag, ist sich aber trotzdem noch unsicher, unterstützen Sie den Kunden in seiner Kaufentscheidung. Weisen Sie z. B. auf Umtauschmöglichkeiten hin oder bringen Sie weitere Verkaufsargumente, die den Kunden überzeugen.

Findet der Kunde kein geeignetes Geschenk, bieten Sie dem Kunden einen **Geschenkgutschein** an. Der Beschenkte hat dann selbst die Möglichkeit, sich ein Geschenk nach seinem Geschmack auszusuchen.

Geschenkverpackung

Zum Abschluss des Verkaufsgespräches bieten Sie dem Kunden an, das Geschenk zu verpacken. Vor dem Verpacken des Geschenks entfernen Sie das Preisetikett. Weisen Sie den Kunden darauf hin, den Kassenzettel aufzuheben, da bei einem Umtausch der Ware der Kassenzettel erforderlich ist.

Besorgungskauf

Ein dem Geschenkverkauf recht ähnlicher Kauf ist der Besorgungskauf. Hier kauft der Kunde im Auftrag einer anderen Person bei Ihnen einen Artikel ein. Meist hat der Kunde ganz klare Anweisungen bekommen, sodass Sie in der Regel lediglich die entsprechende Ware aushändigen können. Für nützliche Tipps zum Umgang mit der Ware wird Ihnen der Auftraggeber aber sicherlich dankbar sein. Sollte der Kaufauftrag allerdings ungenau sein, so ist der Besorgungskauf dem Geschenkkauf sehr ähnlich. Auch beim Besorgungskauf ist es wichtig, dass Sie den Kunden darauf hinweisen, den Kassenzettel gut aufzuheben, da hier ein Umtausch durch den Auftraggeber häufiger vorkommen kann. Dies ist meistens dann der Fall, wenn der Auftrag für die Besorgung nicht konkret genug war und somit noch Spielräume für Entscheidungen durch die beauftragte Person vorhanden sind.

4 Finanzierungskauf

Lernsituation 72

Wünsche sollte man sich nur erfüllen, wenn es finanziell möglich ist.

Nicht jeder Kunde ist in der Lage, seine Einkäufe direkt zu bezahlen. Wenn er sich eine neue Waschmaschine, einen Bohrhammer oder eine wertvolle Armbanduhr kaufen möchte, sind rasch Kaufbeträge erreicht, die der Kunde gar nicht in seiner Finanzplanung hatte. Der vorausschauende Kunde wird immer versuchen, einen Teil seines Einkommens zu sparen. Dann hat er Geld zur Verfügung („ist flüssig"), wenn z. B. die teure Ersatzbeschaffung eines Gerätes oder ein Neukauf ansteht.

Hat der Kunde das Geld nicht, ist es aber trotzdem möglich, diesen Kauf zu tätigen. Der Kunde kann z. B.

Ratenkauf
Abzahlungskauf oder auch Teilzahlungskauf

Konsumkredit
Verbraucherkredit

- mit dem Einzelhandelsunternehmen einen Ratenkaufvertrag abschließen,
- bei einem Kreditinstitut, unabhängig vom Kaufvertrag, einen Konsumkredit beantragen oder
- sich vom Einzelhandelsunternehmen bei Abschluss eines Kaufvertrages einen Konsumkredit über ein Kreditinstitut vermitteln lassen.

Zinsen
der Preis, den der Kreditgeber für die Überlassung von Kapital (Kredit) vom Kreditnehmer erhält

Bei einem Kredit wird dem Kreditnehmer leihweise Geld, z. B. zum Kauf von Waren, überlassen. Der Kreditnehmer erhält die Summe des Kreditvertrages meist in einer Summe ausgezahlt. Im Kreditvertrag verpflichtet sich der Kreditnehmer zur Rückzahlung des Kreditbetrages und zur Zahlung der Zinsen. In jedem der Fälle muss der Kunde aber bedenken, dass der Finanzierungskauf immer teurer ist als der Barkauf. Winkt nämlich der Kunde beim Kaufabschluss mit Bargeld, ist der Verkäufer oft zu einem Barzahlungsrabatt bereit, der dann den Kaufpreis der Ware mindert.

Hat jedoch der Kunde das Geld nicht flüssig und muss einen Ratenkaufvertrag eingehen oder einen Konsumkredit aufnehmen, entstehen ihm Kosten. Die Kosten dafür hängen von der Höhe der Zinsen, der Laufzeit und den Bearbeitungs- sowie sonstigen Gebühren ab. Für Kredite, die einem Verbraucher gewährt werden, finden sich spezielle **Verbraucherschutzregelungen** im Bürgerlichen Gesetzbuch.

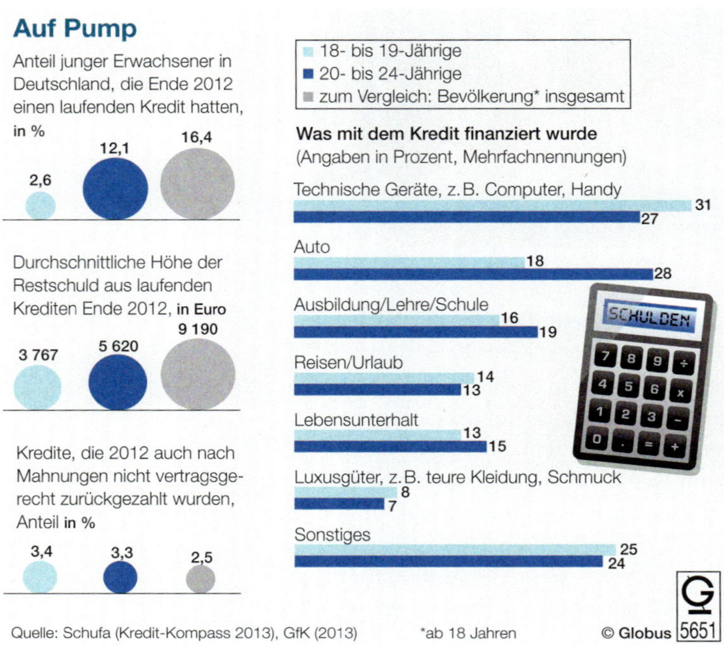

Der Verkäufer sollte bei seiner Beratung den Kunden auf diese zusätzlichen Kosten hinweisen. Verkäufer und Käufer werden unter Umständen versuchen, trotzdem eine Kaufmöglichkeit zu finden,

- die den finanziellen Spielraum des Kunden möglichst wenig einengt,
- die dem Kunden wenig zusätzliche Kosten verursacht und
- die dem Kunden und dem Verkäufer genügend Sicherheit bietet, dass der Kunde in der Lage ist, die finanziellen Belastungen zu tragen.

Denn wenn der Kunde seinen Verpflichtungen nicht nachkommen kann, mündet der Kauf sehr schnell in einen Rechtsstreit.

4.1 Raten- oder Abzahlungskauf

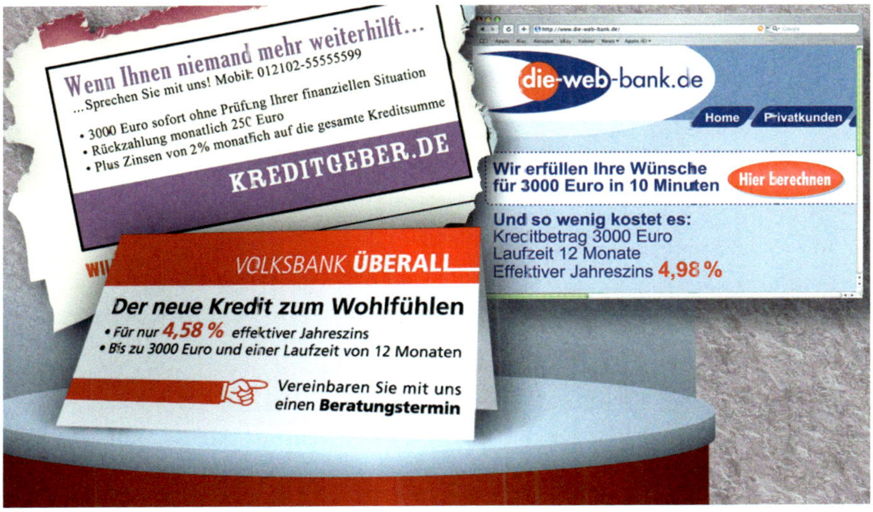

Rate = Teilzahlung

Ratenpreis = Kaufpreis + Kreditpreis

Beim Raten- oder Abzahlungskauf vereinbaren Käufer und Verkäufer, dass der Kunde die Ware erhält, bevor er den Kaufpreis plus entstandener Kosten in Raten abgezahlt hat. Für den Kunden ist der Ratenkauf zwar verlockend, denn er kann die Ware sofort in Gebrauch nehmen. Gleichzeitig geht er aber finanzielle Verbindlichkeiten ein. Um den Verbraucher zu schützen, hat der Staat für den Abschluss von Kreditverträgen eine Reihe von gesetzlichen Regelungen im Bürgerlichen Gesetzbuch festgesetzt.

Zunächst einmal muss jeder Ratenkreditvertrag schriftlich abgeschlossen werden und folgende Angaben enthalten:
- Barzahlungspreis
- Teilzahlungspreis (Gesamtbetrag von Anzahlung und allen vom Verbraucher zu entrichtenden Teilzahlungen einschließlich Zinsen und sonstiger Kosten)
- Betrag, Zahl und Fälligkeit der einzelnen Teilzahlungen
- effektiver Jahreszins
- ggf. Kosten einer Restschuldversicherung (nur wenn die Vergabe des Kredits davon abhängt)
- ggf. Vereinbarung eines Eigentumsvorbehalts
- Unterschrift Käufer und Verkäufer
- schriftliche Information über das Widerspruchsrecht (14 Tage) mit gesonderter (zweiter) Unterschrift des Käufers

Der **effektive Jahreszins** (Effektivzins) gibt an, mit welchem Zinssatz ein Kredit berechnet wird, wenn alle Kosten (z. B. die Zinsen pro Monat, die Vermittlungs- und Bearbeitungsgebühren und ggf. die Kosten einer Restschuldversicherung) eingerechnet werden. Vergleichen lassen sich verschiedene Kreditangebote erst mit Hilfe des effektiven Jahreszinses. Die Berechnung des effektiven Jahreszinses erfolgt nach einer komplizierten Formel, die in der Preisangabenverordnung vorgeschrieben ist. Ihre Anwendung ist selbst mit einem Taschenrechner schwer möglich. Deshalb arbeiten Kreditgeber mit Tabellen, aus denen sich für verschiedene Zinssätze und Laufzeiten der effektive Jahreszins ablesen lässt. Es gibt aber für die Berechnung eine vereinfachte Formel, die wir hier anwenden.

Beispiel

Der Bruttoverkaufspreis einer HiFi-Anlage beträgt 2.499,00 Euro. Die Zinsen betragen für 24 Monate 149,50 Euro. Eine Restschuldversicherung kostet 87,50 Euro und das Einzelhandelsunternehmen verlangt 25,40 Euro Bearbeitungsgebühren. Dann belaufen sich die Gesamtkosten durch die Teilzahlung auf 262,40 Euro. Dieser Betrag soll in Prozent zum Bruttoverkaufspreis ausgedrückt werden:

$$2.499{,}00\ € \rightarrow 100\,\%$$
$$262{,}40\ € \rightarrow\ ?\,\%$$

$$?\,\% = \frac{262{,}40\ € \cdot 100\,\%}{2.499{,}00\ €} = 10{,}5\,\%\ \text{effektiver Zins}$$

Die Zinsbelastung p.a. beläuft sich auf 5,25 % $\left(\frac{10{,}5\,\%}{2}\right)$.

Eigentumsvorbehalt → §449 BGB

Der **Eigentumsvorbehalt** ist eine Kreditsicherheit für den Verkäufer. Der Käufer wird mit Vertragsabschluss zwar Besitzer der Ware, Eigentümer wird er aber erst, wenn er seine Verpflichtungen aus dem Vertrag erfüllt hat. Die Eigentumsvorbehaltsklausel sichert dem Verkäufer das Eigentum bis zur vollständigen Bezahlung.

Beispiel

Der Käufer eines Bohrhammers vereinbart einen Ratenkauf. Er gerät bei diesem Teilzahlungskauf mit seiner Rate in Verzug. Der Verkäufer kann jetzt die Herausgabe des Gerätes verlangen, da er noch Eigentümer ist. Der Käufer ist nur Besitzer.

Frist des Widerrufsrechts → §355 BGB

Durch einen Ratenkauf bindet sich der Verbraucher langfristig. Der Gesetzgeber räumt dem Verbraucher auf Grund der längerfristigen Bindung auch ein **Widerrufsrecht** ein. Die Frist des Widerrufsrechts beginnt mit dem Zeitpunkt, zu dem der Verkäufer den Käufer in Textform über das Widerrufsrecht aufklärt.

Widerrufsbelehrung

Jeder Kreditnehmer kann seine auf dem Abschluss des Kreditvertrages gerichtete Willenserklärung auch ohne Begründung innerhalb einer Frist von zwei Wochen in Textform (z. B. Brief, Fax) oder durch die Rücksendung/Rückgabe der finanzierten Sache widerrufen. Die Widerrufsfrist beginnt einen Tag, nachdem den Kreditnehmer diese Belehrung zur Verfügung gestellt und der schriftliche Kreditantrag oder eine Abschrift des Antrags ausgehändigt wurde. Zur Wahrung der Frist genügt die rechtliche Absendung des Widerrufs an die Beska GmbH, Tauentzienstr. 60, 10789 Berlin, Fax-Nr. 030/93614. Bei Rücksendung/Rückgabe der finanzierten Sache ist die Lieferfirma Empfänger. Im Fall des Widerrufs sind die Kreditnehmer auch nicht an den verbundenen Kaufvertrag und die evtl. Restschuldversicherung gebunden.

13. Mai 2005 Max Mustermann

Datum Unterschrift Kreditnehmer

Für den Fall, dass eine der obigen Vorschriften nicht eingehalten wird, ist das Ratenkreditgeschäft nichtig. Wurde allerdings die Ware ausgeliefert, obwohl der Vertrag nicht alle Inhaltspunkte enthielt, wird der Vertrag gültig. Allerdings gelten nun nicht die Vertragsinhalte, sondern allgemeine gesetzliche Inhalte für den Vertrag.

So wird der Barzahlungspreis jetzt nur mit einem gesetzlichen Zinssatz in Höhe von 4 % verzinst, wenn z. B. die Angabe des effektiven Zinssatzes oder des Teilzahlungspreises fehlte.

Rechtsfolgen des Teilzahlungsgeschäftes
→ § 502 (3) BGB

4.2 Finanzkauf

Beim Finanzkauf, der auch als finanzierter Abzahlungskauf bezeichnet wird, geht der Verbraucher **zwei Vertragsverhältnisse** ein.

- Er schließt einen Kaufvertrag für das gewünschte Produkt.
- Er schließt aber auch einen Konsumkreditvertrag entweder direkt mit dem Verkäufer oder auch mit einem Kreditinstitut.

Kaufvertrag
→ S. 28

In beiden Fällen sprechen die Juristen von verbundenen Verträgen. Für den Einzelhändler, bei dem der Kreditvertrag nicht unbedingt abgeschlossen wurde, ist das aber sehr wichtig.

Der Gesetzgeber hat nämlich im Bürgerlichen Gesetzbuch festgelegt, das beide Verträge voneinander abhängig sind. Das bedeutet: Widerruft der Kunde wirksam seinen Kaufvertrag, so ist auch der Kreditvertrag automatisch nicht mehr gültig (§ 358 (1) BGB). Widerruft der Kunde wirksam seinen Kreditvertrag, so ist andererseits auch der Kaufvertrag nicht mehr rechtswirksam (§ 358 (2) BGB).

Kaufvertrag und Kreditvertrag sind also insofern miteinander verbunden, als der Kunde die Ware ohne den Kredit nicht kaufen könnte. Anders ausgedrückt: Ohne Kaufvertrag kein Kreditvertrag.

Der Gesetzgeber sieht diese Verbundenheit immer dann als gegeben an, wenn beide Verträge eine so genannte wirtschaftliche Einheit bilden. Dies ist in der Regel immer dann anzunehmen, wenn der Einzelhändler entweder selbst den Kauf finanziert oder aber einen Kredit über eine Bank vermittelt (§ 358 (3) BGB).

Abschluss eines Finanzierungskaufs

5 Kunden in Begleitung

Lernsituation 73

Viele Kunden kaufen ungern allein ein. Dies kann verschiedene Gründe haben:
- Der Kunde erwartet Hilfe bei der Kaufentscheidung, z. B. durch einen begleitenden Fachberater.
- Es macht Kunden Spaß, mit Freunden oder dem Lebenspartnern einzukaufen.
- Der Kunde kann seine Kinder nicht alleine zu Hause lassen.
- Kinder gehen in Begleiter der Eltern einkaufen, da die Eltern als Geldgeber auftreten.
- Eine Anschaffung wird getätigt, bei der es sich um ein langlebiges und hochwertiges Gebrauchsgut handelt.

Für den Verkäufer bedeutet dies, sich auch auf die Begleitpersonen der Kunden einzulassen und diese gegebenenfalls in das Verkaufsgespräch mit einzubinden. Nur so erreicht der Verkäufer, dass alle am Verkaufsgespräch Beteiligten zufrieden sind und das Geschäft in positiver Erinnerung behalten. Der Verkäufer muss
- erkennen, um welche Art der Begleitung es sich handelt, und
- Strategien entwickeln, die Begleitung des Kunden so in das Verkaufsgespräch einzubinden, dass die Begleiter sich nicht als überflüssig oder als zu wenig beachtet empfinden.

Die Begleitpersonen haben mal mehr und mal weniger großen Einfluss auf die Kaufentscheidung des Kunden. Nach Möglichkeit sollten Sie die Begleiter in das Verkaufsgespräch mit einbeziehen. Daher ist es für Sie wichtig, die Begleitpersonen in ihren Rollen zu unterscheiden.

Interessierte Begleiter

Interessierte Begleiter erkennen Sie daran, dass sie sich an der Beratung beteiligen. Es kann vorkommen, dass Sie erkennen, dass der interessierte Begleiter keine fachliche Unterstützung für den Kunden ist. Binden Sie den interessierten Begleiter freundlich mit in das Verkaufsgespräch ein. Den interessierten, aber fachlich nicht informierten Begleiter sollten Sie auf keinen Fall belehren oder sogar bloßstellen. Wenden Sie hier die Strategien der Entkräftigung eines Kundeneinwands an und bleiben Sie dabei freundlich und höflich.

Beispiel

Begleiter: „Diese Outdoorjacke aus Goretex würde ich auf keinen Fall kaufen. Die kannst du (zur Kundin gerichtet) nicht in der Waschmaschine waschen."

Verkäufer: „Ja, da haben Sie Recht, vor nicht allzu langer Zeit war dies auch so. Aber schauen Sie, die Pflegeanleitung besagt, dass Sie die Jacken mit dem neuen Goretexmaterial ohne Bedenken in der Waschmaschine waschen können."

Desinteressierte Begleiter

Desinteressierte Begleiter stehen häufig abseits des Verkaufsgesprächs und versuchen, sich anderweitig zu beschäftigen. Sie beteiligen sich nicht am Verkaufsgespräch, können das Verkaufsgespräch aber durch ungeduldiges Verhalten stören. Um desinteressierte Begleitpersonen müssen Sie sich zunächst nicht kümmern. Dauert das Verkaufsgespräch allerdings ein wenig länger an und wird der Begleiter unruhig, bieten Sie ihm eine Möglichkeit des Sitzens oder machen Sie ihn auf das im Haus befindliche Restaurant aufmerksam.

Beispiel

Die Kundin Vera Diakathe ist bereits seit längerer Zeit mit ihrem Mann in der Beska GmbH auf der Suche nach einem Sommerkleid unterwegs. Sie hat schon mehrere Kleider anprobiert und kann sich nicht entscheiden.

Begleiter: „Jetzt reicht es mir. Ich habe keine Lust mehr. Vera, wir gehen!"

Verkäufer (zum Begleiter):„Wir haben im Haus ein wunderschönes Café, dort können Sie z.B. in Ruhe einen Kaffee oder einen Tee trinken. Wenn Sie dann zurückkommen, wird Ihre Frau ganz bestimmt fertig sein."

Kinder als Begleitpersonen

Kinder verlieren schnell die Geduld, fangen an zu quengeln oder gehen im gesamten Geschäft auf Entdeckungstour. Falls Sie eine Spielecke im Haus haben, zeigen Sie den Kindern diese Beschäftigungsmöglichkeit. Bieten Sie ansonsten Malutensilien oder Zeitschriften an. Haben die Eltern das Gefühl, dass ihre Kinder versorgt sind, konzentrieren sie sich wieder aufmerksamer auf das Verkaufsgespräch.

Beispiel

Herr und Frau Thönes sind mit ihren beiden Kindern zum Einkaufen in der Schuhabteilung der Beska GmbH unterwegs. Mittlerweile sind die Kinder nicht mehr sehr geduldig und fangen an zu nörgeln.

Verkäufer (zu den Kindern): „Ach, ich habe eine super Idee. Ich zeige euch unsere tolle Spielecke. Da ist für jeden etwas zum Spielen dabei. Kommt doch mal mit."

Fachlich informierte Begleiter

Das Verkaufspersonal erkennt den fachlich informierten Begleiter daran, dass er die Ware sehr gut kennt, sie erklären und bedienen kann. Er benutzt Fachausdrücke und prüft intensiv die vorgelegte Ware. Der Begleiter übernimmt gerne die Rolle des Verkäufers, indem er dem Kunden die Vor- und Nachteile der Ware erläutert. Gewinnen Sie diesen Begleiter als „Fachmann“ und binden Sie ihn geschickt in das Verkaufsgespräch mit ein. Nutzen Sie diesen Begleiter als Experten, indem Sie seine Argumente aufgreifen. Ziehen Sie seine Verkaufsargumente nochmals für Ihre Verkaufsargumentation heran.

Beispiel

Ein junges Paar ist in der Werkzeugabteilung der Beska GmbH unterwegs. Der Verkäuferin Pfeiffer wird schnell klar, dass die junge Dame für sich eine Bohrmaschine kaufen möchte.

Kundin: „Schau mal, diese Bohrmaschine sieht so aus, als wäre sie nicht so schwer.“

Verkäufer (zur Kundin): „Ja, das ist richtig. Es ist eine handliche Bohrmaschine und es ist ein Bohren ohne Kabel möglich, da es sich um eine Akkubohrmaschine handelt.“

Verkäufer (zum Begleiter): „Sie hat 24 V und besitzt eine Laufzeit von 12 Ah und die Maschine hat ein elektropneumatisches Schlagwerk.“

Mitglieder der Familie als Begleiter

Diese Begleitpersonen können auf den Kunden einen kaufpositiven wie auch einen kaufhemmenden Einfluss haben. Sie lehnen die Vorschläge des Verkäufers und/oder des Kunden ab oder stimmen ihnen zu. Nehmen Sie diese Begleiter sehr ernst. Sollte es sich bei einem Begleiter um den Partner des Kunden handeln, ergreifen Sie nicht den Standpunkt des Partners und mischen Sie sich nicht in Differenzen des Kunden und seines Partners ein. Streben Sie gemeinsam nach Mittelwegen. Ist die gesamte Familie an dem Einkauf beteiligt, binden Sie diese komplett in das Beratungsgespräch mit ein.

Beispiel

Frau Wilms ist mit ihrer Tochter und ihrem Sohn unterwegs, um Winterschuhe zu kaufen. Der Sohn möchte unbedingt die angesagten Schuhe der Marke „Tokkers“.

Verkäufer (an die gelangweilt wirkende ältere Schwester gerichtet): „Du findest die Farbe der ‚Tokkers‘ doch sicherlich auch gut, oder?“

Schwester „Ja, stimmt, die tragen die Jungs aus meiner Klasse alle.“

Verkäufer (zur Mutter): „Diese Farbe ist auch viel unempfindlicher, damit kann Ihr Sohn auch ruhig durch den Schnee gehen.“

6 Hochbetrieb

Das Verkaufen bei Hochbetrieb ist für das Verkaufspersonal eine große Herausforderung. Kunden besuchen das Geschäft eines Einzelhändlers während der Ladenöffnungszeiten nicht regelmäßig, sondern zu unterschiedlichen Zeiten. Allerdings gibt es im Einzelhandel so genannte **Stoßzeiten**, wo viele Kunden zugleich das Geschäft des Einzelhändlers frequentieren. Hochbetrieb herrscht beispielsweise vor anstehenden Festlichkeiten (Weihnachten, Silvester, Muttertag usw.), bei Sonderveranstaltungen, an Wochenenden und Aktionstagen. Stoßzeiten können bei dem Verkaufspersonal und bei den Kunden zu Ärgernissen führen.

Stoßzeiten

Ärgernisse für den Verkäufer

- Er verliert die Übersicht über die Reihenfolge der zu beratenden Kunden.
- Er muss mehrere Kunden gleichzeitig beraten.
- Er stellt fest, dass im Regal durch erhöhten Abverkauf Ware fehlt.

Folgen können sein

Der Verkäufer
- wird nervös und unkonzentriert,
- gerät unter Stress und wird ungerecht und
- fühlt sich unbehaglich und verliert die Lust am Beraten.

Ärgernisse für den Kunden

- Gedränge im Verkaufsraum
- Warteschlangen an den Kassen
- schlechtes Raumklima (zu heiß, schlechte Luft)

Folgen können sein:

Der Kunde
- wird nervös und folglich ungehalten,
- wird unruhig und
- schimpft auf den Verkäufer.

Es ist sehr wichtig, dass Sie das Geschäft und sich **auf Hochbetrieb vorbereiten**, um unangenehme Situationen zu vermeiden. So schaffen Sie es, eine angenehme Einkaufsatmosphäre zu bewirken und folglich den Umsatz des Einzelhandelsunternehmens zu sichern.

Da die Stoßzeiten für das Einzelhandelsunternehmen bekannt sind, sollten **organisatorische Vorbereitungen** im Vorfeld ergriffen werden: Beschäftigung zusätzlicher Verkaufskräfte, Öffnung mehrerer Kassen, ausreichend Wechselgeld bereitstellen und vermehrt Bereiche als Vorwahl und Selbstbedienung anbieten.

Das Verkaufspersonal ist ebenso über die Zeiten des Hochbetriebs informiert und kann **persönliche Vorbereitungen** treffen.

- Informieren Sie sich nochmals über die Ware im Sortiment, die Preise und die Sonderangebote.
- Füllen Sie rechtzeitig die Regale auf.
- Legen Sie sich genügend Verpackungsmaterial zurecht.
- Machen Sie vorzeitig Ihre Ware verkaufsfertig.

Verhalten des Verkäufers bei Hochbetrieb

Stellen Sie bei Hochbetrieb Ihre Kenntnisse und Ihre Fähigkeiten des Verkaufens unter Beweis. Beachten Sie dabei folgende Tipps:

1. Bleiben Sie ruhig, freundlich und gelassen!
   ➧ Die Kunden bleiben auch ruhiger!

2. Vermeiden Sie Tätigkeiten, die Sie auch noch später erledigen können!
   ➧ Der Kunde erhält somit keinen Anlass zur Kritik.

3. Beobachten Sie Ihre Kunden und beraten Sie in der richtigen Reihenfolge. Sollten Sie einmal nicht wissen, wer an der Reihe ist, fragen Sie freundlich nach: „Wen darf ich nun bedienen?“
   ➧ Der Kunde fühlt sich gerecht behandelt.

4. Ziehen Sie nie ohne vorherige Absprache mit den anderen wartenden Kunden einen Kunden vor.
   ➧ Der Kunde wird nicht verärgert.

5. Neu hinzukommende Kunden begrüßen Sie durch ein freundliches Zunicken.
   ➧ Der Kunde fühlt sich wahrgenommen.

6. Beschäftigen Sie wartende Kunden nach Möglichkeit mit der Ware.
   ➧ Der Kunde wird nicht ungeduldig.

7. Arbeiten Sie zügig!
   ➧ Der Kunde wird es dankend anerkennen.

Mehrfachbedienung

Wenn ein Kundenandrang im Hochbetrieb nicht mehr mit Einzelberatung bewältigt werden kann, sollte der Verkäufer versuchen, mehrere Kunden gleichzeitig zu bedienen.

Beispiel

Situationen, bei denen Mehrfachbedienungen sinnvoll sein können:

- Ein zweiter Kunde stört durch nervöses Verhalten.
- In der Zwischenzeit, in der ein Kunde probiert, testet, vergleicht oder in Ruhe auswählt.

Der Verkäufer sollte geschickt erkennen, ob das Kundenverhalten es zulässt, dass er zwei oder mehrere Kunden gleichzeitig beraten kann. Dazu muss sich der Verkäufer allerdings die Erlaubnis des ersten Kunden einholen. Sie bedanken sich bei dem ersten Kunden für sein Verständnis und wenden sich dann dem zweiten Kunden zu.

Beispiel

Drei Tage vor Muttertag in einer Parfümerie. Die Verkäuferin Janina Baer berät einen jungen Mann und mehrere Kunden warten ebenfalls auf ihre Beratung.

Verkäufer: „Vergleichen Sie doch in Ruhe die beiden Lippenstifte. Erlauben Sie, dass ich in dieser Zeit den nächsten Kunden bediene? Ich werde Ihnen selbstverständlich sofort wieder zur Verfügung stehen."

Sollten Sie keine Zustimmung von Ihrem ersten Kunden erhalten, seien Sie nicht verärgert. Bieten Sie Ihren wartenden Kunden die Möglichkeit, sich mit der Ware zu befassen, weisen Sie auf Sitz- und Erfrischungsmöglichkeiten hin. Somit können Sie diesen Kunden die Wartezeit etwas verschönern.

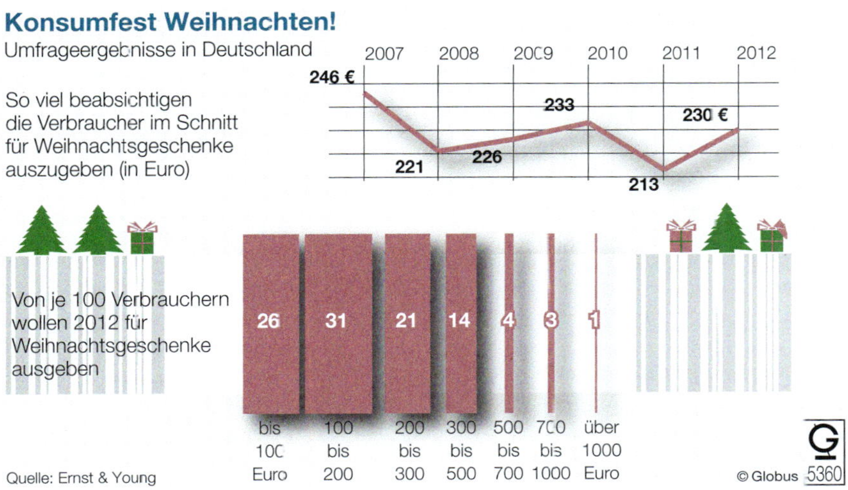

7 Beschwerden

Lernsituation 75

„Schon wieder so ein Nörgler, wie unangenehm und lästig“, mögen Sie im ersten Augenblick denken, wenn sich ein Kunde beschwert. Dabei sollten Sie jedem Kunden dankbar sein, der sich die Zeit nimmt, Ihnen den Grund für seinen Ärger zu nennen. Nur so können Sie ohne großen Aufwand Missstände in Ihrem Unternehmen erkennen. Wenn Sie mit Beschwerden richtig umgehen, schaffen Sie ein vertrauensvolles Verhältnis zwischen dem Kunden und Ihrem Unternehmen. Sie leisten damit einen wertvollen Beitrag zur **Kundenzufriedenheit** und **Kundenbindung**.

Kundenbeschwerden liefern Ihnen nicht nur Informationen über die im Unternehmen vorhandenen Schwachstellen, sondern sie geben auch Aufschluss über die Wünsche der Kunden.

Beispiel

Ein Kunde beschwert sich über nicht vorhandene Sitzgelegenheiten im Verkaufsraum.

Umgekehrt geht ein Kunde, der sich trotz seines Ärgers und seiner Unzufriedenheit nicht beschwert und direkt zum Mitbewerber abwandert, dem Geschäft für immer verloren. Vielleicht überträgt er seine Unzufriedenheit auf andere Personen im Freundes- und Bekanntenkreis, was dem gesamten Geschäftsimage schadet. Das Fernbleiben von Kunden bedeutet für den Einzelhändler nicht nur Umsatzeinbußen, sondern er erfährt auch nicht die Gründe für die Beanstandungen.

7.1 Gründe

Die Liste der Kundenbeschwerden ist lang:

Mangelhafte Lieferung → S. 36

Lieferungsverzug → S. 53

- Mängel an der Ware
- nicht oder zu spät erbrachte oder fehlerhafte Leistungen
- Fehlartikel
- überhöhtes Preisniveau
- falsche Preisauszeichnung
- Defizite in der Ladenausstattung
- unübersichtliche Warenpräsentation
- unzureichender Kundendienst

Auch das Einzelhandelspersonal kann Anlass zur Kritik geben. Kunden können sich über falsche Beratung, Unaufmerksamkeit und Unfreundlichkeit der Verkäufer oder das langsame Tempo bei der Bedienung oder dem Kassiervorgang beschweren.

Kaufvertrag → S. 28

Die häufigste Ursache für Beanstandungen ist die Ware, weil sie Fehler aufweist oder den Kundenerwartungen nicht entspricht. Eine effiziente Abwicklung solcher Reklamationen erfordert nicht nur viel psychologisches Geschick, sondern auch Kenntnisse im Kaufvertragsrecht.

7.2 Rechtslage bei fehlerfreier Ware

Kunden, die fehlerhafte Waren reklamieren oder den Wunsch nach Umtausch äußern, weil die Ware ihren Erwartungen nicht entspricht, gehen davon aus, dass ihre Forderungen gegenüber dem Geschäft berechtigt sind. Der Einzelhändler ist aber bei fehlerfreier Ware nur dann zur Rücknahme der Ware verpflichtet, wenn er oder der Gesetzgeber dem Kunden dieses Recht ausdrücklich zugesichert hat.

Ratenkauf
→ S. 132

Beispiel

- zugesichertes Umtauschrecht im Verkaufsgespräch
- Umtauschvermerk auf dem Kassenbon
- Rücktrittsrecht als Bestandteil des schriftlich abgeschlossenen Kaufvertrages

Außerdem ist ein Rückgaberecht für die Kunden bei Ratenkäufen, Haustürgeschäften und Fernabsatzgeschäften möglich. Das Widerrufsrecht für Verbraucher wird in § 505 BGB bei Ratenkaufverträgen und in § 312 BGB bei Haustürgeschäften festgelegt. Nach § 355 BGB muss der **Widerruf schriftlich** oder durch die **Rücksendung der Ware** innerhalb von zwei Wochen erfolgen. Der Verbraucher braucht keine Begründung für den Widerruf anzugeben.

Haustürgeschäft
Der Kaufvertrag wird an der Haustür des Käufers mit einem ambulanten Händler abgeschlossen.

Fernabsatzgeschäft
→ S. 27

Im Allgemeinen sind aber Umtauschwünsche bei einwandfreien Waren gesetzlich nicht berechtigt. Die meisten Einzelhändler sind jedoch bereit, den Wünschen ihrer Kunden entgegenzukommen, und tauschen die Ware um. Sie geben einen Preisnachlass, eine Gutschrift, der Kaufpreis wird mit einem anderen Artikel verrechnet oder der Kunde erhält den Kaufpreis zurück. Auch in den Fällen, in denen die Kunden die Berechtigung ihrer Forderungen nicht nachweisen können, weil z. B. der Kassenbon fehlt, wickeln viele Einzelhändler den Umtauschwunsch des Kunden großzügig ab. Diese Großzügigkeit nennt man **Kulanz**. Durch einen Kulanzumtausch von Artikeln, die nicht wieder verkauft werden können, entstehen dem Einzelhändler Verluste.

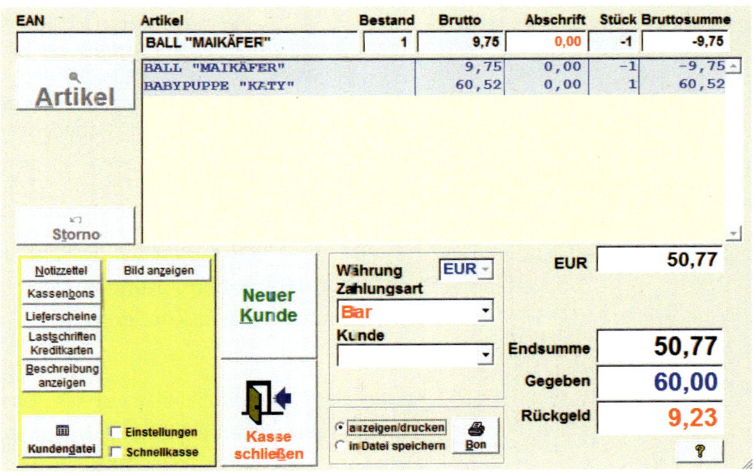

Buchung einer Gutschrift im Warenwirtschaftssystem E.V.A.

Beispiel

Waren, die
- aus hygienischen Gründen nicht wieder verkauft werden können: Bademoden und Dessous
- aus lebensmittelhygienischen Gründen nicht wieder verkauft werden dürfen: Brot und Backwaren aus der Bedienungstheke
- auf Kundenwunsch individuell zugeschnitten wurden: Meterware bei Stoffen oder Holzzuschnitte
- nicht nachprüfbar von Kunden beschädigt oder abgenutzt sein könnten: Batterien oder Tonträger

7.3 Rechtslage bei fehlerhafter Ware

Mangelhafte Lieferung
→ S. 36

Stellt der Kunde einen Mangel an der Ware fest, so reklamiert er diesen bei seinem Einzelhändler. Ihm stehen dann die Rechte aus der Sachmangelhaftung zu.

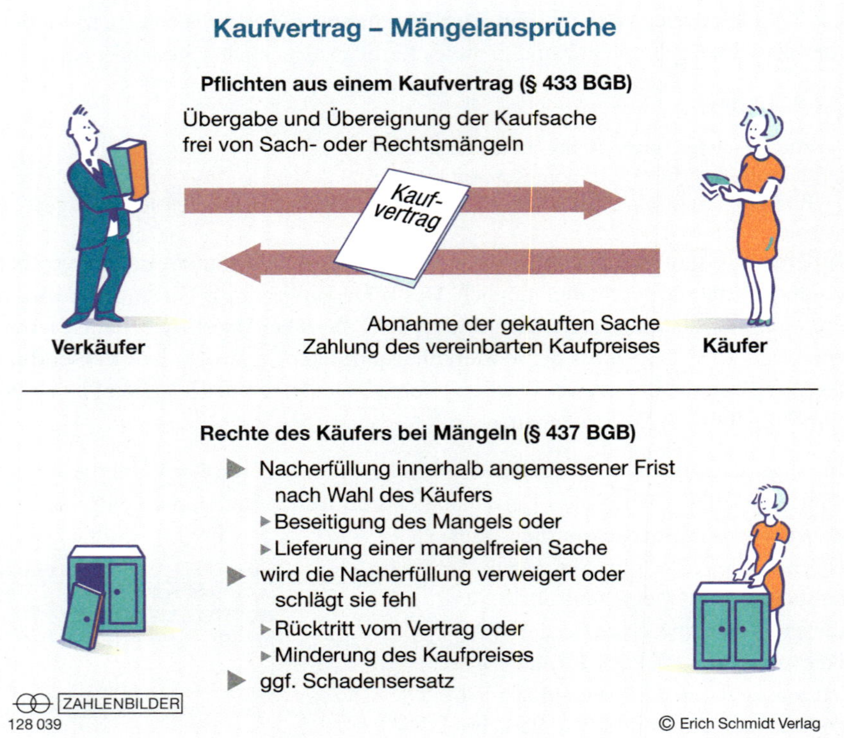

Haftung
→ § 1 ProdHaftG

Produk
→ § 2 ProdHaftG

Der Gesetzgeber hat aber für die Fälle, in denen die Mangelhaftigkeit der Ware zu weiteren Schäden beim Kunden führt, das **Produkthaftungsgesetz** (ProdHaftG) erlassen, welches dem Kunden weitere Rechte gegenüber dem Hersteller eines Produktes gewährt.

So legt das Gesetz beispielsweise fest, dass der Hersteller eines Produktes dem Kunden den Schaden zu ersetzen hat, der durch das fehlerhafte Produkt entstanden ist. Dabei spielt es keine Rolle, ob der Kunde selbst Schaden genommen hat oder eine andere Sache durch das Produkt beschädigt wurde. Als Produkt gilt jede bewegliche Sache, auch wenn sie Teil einer anderen beweglichen Sache ist. Ein fehlerhaftes Produkt liegt nach dem Gesetz immer dann vor, wenn das Produkt nicht die Sicherheit bietet, die man unter Berücksichtigung aller Umstände von diesem Produkt erwarten kann.

Beispiel

Der Lenker eines Fahrrades ist fehlerhaft produziert worden und bricht. Der Käufer des Fahrrades stürzt und verletzt sich.

Haftungshöchstbetrag
→ § 10 ProdHaftG

Je nach Art des Schadens stehen dem Kunden unterschiedlich hohe Schadenersatzansprüche zu. Der Höchstbetrag für Personenschäden liegt bei 85 Millionen Euro.

7.4 Bearbeitung der Beschwerde

Die Vorgehensweise beim Kulanzumtausch wird situationsbezogen entschieden und in jedem Unternehmen unterschiedlich gehandhabt. Deshalb gibt es dafür keine eindeutigen Regeln. Der Einzelhändler befindet sich bei einem freiwilligen Umtausch in einem Zielkonflikt zwischen einer kundenfreundlichen Regelung im Sinne der Kundenbindung und wirtschaftlichen Interessen.

Durch von Kunden zurückgebrachte Waren, die nicht wieder verkäuflich sind, entstehen dem Einzelhändler hohe Kosten, weil die Ware abgeschrieben werden muss. Ehe Sie bei solchen Umtauschwünschen eine Entscheidung treffen, sollten Sie jeden Einzelfall daraufhin überprüfen, ob die Ware noch verkäuflich ist. Wägen Sie die Kundenbindung und die Imagepflege des Einzelhandelsgeschäftes gegen die entstehenden Kosten ab. Bei offensichtlich übertriebenen Kundenansprüchen oder Verdacht auf Betrug können Sie den Kundenwunsch nach Umtausch oder Geldrückgabe höflich zurückweisen.

Abgeschrieben
Ware als Aufwand in der Finanzbuchhaltung berücksichtigen

Sollte der Kunde aber auf Grund von fehlerhafter Ware oder sonstigen Vereinbarungen ein Recht auf eine Reklamation haben, so hat sich im Allgemeinen die nachfolgende Vorgehensweise bewährt.

Schritte einer kundengerechten Reklamationsbearbeitung

Schritt 1	Schritt 2	Schritt 3	Schritt 4	Schritt 5
Beruhigen Sie den Kunden.	Zeigen Sie Verständnis.	Klären Sie den Sachverhalt.	Machen Sie Lösungsvorschläge und, wenn nötig, entschuldigen Sie sich.	Erledigen Sie alles sofort.

Schritt 1: Beruhigen Sie den Kunden

Reklamierende Kunden sind verärgert, weil die Ware, die Beratung oder der Kundendienst nicht ihren Erwartungen entsprochen hat. Auch haben sie sich die Mühe machen müssen, diese unangenehme Angelegenheit zu erledigen. Außerdem wissen sie nicht, ob sie sich mit ihren Forderungen gegenüber dem Einzelhändler durchsetzen können. Das alles macht sie aufgeregt, teilweise sogar aggressiv. Auf jeden Fall fühlen sie sich im Recht. Meistens werden deshalb Reklamationen von Kunden unsachlich und gefühlsbetont vorgetragen, manchmal auch lautstark und übertrieben.

Sicherlich ist es für den Verkäufer in dieser Situation nicht immer einfach, Ruhe zu bewahren, besonders, wenn sich die Kritik gegen das Verkäuferverhalten richtet. Um das Gespräch auf einer ruhigen und sachlichen Ebene zu führen, dürfen Sie auf keinen Fall den Kunden unterbrechen. Durch konzentriertes Zuhören werden Sie den objektiv sachlichen und den subjektiv gefühlsmäßigen Reklamationsgrund erfahren. Laute Reklamationsgespräche in Gegenwart anderer Kunden sollten Sie vermeiden. Der Reklamierende fühlt sich eventuell noch gestärkt, will auf sich aufmerksam machen und sich vor dem Publikum profilieren. In einem ruhigen Teil des Verkaufsraumes oder in einem Nebenraum kann das Gespräch in aller Ruhe fortgesetzt werden.

Schritt 2: Zeigen Sie Verständnis

Bei der Entgegennahme einer Reklamation sollten Sie, unabhängig davon, ob die Reklamation berechtigt ist oder nicht, dem Kunden das Gefühl geben, dass Sie seinen Ärger verstehen können. Dazu gehört auch, dass Sie das Anliegen des Kunden ernst nehmen und nicht „kleinreden".

Beispiel

Verkäufer: „ Es tut mir leid, dass Sie sich die Mühe machen mussten, deswegen noch einmal in die Stadt zu fahren."

Das ist kein Schuldeingeständnis, aber Sie machen deutlich, dass es auch in Ihrem Interesse liegt, eine gemeinsame, zufrieden stellende Lösung zu finden.

Schritt 3: Klären Sie den Sachverhalt

Bei der Überprüfung der Kundenansprüche sollte der Kunde sehen, dass der Reklamationsfall seriös abgewickelt wird. Dazu gehören
- die Kontrolle der Kaufdaten anhand des Kassenbelegs,
- die Überprüfung der mitgebrachten Ware auf die beanstandeten Mängel und
- die Nachforschung, ob dem Kunden gesonderte Rechte zugesichert wurden.

Um Missverständnisse zu vermeiden, sollten Sie Kundenaussagen noch einmal wiederholen lassen, bei Unklarheiten lieber noch einmal nachfragen und sich ggf. auch Einzelheiten notieren. Dadurch verschaffen Sie sich einen besseren Überblick über die Rechtslage und hüten sich vor einem vorschnellen Urteil. Gleichzeitig erkennt der Kunde, dass er seine Behauptungen beweisen muss, und er gewinnt den Eindruck, dass alles seriös abgewickelt wird.

Schritt 4: Machen Sie Lösungsvorschläge und entschuldigen Sie sich.

Mangelhafte Lieferung → S. 36

Ist die Beschwerde berechtigt, bitten Sie selbstverständlich den Kunden für die Unannehmlichkeiten um **Entschuldigung**. Dem Kunden steht in diesem Fall ein Wahlrecht zwischen einer Reparatur oder der Beschaffung einer neuen, einwandfreien Ware zu. Wenn der Kunde von diesem Wahlrecht nicht Gebrauch machen möchte, ist zu überlegen, ob Sie dem Kunden mehr entgegenkommen wollen, indem Sie einen Preisnachlass oder eine Geldrückgabe anbieten. Wirtschaftliche Gesichtspunkte müssen in die Überlegungen mit einfließen. Beachten Sie aber bei Ihren wirtschaftlichen Überlegungen nicht nur die reine Kostenseite eines Preisnachlasses. Denken Sie auch daran, wie teuer es für Sie wird, einen verärgerten bzw. nicht zufrieden gestellten Kunden zu verlieren. Gerade wenn es sich um einen Stammkunden handelt, ist ein größeres Entgegenkommen sicherlich angemessen.

Falls Sie das Problem selber nicht klären können, sichern Sie eine schnelle Lösung zu. Wenn Sie sich dazu einige schriftliche Notizen machen, erkennt der Kunde, dass Sie sich ernsthaft um eine Lösung bemühen. Notieren Sie sich von dem Kunden auch eine Telefonnummer, unter der er tagsüber am besten zu erreichen ist. Sagen Sie dem Kunden einen verbindlichen spätesten Termin zu, an dem Sie sich bei ihm melden werden. Auch wenn Sie zu diesem Zeitpunkt wider Erwarten das Problem noch nicht gelöst haben sollten, melden Sie sich dennoch beim Kunden und informieren ihn über den Stand der Dinge.

Schritt 5: Erledigen Sie alles sofort

Die mit dem Kunden vereinbarte Lösung muss sofort ausgeführt werden. Bei Umtausch und Geldrückgabe füllen Sie die entsprechenden Vordrucke aus und veranlassen das Vereinbarte. Eine Reparaturannahme muss schriftlich festgehalten und gleich weitergeleitet werden. Sie sollten sich für den Kunden sichtbar darum bemühen, dass die Dauer der Reparatur so kurz wie möglich gehalten wird. Vielleicht können Sie dem Kunden für die Überbrückungszeit eine Leihware zur Verfügung stellen. Der Kunde sieht, dass Sie sich korrekt verhalten, und kann wieder Vertrauen zu Ihrem Unternehmen fassen.

Nach der Verabschiedung des Kunden muss die nicht wiederverkäufliche Ware entsorgt und abgeschrieben oder, falls möglich, zum Lieferanten zurückgeschickt werden. Bei fehlerhafter Ware sollten Sie überprüfen, ob Sie die gleichen Artikel aus derselben Lieferung noch zum Verkauf anbieten und ob diese einwandfrei sind.

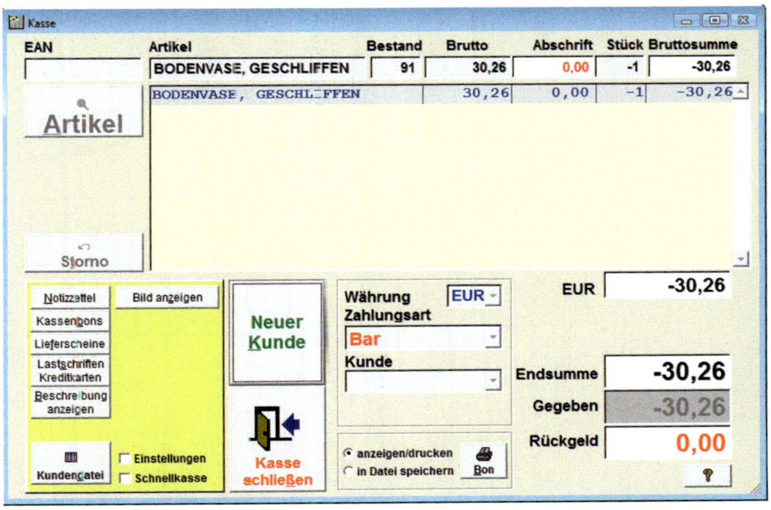

Buchung eines Umtausches im Warenwirtschaftssystem E.V.A.

7.5 Beschwerden dokumentieren und auswerten

Ein professioneller Umgang mit unzufriedenen Kunden kann sich nicht nur auf die Bewältigung der jeweiligen Situation beschränken, sondern die Beanstandungen der Kunden sollten systematisch dokumentiert und analysiert werden. Zur Erfassung der Schwachstellen werden in manchen Einzelhandelsbetrieben **Beschwerdelisten** geführt. Das Personal wird aufgefordert, alle Beanstandungen zu notieren. Dadurch können geeignete Gegenmaßnahmen zur Behebung der Missstände und zur Vorbeugung weiterer Reklamationen ergriffen werden.

Beschwerdelisten sind auch ein wesentlicher Bestandteil eines so genannten Beschwerdemanagements, welches in vielen Betrieben des Einzelhandels existiert. Neben diesen Listen ist häufig ein Ablaufplan zur Bewältigung von Beschwerden und Reklamationen Grundlage für das Beschwerdemanagement.

Der Ablaufplan zeichnet dem Mitarbeiter einen klaren Weg vor, wie er mit Beschwerden und Reklamationen umgehen kann. So werden in dem Plan auch Kompetenzen festgelegt, zu welchen Entscheidungen der Verkäufer z. B. im Rahmen einer Reklamation befugt ist.

Während beispielsweise bei einer eindeutigen Reklamation jeder Verkäufer die fehlerhafte und nicht mehr nachzubessernde Ware gegen eine neue Ware austauschen kann, wird diese Entscheidungsbefugnis bei einer Preisminderung nicht jedem Mitarbeiter zustehen. Häufig wird hier nur der Abteilungsleiter bzw. der Substitut befugt sein, über die Höhe der Preisminderung zu entscheiden. Diese Regelung ist sinnvoll, da der Verkäufer in der Regel nicht die genaue Kalkulation des Artikels kennt und somit seinen „Spielraum“ für Preisminderungen nur schwer einschätzen kann.

8 Ladendiebstähle

Lernsituation 76

Inventurdifferenzen
→ S. 60

Es gibt im Einzelhandel sicherlich wenige Unternehmen, die nicht unten den Schäden des Ladendiebstahls zu leiden haben. Ladendiebstähle verursachen jährlich hohe Inventurdifferenzen und somit Schäden in Millionenhöhe.

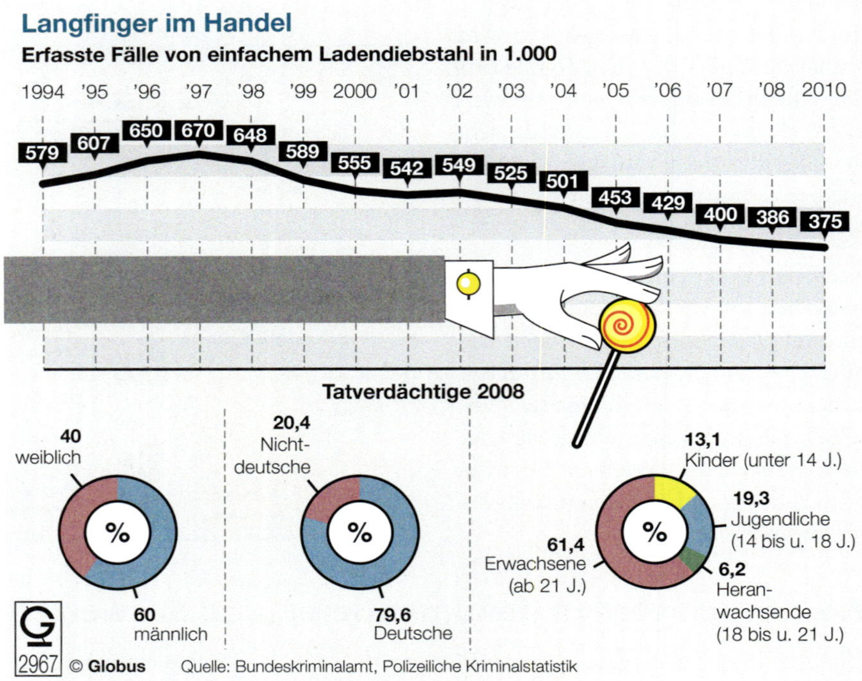

Es gibt verschiedene Gründe, warum gestohlen wird. Die Hauptgründe sind

- der Nervenkitzel,
- die Mutprobe unter Jugendlichen,
- die Beschaffung von Waren durch in Not geratene Menschen,
- die Neugierde,
- die Gelegenheit und
- die Kleptomanie.

Kleptomanie
zwanghafter Diebstahlstrieb

Ladendiebe kommen aus allen Altersgruppen und Bevölkerungsschichten. Unangenehm für alle Beteiligten wird es dann, wenn sich der Ladendieb als Kollege entpuppt oder der Dieb z. B. ein Lieferant des Hauses ist. In Deutschland handelt es sich eindeutig um eine Wohlstandskriminalität, da nur sehr wenige Diebstähle aus Hunger oder aus einem Leid heraus getätigt werden. Der Einzelhändler entdeckt Diebstähle häufig erst im Rahmen seiner regelmäßigen Inventuren, denn jeder Diebstahl führt zu Inventurdifferenzen.

Prävention
Vorbeugung
→ S. 150

Durch Diebstähle entstehen dem Einzelhändler Kosten, diese setzen sich aus dem Verlust der Waren und aus Maßnahmen zur Prävention zusammen. Die Kosten schlagen sich dann auf die Verkaufspreise nieder. Der Einzelhändler kann deshalb nicht tatenlos den Verlust seines Eigentums hinnehmen. Er muss sich über verschiedene Tricks und Methoden der Ladendiebe informieren und Präventivmaßnahmen durchführen.

8.1 Methoden und Tricks der Ladendiebe

Die Tricks der Ladendiebe werden immer gerissener. Ladendiebe sind kreativ, sie erfinden ständig neue Methoden.

Versteckmethode
Ladendiebe lassen die Ware gerne spurlos verschwinden. Waren verschwinden z. B. in großen Manteltaschen, der Einkaufstasche, der offenen Jacke, in Regenschirmen oder unter Kopfbedeckungen. Diese Methode wird häufig von Gelegenheitsdieben angewandt und kommt in ca. 90 % der Fälle zum Einsatz.

Umpackmethode
Bei dieser Methode wird der Inhalt eines Umkartons vertauscht. Eine hochwertige Ware befindet sich dann im Umkarton einer geringwertigen Ware. So bezahlt der Ladendieb an der Kasse beispielsweise nur ein günstiges Parfüm, verlässt das Geschäft aber mit einem sehr teueren Parfüm.

Schälmethode/Zwiebeltrick
Diese Methode ist im Textilbereich sehr beliebt. Der Dieb zieht in der Umkleidekabine mehrere Kleidungsstücke übereinander an. Sind die Kleidungsstücke nicht zusätzlich gesichert, reißt er die Etiketten ab und lässt sie hinter dem Spiegel in der Kabine verschwinden.

Ablenkmethode
Hier beteiligen sich mehrere Personen am Diebstahl. Eine Person lenkt das Verkaufspersonal ab, indem sie z. B. die Aufmerksamkeit des Verkaufspersonals auf sich zieht oder fragt nach einem Artikel, der aus dem Lager geholt werden muss. In der Zwischenzeit kann die andere Person den Ladendiebstahl begehen.

Kinderwagenmethode
Der Kinderwagen ist ein ausgetüfteltes Versteck für eine große Anzahl von Waren. Meist verwendet die Mutter bzw. der Vater die Ausrede: „Das gibt es doch nicht, was hat mein Kind denn da alles eingepackt?“ Die Beweislage wird so erschwert, da Minderjährige bis zum 14. Lebensjahr nicht strafbar sind.

Kassenbonmethode
Diese Methode ist in der Lebensmittelbranche gängig. Häufig werden die Kassenbons an der Kasse von den Kunden liegen gelassen. Der Ladendieb steckt sich diesen alten Kassenbon ein, geht durch den Verkaufsraum, sucht nach den eingetippten Preisen die Ware aus und packt sie in seine Tasche. Der Ladendieb gibt an der Kasse vor, ein Produkt vergessen zu haben, bezahlt das „neue“ Produkt, legt für den Rest den Kassenbon vor und verlässt das Geschäft. Häufig wird diese Methode auch bei Hochbetrieb praktiziert. Durch die nie ganz zu vermeidende Hektik bei Hochbetrieb, die eventuell wartenden anderen Kunden vor der Kasse und die dadurch bedingte zusätzliche Belastung des Verkaufs- bzw. Kassenpersonals machen es dem Ladendieb leichter, auch mit dieser Methode Erfolg zu haben.

Hochbetrieb → S. 139

8.2 Präventivmaßnahmen

Um Ladendiebstähle zu erschweren, gibt es eine ganze Reihe von vorbeugenden Maßnahmen. So können durch die Gestaltung des Verkaufsraums, durch technische Maßnahmen und durch entsprechendes Verhalten des Personals potenzielle Täter abgeschreckt werden.

8.2.1 Übersichtliche Verkaufsräume

Übersichtlich gestaltete Verkaufsräume verunsichern Ladendiebe und geben ihnen das Gefühl, unter permanenter Beobachtung zu stehen. Beachten Sie deshalb folgende ausgewählte Grundregeln, nach denen Verkaufsräume gestaltet sein sollten, um Ladendiebstähle zu verhindern.

- Versteckte Ecken und Winkel, die vom Verkaufspersonal schlecht oder gar nicht einsehbar sind, sollten vermieden werden.
- Lassen sich versteckte Ecken nicht vermeiden, dann sollten diese Ecken mit Lampen ausreichend beleuchtet werden.
- Gondeln und andere Warenträger sollten nicht höher als bis auf Augenhöhe aufgestellt und mit Waren gestapelt werden.
- Hochpreisige und diebstahlgefährdete Artikel sollten in Kassennähe, in Vitrinen, Automaten oder abschließbaren Behältern platziert werden.
- Umkleidekabinen sollten „einsehbar" sein, d. h., Türen und Vorhänge reichen nicht bis zum Boden. Außerdem sollten Umkleidekabinen so eingerichtet sein, dass sich Preisetiketten nicht verbergen lassen.
- Im Verkaufsraum bzw. in der Umkleidekabine sollte an einer auffälligen Stelle ein Hinweis zum Ladendiebstahl aushängen.
- Spiegel sollten zur besseren Beobachtung angebracht werden.

Schleuse am Ein- und Ausgang

8.2.2 Einsatz von Technik

Die übersichtliche und helle Gestaltung der Verkaufsräume kann Täter abschrecken, zusätzlich sollten aber technischer Hilfsmittel zur Prävention eingesetzt werden. Da die Einzelhandelsunternehmen unterschiedliche technische Hilfsmittel verwenden, werden im Folgenden nur einige vorgestellt.

Elektronische Artikelsicherung (EAS)
Bei diesem System sind an der Ware Sicherungsetiketten angebracht, welche einen akustischen oder optischen Alarm auslösen, wenn der Kunde ein so genanntes Detektionsfeld (z. B. Schleuse am Ein- und Ausgang) passiert. Sicherungsetiketten gibt es in Form von Hart-, Soft- und Papieretiketten. Diese werden beim Bezahlen der Ware an der Kasse vom Verkaufspersonal entfernt bzw. deaktiviert.

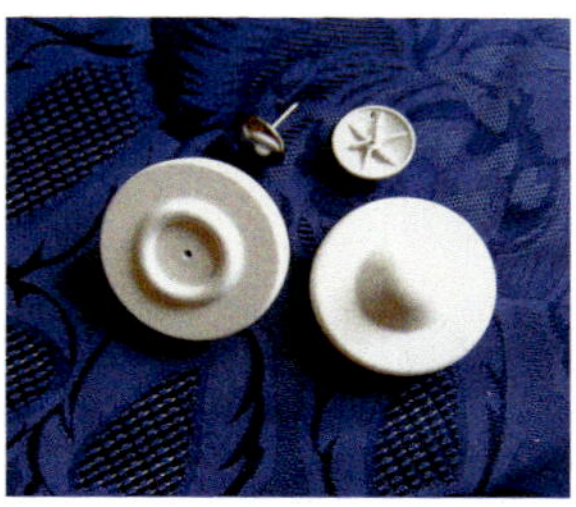

Hartetikett

Sportschuhsicherung

Softetikett

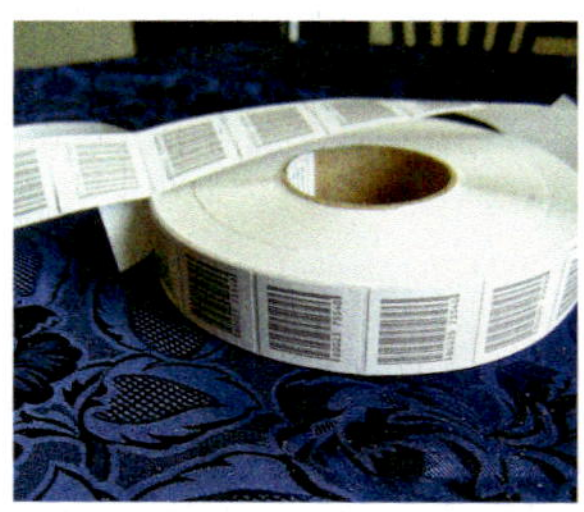

Papieretikett

Videoüberwachung

Bei der Videoüberwachung kann der Ladendieb identifiziert werden. Allerdings muss der Einzelhändler bei der Ausstattung des Geschäfts mit Kameras und Monitoren hohe Investitionen tätigen. Dagegen werden einige Ladendiebe durch sichtbare Installationen vom Stehlen abgeschreckt.

Quellensicherung

Bei der Quellensicherung werden die Sicherungsetiketten bereits vom Hersteller an der Ware angebracht. Wichtig ist, dass die Sicherung des Herstellers mit den Erfassungsgeräten des Einzelhandelsunternehmens übereinstimmen muss. Vorteilhaft ist hierbei, dass

- die manuelle Tätigkeit des Anbringens der Etiketten und das Lösen der Etiketten durch das Personal entfällt und
- der Täter nicht erkennt, ob die Ware gesichert ist oder nicht.

Hierbei kommt die so genannte **RFID**-Technik in Form von Etiketten zum Einsatz. Diese Technik wird bereits seit 1970 in der Wirtschaft eingesetzt. Die Abkürzung RFID steht dabei für **Radiofrequenz-Identifikation**. Durch diese Technik ist es möglich, Daten automatisch per Funk zu erfassen.

In den letzten Jahren hat der Handel die Vorteile dieser Technik erkannt und unter anderem auch für die Diebstahlsicherung eingesetzt. Große Handelskonzerne wie die Metro-Group arbeiten bereits heute daran, diese Technik auch für andere Bereiche des Handels, z. B. die Entwicklung umfangreicher Serviceangebote, zu nutzen. RFID-Etiketten sind winzige Computerchips, die mit Miniaturantennen versehen, an Produkten angebracht werden können, ohne dass sie mit bloßem Auge zu erkennen sind. Dieser Mikrochip enthält einen elektronischen Produktcode, der aussagekräftig ist, jedes weltweit hergestellte Produkt eindeutig zu identifizieren.

Die RFID umfasst

- den Transponder (RFID-Etikett),
- die Sende-Empfangs-Einheit (Reader) und
- die Zusammenführung mit Servern und anderen Systemen, z. B. Kassensystemen oder Warenwirtschaftssystemen.

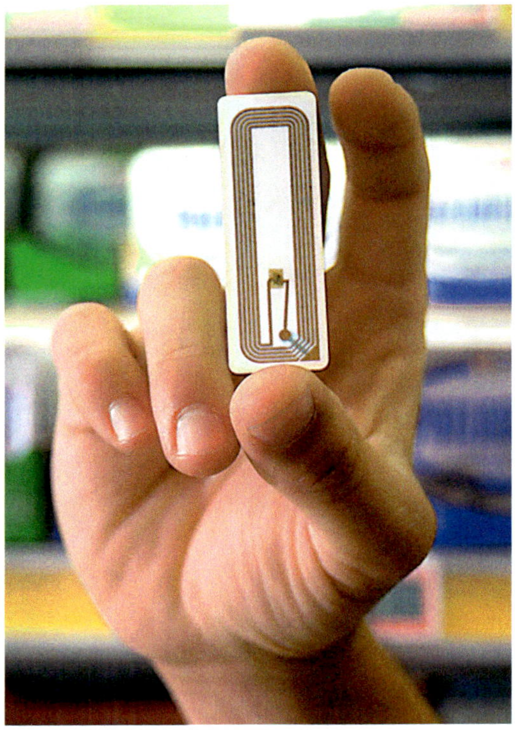

RFID-Transponder

Transponder
meist drahtloses Kontrollgerät, das eingehende Signale aufnimmt und automatisch darauf antwortet

Alle zur eindeutigen Identifizierung des Produktes notwendigen Daten werden auf dem RFID-Etikett gespeichert. Dieser elektronische Produktcode ermöglicht es dann, dass jeder einzelne Gegenstand seine eigene Identifikation erhält.

Mit der Hilfe dieser Transponder kann z. B. das Einkaufsverhalten der Verbraucher analysiert werden oder er wird zur Warendiebstahlsicherung eingesetzt, da jedes Produkt zu jeder Zeit genau lokalisierbar ist. Hingegen wird momentan das Recht des Verbrauchers auf Datenschutz diskutiert. Durch RFID kann der Weg einer Ware genau verfolgt werden. Für die mit RFID-Etiketten ausgestatteten Waren im Supermarkt müssen infolgedessen diese RFID-Transponder nach dem Kauf deaktiviert werden.

8.2.3 Verhalten des Personals

Durch regelmäßige Mitarbeiterschulungen wird das Verkaufspersonal ebenfalls auf die gängigsten Tricks und Methoden der Täter aufmerksam gemacht und sie werden geschult, wie es sich verhalten soll, um Ladendiebstähle zu verhindern bzw. wie sie sich verhalten sollen, wenn Sie einen Ladendieb auf frischer Tat ertappt haben.

Zunächst sollte das Verkaufspersonal folgende Präventivmaßnahmen ergreifen, um Ladendiebe von ihrer Tat abzuhalten.

Präventivmaßnahmen und ihre Wirkung

Präventivmaßnahmen	**Wirkung**
Suchen Sie häufig Blickkontakt zum Kunden.	Diebe werden nervös, beenden den möglichen Diebstahl.
Gehen Sie selbstbewusst auf Kunden zu, bei denen Sie Gefahr „spüren“, und sprechen Sie diese an. Beispiele • „Ich werde dir gerne beim Aussuchen der gewünschten Ware behilflich sein!“ • „Hallo, wonach sucht ihr denn? Ich werde euch gerne helfen!“	Diebe erkennen dies als Warnung und verlassen häufig das Geschäft.
Legen Sie nie zu viel Ware vor.	Sie geben dem Dieb keinen Anlass, die Unübersichtlichkeit zum Stehlen auszunutzen.
Nehmen Sie an einem Verhaltenstraining teil. Üben Sie dort den „Ernstfall“ in Rollenspielen!	Der Dieb ist überrascht durch Ihre fachmännische Vorgehensweise und lässt vom Betrügen ab oder gibt den Diebstahl zu.

Trotz aller Präventivmaßnahmen wird jeder Angestellte im Einzelhandel vermutlich irgendwann in seiner Verkaufstätigkeit mit einem Ladendiebstahl konfrontiert. Deshalb sollte jeder Beschäftigte wissen, was er unternehmen darf und muss, wenn er einen Ladendieb auf frischer Tat ertappt hat.

Grundsätzlich hat der Verkäufer hat eine „vorläufige Festnahmebefugnis“ nach § 127 **Strafprozessordnung** (StPO), wenn
- sich der Dieb nicht ausweisen kann,
- sich der Dieb weigert mitzukommen und/oder
- der Dieb fluchtverdächtig ist.

Beachten Sie dabei stets, dass der Zweck dieser Festnahme nur darin besteht, den Täter der Polizei zu übergeben! Das Recht der Festnahme erlischt, wenn der Dieb bereit ist, seine Personalien anzugeben. Außerdem genügt dringender Tatverdacht nicht zur vorläufigen Festnahme. Grundsätzlich sollten Sie den Dieb erst hinter der Kassenzone festhalten, so hat dieser nicht die Möglichkeit einer Ausrede. Festhalten heißt hier: Sprechen Sie den Dieb an! Und bevor Sie dies tun, rufen Sie zur Verstärkung einen Kollegen als Zeugen hinzu.

Beispiel

Verkäufer: „Guten Tag! Wir bitten Sie, mit uns in das Büro zu kommen!"

Ladendieb: „Wieso? Ich wollte gerade zur Kasse gehen und die Ware aufs Band legen."

Sie haben nun das Recht, dem Dieb den gestohlenen Artikel abzunehmen (§ 229 BGB). Sie sollten aber beachten, dass Taschenkontrollen nur mit Zustimmung des Diebs möglich sind. Rechtlich verboten ist die Leibeskontrolle. Diese obliegt lediglich der Polizei.

Selbsthilfe
→ § 229 BGB:
Notfalls darf dem Ladendieb die Ware vom Verkaufspersonal oder vom Detektiv abgenommen werden. Bei dringendem Tatverdacht darf der Ladendieb auch vorläufig bis zum Eintreffen der Polizei festgehalten werden.

Schalten Sie dann die Polizei ein, wenn
- sich der Dieb nicht ausweisen kann,
- er aggressiv wird,
- die Ware nicht „rausrücken" will,
- Ihnen der Dieb als Mehrfachtäter bekannt ist oder
- es sich um einen exklusiven Artikel handelt.

Solange sich der vermeintliche Dieb nicht ausweist, dürfen Sie ihn festhalten (§ 229 BGB). Natürlich sollten Sie sich dabei schon relativ sicher sein, dass Sie hier tatsächlich einen Dieb festhalten. Sollte sich nämlich herausstellen, dass Ihr Dieb unschuldig ist und Sie ihn „nur mal so" festgehalten haben, machen Sie sich eventuell schadenersatzpflichtig.

8.3 Rechtliche Auswirkungen für den Ladendieb

Da Ladendiebe den betrieblichen Ablauf in einem Einzelhandelsunternehmen wesentlich stören, darf der Einzelhändler vom Hausrecht Gebrauch machen und ein **Hausverbot** erteilen. Dies sollte immer zwischen dem Einzelhändler und dem Ladendieb schriftlich formuliert werden.

Des Weiteren kann der Einzelhändler nach geltender Rechtsprechung vom Ladendieb eine so genannte **Fangprämie** in Höhe von 25,00 Euro verlangen. Diese Prämie kann/wird Mitarbeitern oder Kunden bei Ergreifen eines Ladendiebs ausgehändigt.

Jeder Einzelhändler sollte einen Ladendieb schriftlich bei der Polizei anzeigen (**Strafanzeige**).

Da Kinder unter 14 Jahren strafunmündig sind, werden sie strafrechtlich nicht belangt. Hier sollten Sie aus erzieherischen Gründen auf jeden Fall die Eltern benachrichtigen. Jugendliche zwischen 14 und 18 Jahren und Heranwachsende (18 bis einschließlich 20 Jahre) können strafrechtlich zur Verantwortung gezogen werden. Je nach Höhe des Diebstahls und eventueller weiterer früherer Diebstähle kann dann vom Gericht ein Jugendarrest oder sogar eine Jugendstrafe von mindestens sechs Monaten verhängt werden. Ist allerdings das 21. Lebensjahr erreicht, so wird nach § 242 Strafgesetzbuch (StGB) nach dem Erwachsenen-Strafrecht verurteilt. Laut § 242 **Strafgesetzbuch** kann dies eine Geldstrafe oder eine Freiheitsstrafe bis zu fünf Jahren bedeuten.

9 „Erste Hilfe“ beim Telefonieren

Lernsituation 77

Jedes Einzelhandelsunternehmen ist heutzutage über das Telefon zu erreichen. Je nach Größe des Unternehmens kann es vorkommen, dass einzelne Mitarbeiter nur für die Annahme und Weiterleitung von Telefongesprächen eingeteilt werden. Unabhängig davon, ob Sie nun ständig in der Telefonzentrale sitzen oder nur zufällig an das Telefon gehen, sollten Sie immer in der Lage sein, dem Kunden auch am Telefon kompetent zu beraten und seine Fragen zu beantworten.

Hierbei kann die Beachtung der folgenden Tipps hilfreich sein:

- Informieren Sie sich über die **Handhabung des Telefons** bzw. der Telefonanlage und üben Sie deren Gebrauch.
- Falls nicht vorhanden, legen Sie sich eine **Liste der wichtigsten innerbetrieblichen Rufnummern und Durchwahlen** mit den entsprechenden Namen der dazugehörigen Abteilungen und Mitarbeiter an.
- Auch die Information über die tägliche Arbeitszeit Ihrer Kollegen kann nützlich sein, damit Sie Ihre Kunden bei einer Weiterleitung an einen anderen Apparat nicht unnötig am Telefon warten lassen müssen.
- Eine **aktuelle Sortiments- und Preisliste** hilft Ihnen in der Regel, alle diesbezüglichen Fragen Ihrer Kunden zu beantworten.
- Informieren Sie sich über **aktuelle Angebote und Sonderaktionen** in Ihrem Unternehmen. Legen Sie sich eine eventuelle Werbung oder aktuelle Prospekte neben das Telefon, um auch für diese häufige Art der Fragen vorbereitet zu sein.
- Halten Sie entsprechende **Formulare** bereit, um Bestellungen und Aufträge von Kunden aufzunehmen.
- Eine ausreichende Anzahl von **Notizzetteln und Stiften** hilft Ihnen, den Namen des Kunden und Informationen aus dem Telefongespräch direkt festzuhalten, ohne dass bestimmte Punkte vergessen werden können.
- Ebenso hat sich ein jederzeit griffbereiter **Kalender** als hilfreich erwiesen, wenn Fragen von Kunden hinsichtlich bestimmter Termine, zum Beispiel zum Eintreffen einer bestellten Ware, erfolgen.
- Nennen Sie, wenn Sie den Hörer abgenommen haben, zunächst den **Namen Ihres Unternehmens**, dann **Ihren Namen** und fragen Sie dann, wie Sie dem Kunden weiterhelfen können.
- Bleiben Sie bei allen Telefongesprächen stets **freundlich** und versuchen Sie, wenn möglich, den Kunden mit Ihren Antworten einen Besuch in Ihren Verkaufsräumen zu empfehlen.
- Hören Sie dem Kunden **aufmerksam** zu und wiederholen Sie das Wichtigste.
- Betrachten Sie das Telefon nicht als lästigen Störenfried, sondern als zusätzliche Möglichkeit, **Kontakt zu Ihren Kunden** aufzubauen.

Anhang

Grundsätzliches zum Thema „Lernen"

Lese- und Schreibtechniken

Lerntechniken

Kreativitätstechniken

Vortrags- und Präsentationstechniken

Arbeitsmethoden

Teamarbeit

Sprachkompetenz Englisch

1 Grundsätzliches zum Thema „Lernen“

Sie leben in einer Zeit, in der Wissen so schnell wächst und veraltet, dass Sie Ihr ganzes Leben lang immer wieder neu lernen müssen. Es reicht nicht aus, sich einmal das nötige Wissen anzueignen, um dann das ganze Leben davon zehren zu können. Sie müssen in der Lage sein, sich selbstständig und effektiv Wissen zu beschaffen, es anzuwenden und immer wieder auf Aktualität zu überprüfen. Dazu ist es nützlich zu verstehen, wie das Lernen überhaupt funktioniert und welche Hilfsmittel man einsetzen kann, um es so effektiv wie möglich zu gestalten.

1.1 Eine Einstellung zur Schule entwickeln

Jede Veränderung ist auch immer eine Chance, Dinge zu ändern, die man gerne ändern möchte. Oft wird diese Chance nicht genutzt; denn die Erfahrungen, die wir in der früheren Schule gemacht haben, beeinflussen unser Handeln auch an der neuen Schule. Machen Sie sich doch einmal bewusst, welche Erfahrungen Sie an früheren Schulen gemacht haben:

- Welche Gedanken verbinden Sie mit dem Wort Schule?
- Welche Situationen haben Sie an Ihrer früheren Schule gehasst, wann haben Sie sich wohl gefühlt?
- Welche Lehrer haben Sie in guter Erinnerung; was hat Ihnen an diesen Lehrern gefallen?
- Gab es Lieblingsfächer?
- Wie war Ihre Beziehung zu Ihren Mitschülern? Welche Rolle haben Sie in der Klasse gespielt (z. B. Pausenclown, Anführer, Schlichter)?
- Wie sah Ihr Nachmittag aus, mussten Sie lernen? Haben Sie das gerne getan? Wie viel Zeit haben die Hausaufgaben beansprucht?
- In welcher Erinnerung haben Sie Klassenarbeiten und Prüfungen: als Zusatzstress oder als etwas, das man locker packen kann?

Wichtig ist, dass Sie sich nicht nur die negativen Dinge in Erinnerung rufen, sondern gerade auch die Momente, in denen sie sich wohl gefühlt haben.

Welche Bedeutung die richtige Einstellung hat, zeigt sich am Vergleich zwischen Erfolg und Misserfolg: Wenn Sie Erfolg haben, fühlen Sie sich gut, lernen gerne, ernten Lob. Bei Misserfolg ist es genau andersherum: Alles fällt einem schwer, Sie brauchen für die einfachsten Dinge viel Zeit und haben das Gefühl, trotzdem nicht weiterzukommen. Deshalb ist es wichtig, dass Sie negativen Gedanken Mut machende (positive) Gedanken entgegenhalten.

Panikmacher	**Mutmacher**
Ich darf keinen Fehler machen.	Jeder Mensch macht Fehler.
Ich verstehe das sowieso nicht.	Ich muss einfach noch mal genau überlegen.
Mir gelingt überhaupt nichts.	Ich habe auch schon viel geschafft.
Ich kann das nicht.	Ich versuche das einfach mal.
Rechnen kann ich nicht.	Wenn ich übe, werde ich auch das hinbekommen.

1.2 Gedächtnisarten

Alles, was Sie lernen, muss Ihr Gedächtnis erst vom Ultrakurzzeitgedächtnis über das Kurzzeitgedächtnis ins Langzeitgedächtnis transportieren.

Das **Ultrakurzzeitgedächtnis** nimmt die Informationen auf, seine Speicherdauer ist sehr kurz. Es verankert nur die Informationen, denen eine gezielte Aufmerksamkeit bzw. Emotion zugewandt wird.

Das **Kurzzeitgedächtnis** speichert einen Teil des bereits bearbeiteten Informationsmaterials für einige Minuten ab. Dabei nimmt es vor allem visuelle und akustische Informationen auf. Um das Wissen nicht wieder zu verlieren, muss es durch wiederholtes Abrufen und das aktive Bearbeiten und Einbinden in bestehende Zusammenhänge verankert werden. Werden zu schnell neue Informationen aufgenommen, werden ältere, nicht verankerte Informationen ersetzt.

Fest gespeichertes Wissen befindet sich im **Langzeitgedächtnis**. Informationen werden erst dann abrufbar, wenn sie durch ähnliche Inhalte „angestoßen" werden. Lernprozesse, die sich auf vorhandenes Wissen beziehen, erfolgen schneller als bei völlig neuen Kontexten und Inhalten.

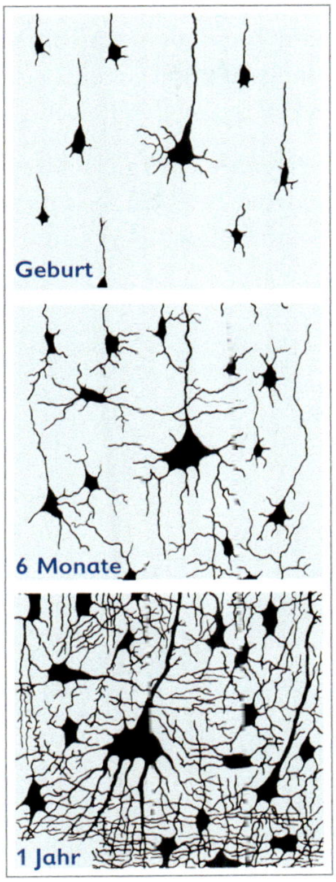

Ausschnitt aus der Großhirnrinde des Menschen: Bei der Geburt ist die Verbindung zwischen den Nervenzellen in der Großhirnrinde noch unvollständig. Erst wenn die Verknüpfungen ausgebildet sind, erreicht das Gehirn seine volle Leistungsfähigkeit.

1.3 Lerntypen

→ Arbeitsauftrag 5, S. 179

Wenn Sie bis heute schlechte Erfahrungen mit Schule und Lernen gemacht haben, kann das auch daran liegen, dass Sie falsch gelernt haben. Wenn Sie, z. B. vor Klassenarbeiten, viel lernen müssen, versuchen Sie sich durch möglichst abwechslungsreiche Aufgaben bei Laune zu halten. Dabei spielt es eine wichtige Rolle, welcher **Lerntyp** Sie sind:

- Der **Sehtyp** muss die Dinge mit den Augen erfassen. Er lernt am besten, wenn er den Stoff zu Bildern verarbeitet. Sind Sie ein Sehtyp, arbeiten Sie mit Schaubildern, Mindmaps, Diagrammen und Strukturbildern. Diese Arbeitstechnik nennt man visualisieren.
- Der **Hörtyp** muss etwas hören, damit er es sich merken kann. Er kann den Lernstoff z. B. auf eine Kassette sprechen, ihn sich laut vorlesen lassen oder, das ist vermutlich das einfachste, mit einem Mitschüler oder Mitbewohner darüber sprechen.
- Der **Handlungstyp** braucht viel Abwechslung. Alle Sinne müssen angesprochen werden. Er kann nicht stundenlang am Tisch sitzen, er bewegt sich beim Lernen, läuft im Zimmer hin und her und macht sich gelegentlich Notizen.

visualisieren (lat.)
optisch/bildlich darstellen

Überlegen Sie einmal, welcher Lerntyp Sie sein könnten und probieren Sie verschiedene Lernstrategien aus. Sie werden schnell merken, dass sich Ihre Freude am Lernen erhöht, wenn Sie die für Sie richtige Herangehensweise gefunden haben. Wahrscheinlich werden sich dann auch Ihre Ergebnisse verbessern.

1.4 Konzentration

Konzentration
die willentliche Ausrichtung und Einengung der Aufmerksamkeit auf einen bestimmten Gegenstand oder eine eng umgrenzte „Tätigkeit"
Quelle: Microsoft Encarta

Für die Informationsaufnahme ist die **Konzentrationsfähigkeit** entscheidend. Sie wird beeinflusst von Interesse, Bereitschaft und Notwendigkeit zu lernen, Stimmungslage und Gefühlen, gesundheitlichem Befinden und Lernumgebung mit ihren evtl. ablenkenden Reizen.

Getrennte Orte zur Freizeitgestaltung auf der einen Seite und zum Arbeiten auf der anderen Seite fördern die Konzentrationsfähigkeit. Der **Arbeitsplatz** sollte übersichtlich organisiert sein und das Lernmaterial sollte sich in Zugriffsnähe befinden. **Lärm** wirkt eher ablenkend, ausreichender Schlaf und frische Luft sowie eine ausgewogene und regelmäßige Ernährung sind der Konzentrationsfähigkeit zuträglich.

Ein heller, aufgeräumter und möglichst lärmarmer Arbeitsplatz unterstützt die Konzentrationsfähigkeit.

Konzentrationsfähigkeit kann **geübt** werden. Nicht immer ist es leicht, alle Nebengedanken und Störfaktoren auszublenden und sich ganz und gar auf eine Sache zu konzentrieren. Da gilt es, für die Erarbeitung einer Lernaufgabe eine vergleichbare Spannung zu entwickeln wie bei der Lösung eines Falles in einem Krimi. Eine **positive Haltung** zum Lernprozess und zur eigenen Leistungsfähigkeit sowie die weitestmögliche Befreiung von Zeitdruck sind wichtige Helfer.

Ein **klares Lernziel** vor Augen hilft, die Aufgabenstellung und den Weg, es zu erreichen, zu erfassen. Dabei sollte das Lernziel nicht zu weit gesteckt sein, das wirkt eher frustrierend. Realistische Lernziele motivieren da schon eher. Daher hilft eine Einteilung der angestrebten Hauptziele in **Teilziele**. Gerade das Lernen von trockenem Stoff wird dadurch erleichtert. Die Aufteilung des Lernstoffes in **überschaubare Etappen** verringert den Druck und ist daher effektiver als massives Lernen. Dabei sollte man allerdings **zeitliche Lerngrenzen** beachten: Wenn über die eigene Lerngrenze (oft bei ca. 60 – 90 Minuten) hinaus gelernt wird, kann ein Teil des zuvor aufgenommenen Wissens wieder verloren gehen.

Auch die **Abwechslung der Lernkanäle** wirkt sich positiv auf unsere Konzentrationsfähigkeit aus. Lernkanäle sind dabei als Zuflüsse zu unserem Gehirn zu verstehen, durch die Informationen in unser Gedächtnis gelangen. Man geht davon aus, dass verschiedene Lernkanäle unterschiedlich stark geeignet sind, Wissen zu speichern:
- Über den Lernkanal „Hören" behalten wir ca. 10 % des dargebotenen Lernstoffs,
- über den Lernkanal „Lesen" ca. 20 %,
- über den Lernkanal „Sehen" ca. 30 %,
- über die Kombination der Lernkanäle „Sehen und Hören" ca. 50 %,
- über den Lernkanal „Selbersagen" ca. 80 % und
- über den Lernkanal „Handeln" (selber etwas tun) ca. 90 %.

Für die Aufrechterhaltung oder Steigerung der Konzentration ist es sinnvoll, unter mehreren Lernkanälen abzuwechseln.

1.5 Zeitplanung

Am leichtesten gelingt die Zeitplanung mit Hilfe eines Lernplans (siehe Abbildung unten). Dort werden zunächst die **Ausbildungszeiten** (Theorie und Praxis) sowie weitere fixe **Wochentermine** (z. B. Sporttraining) eingetragen. In den Freiräumen werden dann die geplanten **Lernzeiten** farbig notiert.

Beim **Planen der Lernzeiten** ist es sinnvoll, sie gleich nach Themen zu strukturieren. Dabei sollte bedacht werden, dass nicht zu große Lernmengen auf einmal aufgenommen werden und dass vom Einfachen zum Schwierigen übergegangen wird. Auch bietet es sich an, zwischen Themen abzuwechseln, um so Ermüdung bzw. „Themenüberdruss" zu vermeiden.

Wichtig bei der Lernzeitenplanung ist die Berücksichtigung von **Pausen**. 10 % bis 30 % der Lernzeit sollten für Pausen verwendet werden. Hierbei lassen sich unterscheiden:

- Minipausen: Wenn die Gedanken in die Ferne schweifen, erholt sich das Gehirn für einen Moment und speichert die neuen Informationen ab.
- kleine Pausen von 3–5 Minuten nach ca. 30 Minuten
- Entspannungspausen möglichst außerhalb des Arbeitszimmers von 15–20 Minuten nach 90 Minuten
- ausführliche Erholungspausen mit einer völlig anderen Tätigkeit im Zeitrahmen von 1–3 Stunden nach ca. 4 Stunden Lernarbeit

	Montag	Dienstag	Mittwoch	Donnerstag	Freitag	Samstag	Sonntag
8:00–10:00							
10:00–12:00							
12:00–14:00							
14:00–16:00							
16:00–18:00							
18:00–20:00							
20:00–22:00							
Σ möglicher Lernzeiten							

Zeitplan zur Erfassung möglicher Lernzeiten (bei genauerer Konzeption einstündig anzulegen); Inhalte: feste Termine (wie Unterricht, Arbeitszeit), bevorzugte Pausenzeiten, Freizeitbeschäftigung usw.

Um z. B. während der Prüfungszeit den anfallenden **Lernaufwand effektiv zu planen**, hat sich die **ALPEN**-Methode bewährt:

A – Aufgaben notieren
L – Länge des Zeitbedarfs für die einzelnen Schritte und die Gesamtvorbereitung abschätzen
P – Pausen und Pufferzeiten für Unvorhergesehenes einplanen
E – Entscheidungen über Prioritäten treffen
N – Nachkontrolle, ob alle geplanten Aufgaben erledigt wurden; ggf. neue Planung für Unerledigtes

1.6 Arbeits- und Organisationsmittel

Wenn Sie Ihre Arbeit gut planen und Informationen übersichtlich strukturieren, wird das Ihren Schulalltag enorm vereinfachen. Einfache, aber äußerst Zeit sparende Hilfsmittel hierzu sind das Lerntagebuch und ein gut durchdachtes Ordnersystem.

Lerntagebuch

Das Lerntagebuch kann zu einem treuen Ausbildungsbegleiter werden. In ihm wird der Lernstand möglichst täglich, mindestens aber wöchentlich aufgezeichnet. In Kürze werden der gelernte Stoff sowie außerdem offenstehende Fragen und Unklarheiten festgehalten. Die Einträge können kurz sein und aufs Wesentliche beschränkt werden. Ein Zeitrahmen von fünf bis zehn Minuten reicht für die Eintragungen zumeist aus. Ein Heft oder ein fester Ordner garantieren, dass die Notizen wiedergefunden werden.

Wie das Tagebuch formal angelegt wird, entscheidet sich nach den eigenen Bedürfnissen und Ideen. Fragen wie die folgenden werden als Mittel der Strukturierung genutzt:

- „Was habe ich heute getan und was habe ich dabei gelernt?“
- „Was werde ich wie weiterhin umsetzen?“
- „Welche Fragen stehen noch offen, was muss ich nachschlagen?“

→ Arbeitsauftrag 6, S. 179

Ordner

Im Laufe Ihrer Zeit in der Berufsausbildung erstellen und sammeln Sie eine Vielzahl an Informationsmaterialien. Wichtig für das schnelle Auffinden der Informationen ist der Einsatz eines Ordnersystems.

Sie benötigen dazu:

- 1 Aktenordner, 8 cm breit
- 20 Trennblätter zum Selbstausschneiden von Registertasten, evtl. in verschiedenen Farben
- 10 Prospekthüllen/Klarsichthüllen
- 1 A–Z-Register.

Und so wird's gemacht

- **Register schneiden:** Hängen Sie alle 20 Blätter in den Ordner ein. Es wird vom letzten Blatt nach vorn gearbeitet. Blatt 20 bleibt unberührt. Von Blatt 19 wird das unterste Zwanzigstel abgeschnitten, von Blatt 18 zwei Zwanzigstel und immer so weiter. Am Deckblatt muss oben ein Zwanzigstel stehen bleiben.
- **Struktur überlegen und Register beschriften:** Machen Sie sich klar, wie Sie Ihren Ordner gerne strukturieren möchten. Im ersten Jahr böte es sich z. B. an, den Lernfeldern 1–5 jeweils ein eigenes Trennblatt zuzuordnen. Danach folgt das A–Z-Register, dort hängen Sie zusätzliche Informationen, wie z. B. allgemeine Informationen zu Ausbildungsbetrieb und Berufsschule, ein.
- **Inhaltsverzeichnis anlegen:** Kleben Sie ein Inhaltsverzeichnis auf die vordere Innenseite des Ordners.

Die Prospekthüllen sind für Unterlagen vorgesehen, die nicht gelocht werden dürfen.

1.7 Informationsquellen

Als Arbeitsgrundlage im Unterricht dient i. d. R. ein bestimmtes Lehrbuch. Es hilft bei der Orientierung in neuen Wissensgebieten und beim Verstehen und Lernen komplexer Zusammenhänge. Außerdem ist es hilfreich, wenn Sie auch in der Lage sind, sich Erklärungen oder weiterführende Informationen selbst zu beschaffen.

Um Beiträge zu bestimmten Themen zu finden, stehen eine Vielzahl von Publikationsformen zur Verfügung, z. B. Bücher, (Lexika, Enzyklopädien, Fachbücher, Monografien), Zeitschriftenartikel oder Manuskripte. Für eine einfache Recherche reicht es i. d. R. aus, sich auf Bücher und Zeitschriftenartikel zu beschränken.

Recherche in der Bibliothek

Der Besuch einer Bibliothek kann eine wertvolle Erfahrung sein. Neben Büchern bieten Bibliotheken eine Vielzahl von Medien. Bibliotheken sind komplexe Gebilde mit einer eigenen Systematik. Möchte man regelmäßig die Dienste einer Bibliothek nutzen, empfiehlt sich die Teilnahme an einer Bibliotheksführung, um wirklich alle Ressourcen ausschöpfen zu können.

Internetgestützte Recherche

Um auf die beinahe unbegrenzte Informationsfülle des World Wide Web (WWW) zurückgreifen zu können, ist ein unbefangener Umgang mit dem Computer sehr hilfreich. Der Computer dient als Medium, um auf Netzwerke und Datenbanken zugreifen zu können. Suchmaschinen helfen dabei, gezielt Informationen zu finden.

→ Arbeitsauftrag 8, S. 179

Um sich einen Überblick über ein Thema zu verschaffen und Suchbegriffe zu einem Thema zu sammeln, bietet es sich an, erst einmal die allgemeinen Suchmaschinen zu nutzen. Sie verweisen z. B. auf Verbände oder Initiativen sowie wissenschaftliche Einrichtungen, die sich mit dem Suchthema befassen. Häufig findet man auf deren Internetseiten bereits einschlägige Artikel oder Internetverweise (Links) zu anderen relevanten Seiten. Diese Form der Suche bietet jedoch wirklich nur einen ersten Überblick, da die Informationen nur in eine bestimmte Richtung gehen oder gar falsch sein können.

Beurteilung von Internetartikeln

Im Internet finden sich Milliarden von Texten. Diese sind von sehr unterschiedlicher Qualität. Es gibt keine Kontrollinstanz, die die Qualität von Dokumenten automatisch überprüft. Experten gehen davon aus, dass ca. 90 % der Informationen im Internet als Datenmüll bezeichnet werden können. Deshalb reicht ein oberflächliches Surfen nicht aus. Um zu verhindern, dass Dinge gelernt werden, die falsch oder veraltet sind, gilt es, zuverlässige Daten zu finden. Durch die richtigen Suchbegriffe und deren Verknüpfung kann die Menge an Treffern bereits gesteuert und reduziert werden. Doch um die gefundenen Dateien verwenden zu können, müssen sie kritisch beurteilt werden. Dieser Prozess kann deutlich länger dauern als die Suche selbst, ist jedoch in jedem Falle notwendig und kann trainiert werden.

2 Lese- und Schreibtechniken

Lesen und Schreiben sind grundlegende Fertigkeiten, die zum Alltag dazu gehören. Doch darüber hinaus ist es möglich, durch den Einsatz der hier vorgestellten Techniken die Effizienz beim Lesen und Schreiben wesentlich zu steigern.

2.1 Fünf-Schritt-Lese- und Erarbeitungstechnik

Wenn Sie einen Text ohne Vorüberlegung lesen, ist es wahrscheinlich, dass Sie bis zu 90 % des Textes hinterher sofort aus dem Kurzzeitgedächtnis heraus vergessen. Wenn Sie die im Folgenden vorgestellte Fünf-Schritt-Lese- und Erarbeitungstechnik anwenden, können Sie die Behaltensquote erheblich steigern.

Vorgehensweise/Regeln

1. **Überblick verschaffen:** Der Text wird zur Orientierung mit Blick auf Kapitelüberschriften, Untertitel, Zusammenfassungen oder Hervorhebungen im Fließtext überflogen.

2. **Fragen stellen:** Formulieren Sie Fragen, die Ihnen der Text beantworten kann. Schreiben Sie Ihre Fragen auf einen separaten Zettel.

3. **Text mit Zielsetzung lesen:** Jetzt setzen Sie mit Stift und Markern Markierungen. Beantworten Sie auch die in Punkt 2 gestellten Fragen. Notieren Sie sich Kernaussagen und schlagen Sie unbekannte Wörter in einem Fachbuch nach.

4. **Text zusammenfassen:** Fassen Sie den gelesenen Textabschnitt in eigenen Worten zusammen und reduzieren Sie die Informationen auf das Wesentlichste.

5. **Text wiederholen:** Wiederholen Sie die wichtigsten Aussagen und Informationen des Textes. Hierbei berücksichtigen Sie die anfangs formulierten Fragen und Markierungen, die Sie während der Textbearbeitung eventuell vorgenommen haben. Stellen Sie sich z. B. die Frage: „Was habe ich Neues erarbeitet?"

2.2 Mitschriften und Protokolle

Mitschriften im Unterricht oder bei einer Gruppenarbeit halten wesentliche Inhalte der Veranstaltung fest. Sie sind ein erster Schritt der Informationsverarbeitung. Daher ist es sinnvoll, dass sie nach bestimmten Kriterien erfolgen. Ziel ist es nicht, jedes Wort der Sicherheit halber zu Papier zu bringen, sondern aktiv zu entscheiden, welche Information relevant und von Dauer ist. So wird das Gedächtnis entlastet, die Konzentration erhöht und das Verständnis erleichtert. Je übersichtlicher und strukturierter eine Mitschrift ist, desto hilfreicher ist sie. Mitgeschrieben werden Informationen,

- die evtl. nur an dieser Stelle in dieser Form vermittelt werden,
- auf die die Vortragenden ihre Betonung legen und
- die für den eigenen Lernprozess oder Themengebiete, mit denen man sich auseinandersetzt, relevant sind.

Außerdem werden festgehalten:

- Grundaussagen, Schwerpunkte, Fachbegriffe und Definitionen
- wesentliche Argumente, die die Sprechenden zu ihrer Sicht auf die dargestellten Dinge veranlassten
- Daten, die das Dargestellte unterstreichen und untermauern

Es müssen keine vollständigen Sätze formuliert werden, Stichworte reichen oft aus. Häufig auftretende Begriffe können abgekürzt werden. Um sich nicht verwirren zu lassen, ist es sinnvoll, von Anfang an die in der Fachsprache gängigen Abkürzungen zu nutzen und keine eigenen zu entwickeln.

Zur besseren Übersicht, und damit man zur Prüfungsvorbereitung nicht vor einem Rätselberg steht, hilft die stringente Beschriftung von Mitschriften und ausgeteilten Kopien mit Datum, Themenbereich und/oder Lerneinheit, Thema und Namen des Lehrers. Ein erster Schritt zum Lernerfolg ist die Aufarbeitung der Mitschrift zu Hause. Dabei werden die Inhalte der Mitschrift abgeglichen und evtl. in eine lesbarere Form gebracht.

Protokolle fixieren Ergebnisse einer Sitzung oder einer Gruppenarbeit und stehen im Gegensatz zur Mitschrift der „Öffentlichkeit" (i. d. R. die Teilnehmenden) zur Verfügung. Schon aus diesem Grund müssen sie einer gewissen Form folgen. In Protokollen wird neben den Namen der Anwesenden und den wesentlichen Inhalten (Tagesordnungspunkte = TOPs) festgehalten, wer in der Sitzung/Gruppenarbeit welche Aufgaben übernommen hat und bis wann diese zu erledigen sind. Außerdem werden Beschlüsse notiert. Ein Ergebnisprotokoll enthält nicht jeden einzelnen Schritt der Sitzung, sondern die wesentlichen Beiträge, Erkenntnisse und Pläne in Stichpunkten oder Sätzen. Die Inhalte müssen im Gegensatz zum Verlaufsprotokoll nicht streng chronologisch angeordnet sein. Das Protokoll wird häufig als Einstieg in die nächste Sitzung gemeinsam besprochen. Dabei aufgedeckte Fehler oder Missverständnisse werden umgehend verbessert.

Notebooks ermöglichen heute, Mitschriften und Protokolle bereits während des Unterrichts direkt in eine Datei einzugeben. Dies sollte jedoch nur dann erfolgen, wenn der Nutzer sicher im Umgang mit der Technik und idealerweise sehr schnell im Tippen ist, um sich nicht von wesentlichen Inhalten ablenken zu lassen.

3 Lerntechniken

Lerntechniken können Ihnen dabei helfen, sich die vielen Informationen, die Sie in der Berufsschule und im Ausbildungsbetrieb aufnehmen, besser zu merken. Bewährt haben sich dabei die Lernkartei, die vor allem der Wissensspeicherung dient, und die Mindmap, mit deren Hilfe komplexe Zusammenhänge optisch dargestellt werden können.

3.1 Lernkartei

Eine gute Alternative zur hier vorgestellten Lernkartei ist speziell für Ihre Ausbildungsinhalte „Recall – Die digitale Lernkartei".

Dass Vokabelhefte beim Erlernen neuer Begriffe hilfreich sein können, dürfte den meisten Leserinnen noch aus ihrer Schulzeit bekannt sein. Vom Prinzip her ähnlich, aber in der Umsetzung differenzierter, ist das Lernen mit Karteikarten. Und das kann so funktionieren:

Vorgehensweise/Regeln

- Man kauft sich DIN-A6-Karten sowie einen Karteikasten (alternativ lassen sich auch Geschenk- oder Fotoboxen nutzen).
- Man nimmt die Karten wie ein Vokabelheft in den Unterricht mit.
- Taucht ein unbekannter/neuer Begriff auf, notiert man ihn, erfragt seine Bedeutung und schreibt sie auf die Karteikarte.
- Zu Hause vervollständigt man dann die Karteikarte, indem man eine Kopfzeile anlegt und Verweise zur Fachliteratur einträgt. Dies geschieht ähnlich wie bei Spielquizkarten: Die Vorderseite versieht man mit einem Stichwort, auf der Rückseite hält man die Übersetzung, Zusammenhänge und Zusatzinformationen fest.
- Möchte man nun gezielt mit den Karteikarten lernen, steckt man die Karten mit neuen Informationen jeweils in das hinterste von vier Fächern (Fach 0). Hat man den Inhalt einer Karte gut verinnerlicht, kommt die Karte in das davor liegende Fach (Fach 1). Diejenigen, die nicht gewusst wurden, gehen zurück in das hinterste Fach. Bei einer weiteren Wiederholung kommen die gewussten Karten wieder ein Fach nach vorn (Fach 2) und die noch zu lernenden ein Fach zurück. Der Prozess ist mit Erfolg abgeschlossen, wenn alle Karten im vordersten Fach sind.

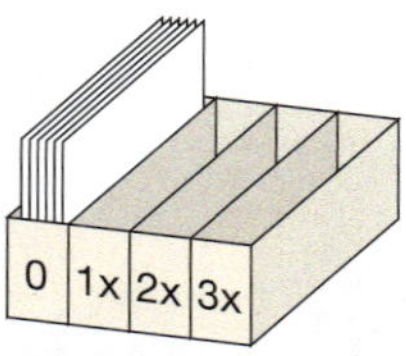

Alle Karten mit neuen Informationen werden in das hinterste Fach (Fach 0) gesteckt.

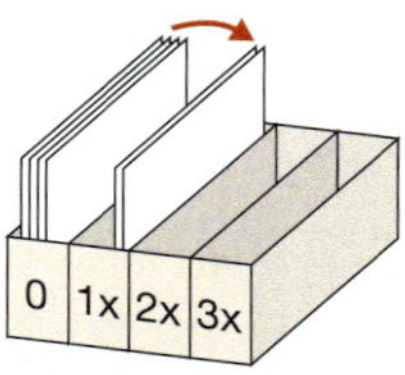

Sobald der Inhalt der Karteikarte gewusst wird, kommt sie in das dahinter liegende Fach.

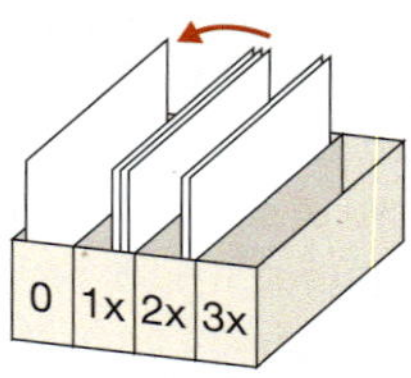

Wenn die Inhalte aus dem 2. Fach wiederholt werden, wandern diejenigen Karteikarten, deren Inhalt gewusst wurde, ein Fach weiter. Diejenigen Inhalte, die nicht gewusst wurden, kommen zurück in das Fach 0.

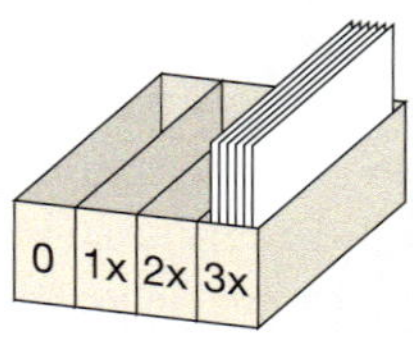

Dieser Vorgang wird so lange wiederholt, bis alle Karten im letzten Fach sind.

3.2 Mindmap

→ Arbeitsauftrag 2, S. 178

Eine Mindmap soll komplexe Zusammenhänge visualisieren. Sie kann ständig geändert und erweitert werden. Eine Mindmap verknüpft Gedanken, Gefühle und Ideen mit Hilfe von Zeichnungen und kurzen Sätzen. Diese Visualisierungsform verbindet sprachliches und bildhaftes Denken, wodurch die gesamte Kapazität der beiden Gehirnhälften genutzt wird.

Mindmap
gedankliche Landkarte

linke Gehirnhälfte (analytisches Denken): zuständig für Logik, Ordnung, Zahlen, Sprache

rechte Gehirnhälfte (bildliche Vorstellungskraft): zuständig für Farben, Fantasie, Musik, Bilder

Mindmaps können vielfältig eingesetzt werden:
- Informationen ordnen, gliedern und auswerten
- Zusammenfassung von Vorträgen
- Vorbereitung für Fachberichte
- Vorbereitung auf Klassenarbeiten, Prüfungen
- Planen von Projekten

Vorgehensweise/Regeln
- Verwenden Sie ein unliniertes Blatt Papier.
- Nutzen Sie das Blatt im Querformat.
- Breiten Sie die Mindmap von der Blattmitte über das gesamte Blatt aus.
- Schreiben Sie in den Mittelpunkt das Thema.
- Notieren Sie Ihre Ideen in knappen, schlagwortartigen Formulierungen.
- Schreiben Sie diese Ideen (= dem Hauptthema untergeordnete Schlüsselbegriffe) auf Linien (= Zweige).
- Diesen Linien können Sie weitere Verästelungen hinzufügen.
- Ideen, Schlüsselbegriffe schreiben Sie als Druckbuchstaben.
- Geben Sie Ihrer Mindmap Ausdruck durch Einfügen von Symbolen, kleinen Grafiken u. Ä.

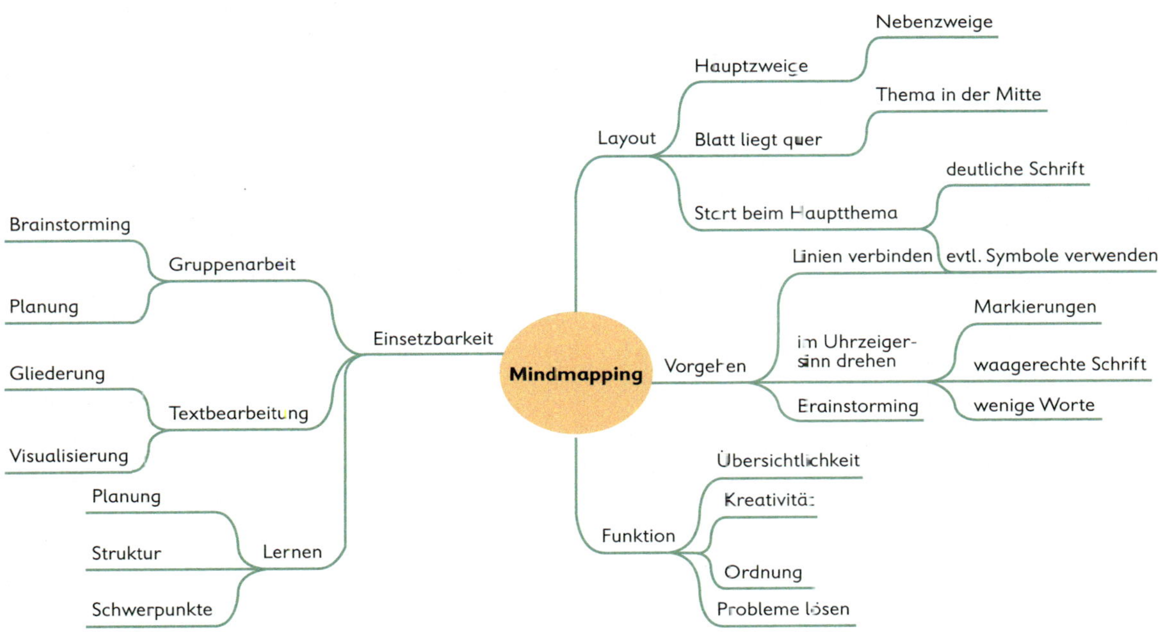

4 Kreativitätstechniken

→ Arbeitsauftrag 1, S. 178

4.1 Brainstorming

Mit Hilfe eines Brainstormings (= „Gedankensturm“) sollen innerhalb kurzer Zeit möglichst viele Lösungsvorschläge, Ideen usw. zu einem vorgegebenen Thema gesammelt werden.

Vorgehensweise/Regeln

- Verwenden Sie ein Blatt Papier, die Tafel, ein Flipchart o. Ä.
- Schreiben Sie das Thema auf.
- Sammeln Sie alle Gedanken, die Sie haben, und halten Sie diese schriftlich fest.
- Jede Idee von anderen wird unkommentiert aufgenommen.
- Kommentare, kritische Äußerungen sind verboten (keine Killerphrasen).
- Nach Beendigung der Ideensammlung (ca. 5–10 Min.) machen Sie eine Auswertung.
- Auswertungsmethoden: z. B. Diskussion, Beurteilung von Ideen in Kleingruppen

Killerphrasen
„Bleiben Sie mal bei der Sache!“
„Das gibt es ja gar nicht!“

4.2 Brainwriting (Methode 635)

Brainwriting ist eine **schriftliche Variante des Brainstormings**. Jeder Teilnehmer kann in Ruhe seine Ideen aufschreiben. Das Brainwriting wird auch Methode 635 genannt:

Name	Problemstellung		
1	Idee 1	Idee 2	Idee 3
2	Idee 4	Idee 5	Idee 6
3	Idee 7	Idee 8	Idee 9
4	Idee 10	Idee 11	Idee 12
5	Idee 13	Idee 14	Idee 15
6	Idee 16	Idee 17	Idee 18

Brainwriting-Formular

- 6 Teilnehmer halten auf einem Notizblatt
- 3 Ideen/Lösungsvorschläge fest und reichen ihr Notizblatt nach
- 5 Minuten an den nächsten Teilnehmer weiter.

Die Teilnehmerzahl ist allerdings nicht auf 6 begrenzt, sondern kann variiert werden.

Vorgehensweise/Regeln

- Die Problemstellung wird auf einem Formular festgehalten.
- Jeder Teilnehmer trägt in die Ideenzeile drei Ideen ein.
- Jeder Teilnehmer reicht sein Formular an den nächsten Teilnehmer weiter.
- In die zweite Ideenzeile trägt jeder Teilnehmer drei Ideen ein. Die Idee kann z. B. an die Vorgängeridee anknüpfen oder eine völlig neue sein.
- Die Ideenfindung ist beendet, wenn jeder Teilnehmer sein Formular mit mindestens 18 Vorschlägen zurückerhält.
- Ein Vorschlag wird gemeinsam ausgewählt und in der Gruppe diskutiert.

5 Vortrags- und Präsentationstechniken

5.1 Merkmale und Ziele

→ Arbeitsaufträge 3, 4, 8, S. 178 und 179

Referat (lat.)
Bericht, Vortrag

Ein Referat ist ein (i. d. R. mündlicher) Vortrag über ein Thema. Wird dieses Thema zusätzlich visualisiert, spricht man von einer Präsentation. Präsentationen bieten die Möglichkeit, das eigene Wissen mit anderen zu teilen und zur Diskussion zu stellen. Eine gelungene Präsentation fördert den Lern- und Kommunikationsprozess und regt zum Weiterdenken an. Auch aus diesem Grund sollte eine Präsentation einen Zeitumfang von 15–20 Minuten nicht überschreiten und ausreichend Zeit zum Diskutieren des Themas lassen.

Eine Präsentation hat zum Ziel, das Interesse der Zuhörenden zu wecken und zu halten. Dabei kann die **AIDA**-Formel hilfreich sein:

1. **A**ttention (Aufmerksamkeit) – Aufmerksamkeit der Zuhörenden anregen
2. **I**nterest (Interesse) – Interesse der Zuhörenden wecken
3. **D**esire (Verlangen) – Wunsch nach kritischer Auseinandersetzung mit dem Thema forcieren
4. **A**ction (Handeln) – Zuhörende in die Diskussion aktiv mit einbeziehen

5.2 Planung

Die Planung der Präsentation erfolgt, sobald Inhalt und Zuordnung des Themas sowie der Termin und evtl. Mitreferenten feststehen. Die folgende Tabelle kann die Planung unterstützen:

Thema Stoffsammlung	• Was sind Hauptaussage und Ziel der Präsentation? (Information, Überzeugung, Anleitung, Selbstpräsentation usw.) • Wie können Bezüge zum Unterricht und zu anderen Präsentationen hergestellt werden? • Welcher Schwierigkeitsgrad ist angemessen? • Wie können die Inhalte am besten dargestellt werden? • Was ist mir/uns besonders wichtig? • Wie viel Zeit steht für die Präsentation zur Verfügung?
Zuhöreranalyse Zielgruppe	• Welches Vorwissen haben die Zuhörenden? • Welche Erwartungen haben sie an den Vortrag, welche Interessen? • Welche Haltung haben sie zu dem Thema und wie können wir das konstruktiv aufnehmen? • Mit welchen Fragen und Meinungen ist zu rechnen? • Wie kann das Publikum mit einbezogen werden?
Untergliederung	• Hervorheben der Schwerpunkte und/oder Argumente • Bei Gruppenreferaten: · Wie werden die Aufgaben geteilt? · Wie wird zwischen den Vortragenden übergeleitet?
Medieneinsatz/ Handout	• Welche Hilfsmittel eignen sich besonders für die Darstellung? • Wie wird das Informationsmaterial übersichtlich gestaltet? • Was sollen die Zuhörenden mitschreiben und was bekommen sie ausgehändigt? • Wann werden Informationsmaterialien ausgehändigt? • Sind alle mit der eingesetzten Technik vertraut?

5.3 Gestaltung und Einsatz unterstützender Medien

Die Visualisierung von Präsentationen erfolgt durch Einsatz eines oder mehrerer der folgenden Medien (Auswahl):
- Folien für den Overheadprojektor (OHP, auch Polylux genannt)
- Flipchartbögen
- Tafelbilder
- Plakate
- PowerPoint-Dateien.

Unabhängig vom Medium ist es wichtig, dass das Dargebotene übersichtlich und ansprechend gestaltet ist. Die vortragende Person sollte sich im Vorfeld Gedanken machen, ob das Medium lediglich den Vortrag gliedert oder als direktes Anschauungsobjekt dient. Direkte Anschauungsobjekte (i. d. R. Bilder oder Grafiken) müssen für alle gut erkennbar sein. Manchmal ist eine eigene Zeichnung übersichtlicher als ein dreimal kopiertes und eingescanntes Bild. Ein an der Tafel während des Vortrags Stück für Stück entwickeltes Schema kann hilfreicher sein als ein aufwändig im Grafikprogramm erstelltes dreidimensionales Gebilde.

Entscheidet man sich für den Einsatz mehrerer Folien, erleichtert eine einheitliche Gestaltung und Struktur die Orientierung. Dabei sollte man sich von folgenden Prinzipien leiten lassen:
- Folie klar gliedern und mit einer Überschrift versehen
- Stichworte Sätzen vorziehen
- Farben im Sinne der Konzentration und der Lesbarkeit zurückhaltend einsetzen:
  - Helle Schriftfarben eignen sich für dunkle Hintergründe, dunkle Farben für helle Hintergründe.
  - Angenehme Farben fördern die Wahrnehmung; Blau und Rot sind in Kombination schwer zu erkennen.
- von Weitem lesbare Schriftgröße wählen, nicht mehr als drei Schriftgrößen auf einer Folie (Schriftgröße 14–16 für OHP-Folien, mindestens 18 für PowerPoint-Präsentationen, Überschriften größer)
- Folien nicht überladen – „weniger ist mehr“:
  - nicht mehr als 10 Zeilen pro Seite
  - ausreichenden Abstand zwischen den Zeilen lassen
- Großbuchstaben sind schwer lesbar: zurückhaltend einsetzen!
- Technische Spielereien lenken vom Wesentlichen ab.
- Zu viele Folien überfordern – als Faustregel gilt: nicht mehr als maximal eine Folie pro Minute.
- bei Zitaten und Bildern die Quellen benennen

Für den **Einsatz** der Medien gelten folgende Prinzipien:

- Allen Teilnehmenden ist eine freie Sicht auf das Medium zu ermöglichen, sodass die Inhalte gut lesbar sind.
- Die Teilnehmenden brauchen Zeit, um die Inhalte zu erfassen. Der Referent achtet bewusst darauf, „Gedankenpausen" einzubauen.
- In den ergänzenden Erklärungen stellt der Referent immer wieder einen Bezug zu den visualisierten Inhalten her und weist durch Zeigestock/Laserpointer/Finger darauf hin.
- Auch während des Medieneinsatzes wird der Blickkontakt zum Publikum aufrechterhalten. So wird nicht zur Wand oder Tafel gesprochen, sondern zum Publikum hin.
- Der Raum, die Materialien und ggf. die Sitzordnung werden frühzeitig vorbereitet.
- Folien werden nummeriert, Stifte gezielt ausgewählt und überprüft.
- Medien werden gezielt eingesetzt. Eine Medienschlacht wird so vermieden. Wenn ein Medium nicht mehr genutzt wird, wird es abgeschaltet bzw. abgedeckt.

Das **Thesenpapier** (engl. „Handout") unterstützt den Vortrag, indem es die wesentlichen Inhalte des Vortrags kurz und bündig zu Papier bringt. Als Faustregel gilt, dass es nicht länger als ein bis zwei Seiten sein sollte und ausreichend Platz für Notizen der Teilnehmenden bietet. Es kann entweder in derselben Form wie der Vortrag gegliedert sein oder als „echtes" Thesenpapier nur die zentralen Aussagen festhalten. Zusätzlich wird im Thesenpapier i. d. R. die dem Vortrag zu Grunde liegende Literatur genannt.

Arbeitet man mit PowerPoint-Folien, kann der „Handzettel"-Druckmodus genutzt werden. So stehen den Zuhörenden die eingesetzten Folien, mit zusätzlichen Schreibzeilen versehen, zur Verfügung.

Handzettel-Druckmodus in PowerPoint-Druckmenü

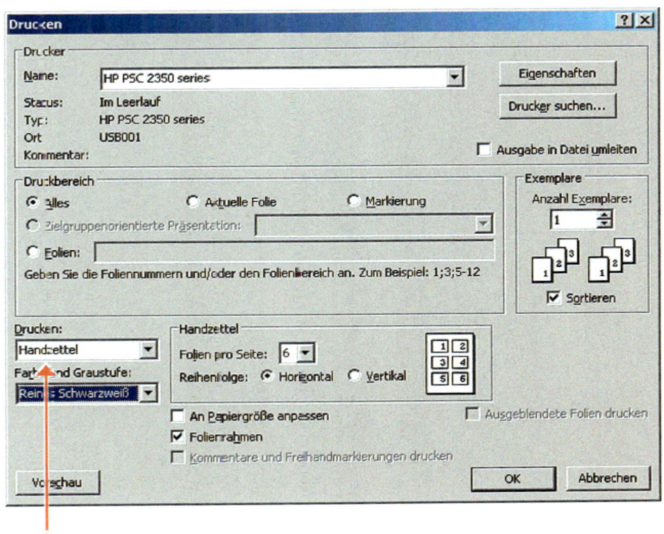

5.4 Vortragstechnik

Körpersprache und Aussprache der vortragenden Person bestimmen maßgeblich die Wirkung einer Präsentation.

Körper/ Körpersprache 55 %	Stimme und Sprechtechnik 38 %	Inhalt 7 %
Mimik Gestik Haltung Blickkontakt Stand Kleidung	Betonung Stimm-Modulation Sprechtempo Atmung Pausen	inhaltliche Sicherheit klare Struktur angemessene Wortwahl klarer Ausdruck

Die Beachtung folgender Aspekte kann dabei hilfreich sein:

- Blick zum Publikum (nicht auf eine Person fixiert)
- positive Mimik, bei Rückfragen beispielsweise das aufmerksame Zuhören auch nonverbal signalisieren
- offene, nicht zu ausladende Gestik
- stehend, nicht zu steif und nicht zu lässig
- variierende Betonung
- der Situation angemessene Kleidung

Eine lebendige Präsentation wird frei vorgetragen – wesentliche Inhalte können auf Kärtchen notiert werden und dienen als Gedankenstütze. Es ist wichtig, das Vorgetragene selbst verinnerlicht zu haben. Bereits bei der Vorbereitung sollte daher der systematischen Erarbeitung des Stoffes Vorrang vor der Formulierung fertiger Sätze gegeben werden.

Um die Inhalte der Präsentation verständlich zu vermitteln, muss der **Einsatz der Sprache** wohlüberlegt sein. Folgende Punkte dienen der Verständlichkeit des Themas:

1. **Einfachheit**
   - kurze, einfache Sätze
   - einfache bzw. vertraute Wörter
   - ggf. Fachwörter und Fremdwörter erklären
   - aufs Wesentliche beschränken
2. **Ordnung (Gliederung)**
   - Einleitung nutzen, um einen Überblick zu geben
   - sinnvolles Verknüpfen von Informationen und Abläufen
   - Zusammenfassung
3. **Zusätzliche Anregungen / Anschaulichkeit**
   - Beispiele
   - Vergleiche
   - Bilder, Grafiken
   - Rollenspiele

6 Arbeitsmethoden

Sie benötigen bestimmte Arbeitsmethoden, um sachgerecht, situationsbezogen und zielgerichtet auf neue berufliche Situationen reagieren zu können. Im Folgenden werden Ihnen einige der wichtigsten vorgestellt.

6.1 Rollenspiel

Das Rollenspiel ist eine gute Methode, um z. B. den Umgang mit Kunden zu üben und ein Verkaufsgespräch spielerisch zu simulieren. Dadurch erhalten Sie die Chance, verkäuferische Fähigkeiten zu entwickeln und gegebenenfalls zu verändern.

Vorbereitung

- Formulieren Sie für den Kunden und den Verkäufer kurze, verständliche Rollenanweisungen.
- Die Rollen des Verkäufers und des Kunden werden verteilt.
- Die Nichtspieler (Beobachter) beobachten das Gespielte mit Hilfe eines Beobachtungsbogens.
- Verkäufer und Kunde befassen sich kurz mit ihrer Rolle (ca. fünf Minuten) und signalisieren den Nichtspielern den Beginn des Verkaufsgesprächs

Durchführung

- Verkäufer und Kunde nehmen eine solche Position ein, dass sie von den Nichtspielern gut beobachtet werden können.
- Jedes Rollenspiel sollte mit Hilfe einer Videokamera aufgenommen werden.

Reflexion/Auswertung

- Die Spielsituation wird analysiert und besprochen.
- Geben Sie ein Feedback.

Feedback
→ S. 175

Beispiel

Einübung der Begrüßungsphase im Verkaufsgespräch

Rollenkarte Kunde

Sie bummeln durch ein Kaufhaus mit Vorwahl und verschaffen sich einen Überblick über den aktuellen Modetrend.

Rollenkarte Verkäufer

Sie arbeiten in einem Kaufhaus mit Vorwahl und sehen eine Kundin an einem Ständer mit den neuen Sommerkleidern. Sie sprechen die Kundin an.

→ Arbeitsauftrag 7, S. 179

6.2 Pro-und-Kontra-Diskussion

Die Pro-und-Kontra-Diskussion verfolgt das Ziel, gegensätzliche Meinungen klarer herauszuarbeiten. Wenn man die gegensätzlichen Argumente besser versteht, gelingt die Einigung auf einen tragfähigen Kompromiss eher. Man lernt, die eigene Meinung klar zu vertreten, gegensätzliche Meinungen offen zur Kenntnis zu nehmen und anzuerkennen und die eigene Meinung ggf. zu verändern.

Vorbereitung

- Formulierung einer strittigen Aussage: Sie muss mit „Ja“ oder „Nein“ zu beantworten sein.
- Auswahl der Spieler: Die Zuordnung zur Pro-, Kontra- oder Beobachtergruppe sollte möglichst freiwillig sein.

Abstimmung über den formalen Ablauf

- Ort und Dauer der Gruppenarbeit festlegen
- Die Pro- und Kontra-Gruppen erarbeiten ihre Standpunkte.
- Wahl von jeweils drei Spielern, die die Debatte durchführen (Pro- und Kontra-Gruppe)
- Verteilung von Beobachtungsaufgaben (Beobachtergruppe) vornehmen
- Szenenaufbau für die Debatte und Zeitrahmen (ungefähr 15 Minuten) bestimmen

Beobachtungsaufgaben

- Sprechen die Gruppen alle wichtigen Argumente an?
- Welche fehlen?
- Welche der Gruppen erscheint stärker?
- Welche Argumente sind schwer zu widerlegen?
- Sind die Spieler innerhalb einer Gruppe kooperativ?
- Gibt es abwertende oder verletzende Argumente?

Durchführung

Eine Klasse während der Pro-und-Kontra-Diskussion

Auswertung

Zuerst äußern sich die Pro- und Kontra-Spieler darüber, wie sie sich gefühlt haben und ob sie mit sich zufrieden sind. Danach sprechen die Beobachter in der Ich-Form und ohne Bewertung über ihre Beobachtungen. Alle beteiligen sich daran, ein Ergebnis zu formulieren und die Streitfrage zu beantworten. Danach kann ein Kompromiss erarbeitet werden.

6.3 Kartenabfrage

Bei der Kartenabfrage schreiben alle Teilnehmer ihre Ideen und Problemlösungsvorschläge zu einem bestimmten Thema auf Karten. Danach werden die Ideen, z. B. an der Tafel, geordnet.

Vorgehensweise/Regeln

- An der Tafel oder auf einem Flipchart wird eine Frage oder ein Thema notiert.
- Jeder Teilnehmer erhält 3–5 Karten und einen Filzschreiber.
- Die Teilnehmer schreiben je eine Idee (Druckbuchstaben) auf eine einzelne Karte.
- Für weitere Antworten/Ideen werden weitere Karten verwendet.
- Die Karten werden unsortiert neben dem Thema befestigt.
- Danach werden die Karten von den Teilnehmern nach Schwerpunkten (Oberbegriffen) geordnet.
- Die Oberbegriffe werden auf farbige Karten geschrieben.
- Den Oberbegriffen werden Unterpunkte zugeordnet.
- Jeder Teilnehmer erhält 3–5 Klebepunkte.
- Die Teilnehmer bestimmen mit ihren Klebepunkten die Wertigkeit (Reihenfolge) der Problemfelder.
- Die daraus resultierende Reihenfolge der Themen wird in Kleingruppen diskutiert und erarbeitet.

6.4 Gruppenarbeit

Bei der Gruppenarbeit arbeiten mehrere Personen an der Lösung eines Problems oder einer Aufgabe zusammen. Der Arbeitsauftrag wird vom Moderator (z. B. Lehrer) schriftlich formuliert und jeder Gruppe zur Verfügung gestellt.

Planung

- Die ideale Gruppengröße besteht erfahrungsgemäß aus 3 – 6 Teilnehmern.
- Möglichkeit der Gruppenbildung:
  - Zufallsprinzip durch Abzählen, durch Losen (z. B. Farben, Zahlen) usw.
  - Themenzuordnung
  - Sympathie
- Die Teilnehmer in jeder Gruppe nehmen bestimmte Rollen ein:
  - Gruppensprecher: verantwortlich für den gesamten Arbeitsablauf und Arbeitsplan
  - Zeitmanager: verantwortlich für das Einhalten der vorgegebenen Zeit
  - Protokollant: verantwortlich für das Festhalten von Ergebnissen
  - Mitarbeiter
- Die Gruppe sorgt für eine angemessene Arbeitsatmosphäre (Raum, Sitzordnung, Arbeitsmaterialien usw.).

Für das Gesamtergebnis einer Gruppenarbeit ist die Arbeit aller Mitglieder entscheidend. Deshalb sind die abgesprochenen Arbeitsaufträge zuverlässig zu erledigen. Sie werden der Gruppe vorgestellt, um dann gemeinsam zu entscheiden, welche Aspekte in welcher Form in die Präsentation einbezogen werden. Es ist sinnvoll, immer wieder Rücksprache mit den Lehrenden zu halten, um den eigenen Lernstandpunkt reflektieren zu können.

Eine Gruppenarbeit kann wie folgt geplant werden:

1. **Vorbereitung**: Was ist konkret zu tun?
   - Ankommen (z. B. Sitzordnung mit Blickkontakt)
   - Lesen der Arbeitsaufgabe, des Fallbeispiels o. Ä.
   - Klärung möglicher Fragen oder Verständnisschwierigkeiten
2. **Wie soll vorgegangen werden? Was ist das Ziel?**
   - Erarbeitung der Fragestellungen und Zielsetzungen
3. **Durchführung:** Wie werden welche Aspekte in welcher Aufgabenverteilung bearbeitet?
   - Wissensinput (z. B. Sammlung von Texten, Informationen)
   - Systematisierung und Auswahl der gesammelten Beiträge
   - Sichtung der Beiträge bzgl. der Fragestellungen
   - Konkretisierung und eventuelle Neubewertung der Fragen und Ziele
   - Erarbeitung der Lernziele
   - Vorstellung und Diskussion der Arbeitsergebnisse
4. **Abschluss:** Wie soll das Ergebnis aussehen und präsentiert werden?
   - Zusammenstellung und Verdichtung des Arbeitsergebnisses
   - Vorbereitung und endgültige Absprache der Präsentation
5. **Evaluation/Feedback:** Reflexion des Gesamtablaufes und des Gruppenprozesses

Rollen- und Aufgabenverteilung

Zu Beginn der Gruppenarbeit sind folgende Rollen und Aufgaben zu verteilen:

- **Moderator:** Er gliedert den Sitzungsverlauf und achtet darauf, dass alle Gruppenmitglieder gleichberechtigt zu Wort kommen und beim Thema bleiben. Auch achtet er auf Pausen.
- **Protokollant:** Er sichert die Arbeitsergebnisse und gibt sie für die anderen Mitglieder frei.
- **Zeitwächter:** Er achtet darauf, dass die Arbeitsaufgaben in der zur Verfügung stehenden Zeit fertig gestellt werden.
- **Präsentierender:** Er stellt das Arbeitsergebnis vor.

Gruppenarbeit kann bei entsprechenden Rahmenbedingungen durchaus auch mal im Grünen stattfinden.

Eine wichtige Basis für eine erfolgreiche Gruppenarbeit ist eine **klare Zielsetzung**, Gleichberechtigung in der Gruppe und eine Rotation in der Rollenverteilung (so kann jedes Gruppenmitglied alle Rollen einüben). Ziel ist nicht, eine Rolle am Ende der Ausbildung bis ins Kleinste erfahren zu haben und ausfüllen zu können, sondern die persönliche Flexibilität und Entwicklung der notwendigen Kompetenzen.

Rahmenbedingungen
Um ein gleichberechtigtes und zielgerichtetes soziales Lernen zu ermöglichen, sind bestimmte Rahmenbedingungen und Umgangsformen für die Gruppenarbeit notwendig.
- Alle bringen ihr Wissen ein und akzeptieren Wissenslücken bzw. helfen, sie zu reduzieren.
- Gruppen stören einander nicht, sondern unterstützen sich.
- Abgesprochene Zeiten werden eingehalten, damit die Gruppen nicht aufeinander warten müssen.
- Abgesprochene Abläufe und Zeiten für Präsentationen werden eingehalten, damit alle die gleiche Chance haben.
- Probleme und Fragen werden offen und frühzeitig angesprochen, damit sie geklärt werden können und so die Arbeitsprozesse nicht stören.
- Sitzungen und Ergebnisse werden reflektiert und die Ergebnisse zur Weiterentwicklung genutzt.

6.5 Feedback

Ein Feedback gibt man auf sprachliche Äußerungen oder auf Verhaltensweisen eines Kommunikationspartners. Es ist wichtig für eine gute Gruppen- oder Teamarbeit, weil es die Möglichkeit für konstruktive und sachliche Kritik bietet. Der Feedback-Empfänger erhält die Chance, Verhaltensweisen zu verbessern und zu verändern. Wenn sich alle Teilnehmer einer Feedback-Runde an die unten aufgeführten Feedback-Regeln halten, kann sich dadurch eine positive Kritikkultur entwickeln.

Vorgehensweise / Regeln
Wenn Sie jemandem ein Feedback geben, sollte es … sein!
- **fair:** Geben Sie Ihrem Feedback-Empfänger die Möglichkeit, sich als Erstes kurz zu seiner Aktivität zu äußern.
- **ehrlich:** Was Sie sagen, muss der Wahrheit entsprechen.
- **verantwortlich und persönlich („Ich-Botschaften"):** Sie sprechen in der „Ich-Form" und vertreten nur Ihre persönliche Meinung.
- **sachlich:** Sie beschreiben sehr genau, was Sie in der Situation beobachtet haben.
- **positiv verstärkend:** Sie nennen die Stärken des Feedback-Empfängers.
- **aufbauend:** Sie formulieren Verbesserungsvorschläge.

Wenn Sie ein Feedback erhalten, können Sie …
- **bestimmen:** Sie können entscheiden, ob Sie ein Feedback erhalten möchten!
- **aktiv zuhören:** Sie überprüfen, ob Sie das Feedback richtig verstanden haben, und fragen eventuell noch mal nach. Wiederholen Sie das Gehörte!
- **geduldig sein:** Rechtfertigen Sie sich nicht. Nehmen Sie sich Zeit, die Informationen des Feedback-Gebers zu reflektieren.
- **Rückmeldung geben:** Sagen Sie Ihrem Feedback-Geber, ob für Sie die Informationen hilfreich waren!

→ Arbeitsauftrag 8, S. 179

7 Teamarbeit

Das Team im Unternehmen unterscheidet sich kaum von der Gruppe in der Gruppenarbeit. Dennoch ist die Teamarbeit eine spezielle Form der Zusammenarbeit.

7.1 Merkmale

Teamarbeit ist dadurch gekennzeichnet, dass die einzelnen Teammitglieder sehr intensiv miteinander in Beziehung treten. Die Zusammenarbeit ist vergleichsweise zeitaufwändig und dauerhaft. Ein echtes Team verträgt nicht zu viele Personalwechsel, sondern braucht zumindest einen stabilen Kern von Mitgliedern. Weitere Merkmale sind Partnerschaftlichkeit und Vertrauen. Die Zusammenarbeit wird von gegenseitiger Wertschätzung und Akzeptanz getragen. Bezüglich der Leistungsbewertung herrscht das Äquivalenzprinzip, d. h., dass die Beiträge eines jeden Teammitgliedes gleich viel wert sind. Voraussetzung für Teamarbeit ist also eine Arbeitsatmosphäre, in der Gleichberechtigung herrscht.

Gerade in modernen Unternehmen ist Teamarbeit eine wichtige Kompetenz der Mitarbeiter. Das Team bildet im Unternehmen eine Arbeitseinheit, das eine gemeinsame Aufgabe bzw. ein gemeinsames Ziel hat. Die Teammitglieder unterstützen sich dabei gegenseitig.

Mit Hilfe von Teamarbeit kann beispielsweise
- Kreativität freigesetzt werden,
- vorhandenes Wissen besser genutzt werden,
- der Informationsfluss verbessert werden,
- die Identifikation mit einem Unternehmen gestärkt werden,
- die gegenseitige Unterstützung der Mitarbeiter wachsen,
- die Qualität der Arbeit verbessert werden und
- die Arbeitszufriedenheit zunehmen.

7.2 Konfliktlösung

Konflikte sind Bestandteile des menschlichen Lebens und treten auch im Rahmen der Teamarbeit immer wieder auf. Sie entstehen, wenn der Wunsch nach etwas nicht umsetzbar ist. Man spricht immer dann von einem Konflikt, wenn zwei Parteien zur selben Zeit gegensätzlich oder unvereinbar sind. Konflikte sind also gegensätzliche oder unvereinbare Interessen. Exakt definiert, entstehen Konflikte immer dann, wenn zwei Parteien unterschiedliche Interessen oder Standpunkte gleichzeitig durchsetzen wollen und eng miteinander verbunden sind.

Menschen nutzen unterschiedliche Mechanismen und Strategien, um bewusst oder unbewusst auf Konflikte zu reagieren. Einige Menschen denken lösungsorientiert, während andere mit Abwehr, Aggression oder Resignation auf konfliktbeladene Situationen reagieren. Es lassen sich konfliktverschärfende Verhaltensmuster von konstruktiven Konfliktlösungsstrategien unterscheiden.

Konfliktverschärfende Verhaltensmuster

Folgende Verhaltensmuster, Strategien und/oder Persönlichkeitsmerkmale können dazu führen, dass Frust aufgestaut und Konflikte verschärft werden:

- Bei der **Idealisierung** der eigenen Person hat der Betroffene stets Recht und kann alles.
- Bei der **Verallgemeinerung und Projektion** versucht der Betroffene, anderen die Schuld zuzuweisen oder eigene Fehler auf andere zu projizieren.
- Mit Hilfe der **Ersatzbefriedigung** werden unbefriedigte Bedürfnisse umgewandelt und durch Eratzhandlungen ausgetauscht.
- Abhängig von der Persönlichkeit können manche Menschen auch mit **Resignation** auf Konflikte reagieren. Hierbei richten die Betroffenen die aufgestaute Energie nicht nach außen (z. B. durch aggressives Verhalten), sondern gegen sich selbst. Dieses Verhalten zeigen besonders häufig Menschen mit einem geringen Selbstwertgefühl. Die Betroffenen setzen sich in Konfliktsituationen nicht zur Wehr, sondern ertragen die empfundene Frustration.
- Die Verwendung von Killerphrasen gehört auch zu den konfliktverschärfenden Verhaltensmustern. Hierunter versteht man Aussagen, die der gegnerischen Konfliktpartei signalisieren: „SO GEHT ES NICHT!" Killerphrasen blockieren jede Form von Kompromissen oder kreativem Denken. Sie wirken demotivierend und verschlechtern häufig das Betriebsklima. Gebräuchliche Killerphrasen sind z. B. „Sie denken wohl, Sie haben die Weisheit mit Löffeln gefressen?" oder „Das funktioniert eh nicht!"

Sie können durch Ihr Verhalten dazu beitragen, einen Konflikt zu verschärfen oder ihn zu lösen.

Konstruktive Konfliktlösungsstrategien

Im Gegensatz zu den konfliktverschärfenden Verhaltensmustern stehen konstruktive Formen der Konfliktbearbeitung. Hierbei folgen auf die empfundene Frustration

- das Erkennen des Konflikts,
- die Suche nach einer Aussprache und
- die Aussprache selbst, die zu einem möglichen Kompromiss oder Konsens führt.

Gezielte **Konfliktgespräche** im Team gehören zu den konstruktiven Strategien. Ziel eines solchen Gesprächs ist die gemeinsame Verarbeitung eines Konfliktes sowie eine Kompromisslösung oder Konsensfindung. Voraussetzung ist hierbei, dass

- der Konflikt erkannt ist,
- die Beteiligten zu einem Gespräch bereit sind,
- die Beteiligten Einfluss auf die Problemlösung haben und
- eine eventuelle Mittlerperson von allen Beteiligten akzeptiert wird.

Man unterscheidet Konfliktgespräche im Team umgangssprachlich in „4-Augen-Gespräche" und „6-Augen-Gespräche". Während das „4-Augen-Gespräch" von den beiden beteiligten Personen alleine geführt wird, ist beim „6-Augen-Gespräch" eine weitere (neutrale) Person anwesend, die eine Mittlerrolle einnimmt. Eine solche Mittlerperson hat folgende Aufgaben:

- Sie soll die eigenen Wahrnehmungen schildern, ohne Partei zu ergreifen, z. B.: „Ich stelle fest, dass dieser Aspekt für Partei A von großer Bedeutung ist."
- Sie soll methodische Hilfestellungen geben, z. B.: „Welche Reaktion hätten Sie von Ihrem Gegenüber erwartet?"
- Sie darf und soll den Konflikt der beteiligten Parteien nicht lösen. Die Konfliktparteien müssen selber einen Lösungsweg finden.

Arbeitsaufträge

Arbeitsauftrag 1

Erstellen Sie ein persönliches Brainstorming über Ihre eigenen Erfahrungen mit Lerntechniken, z. B.: Wie haben Sie sich bisher auf Klassenarbeiten oder Tests vorbereitet? Wie haben Sie sich bisher auf Prüfungen vorbereitet? Wie lesen Sie Texte? Woher erhalten Sie Informationen?

Arbeitsauftrag 2

a) Erstellen Sie eine Mindmap über Ihre Wünsche, Ziele, Befürchtungen und Ängste bezüglich Ihrer Ausbildung! Sie haben dafür 15 Minuten Zeit!

b) Setzen Sie sich in einer von Ihnen zusammengestellten Gruppe von vier bis fünf Personen zusammen und stellen Sie Ihren Gruppenmitgliedern Ihre persönliche Mindmap vor. Sie haben dafür 10 Minuten Zeit!

c) Erstellen Sie zusammen mit Ihren Gruppenmitgliedern eine gemeinsame Mindmap bezüglich der Wünsche, Ziele, Befürchtungen und Ängste der Gruppe. Fertigen Sie diese Mindmap in Plakatgröße an und hängen Sie sie auf! Sie haben dafür 15 Minuten Zeit!

Arbeitsauftrag 3

a) Klären Sie die folgende Fragen in Ihrem Ausbildungsbetrieb:

1. Wie heißt Ihr Ausbildungsbetrieb? Sind Sie in einer Filiale tätig?
2. Welche Waren werden in Ihrem Ausbildungsbetrieb verkauft?
3. Aus welchen Abteilungen besteht Ihr Ausbildungsbetrieb? Beschreiben Sie diese kurz!
4. Wie viele Mitarbeiterinnen und Mitarbeiter hat Ihr Ausbildungsbetrieb?
5. Woher bekommt Ihr Betrieb hauptsächlich die Ware?
6. Berichten Sie etwas über den Standort Ihres Ausbildungsbetriebes!
7. Welche anderen Einzelhandelsgeschäfte liegen in Ihrer näheren Umgebung?
8. Welche Kunden kaufen bei Ihnen in erster Linie ein?
9. Wer kann in Ihrem Betrieb außer Ihrem Chef noch Verträge abschließen?
10. Ist Ihr Betrieb eine Filiale eines anderen Betriebes?
11. Welche Tätigkeiten haben Sie in den ersten Tagen Ihrer Ausbildung ausgeübt? Beschreiben Sie kurz einen typischen Tagesablauf in Ihrem Betrieb.

b) Fassen Sie diese Informationen in der Schule auf einem Plakat zusammen. Sie haben dafür 45 Minuten Zeit!

c) Stellen Sie anschließend Ihr Plakat in der Klasse vor.

Arbeitsauftrag 4

Damit in der Berufsschule nicht nur Theorie im Vordergrund steht, stellen wir Sie auch hier in die Situation eines/einer Auszubildenden. Sie sind Mitarbeiter der Berliner Superkauf GmbH (Beska GmbH). Informieren Sie sich über die Beska und präsentieren Sie das Unternehmen.

Arbeitsauftrag 5

Für das Arbeiten an den Lernorten Ausbildungsbetrieb und Berufsschule ist es hilfreich zu wissen, welchem Lerntypen Sie entsprechen.
Überprüfen Sie, welchem Lerntyp Sie sich zuordnen würden. Notieren Sie sich dazu Kriterien, mit denen Sie festmachen, zu welchem Lerntyp Sie gehören. Tauschen Sie Ihre Kriterien mit Ihrem Nachbarn aus und diskutieren Sie über die Sinnhaftigkeit der Einteilung in Lerntypen.

Arbeitsauftrag 6

Um ein aussagekräftiges Berichtsheft führen zu können, ist es sinnvoll, viele Informationen zu Ihrer Ausbildung während dieser Zeit zu sammeln. Hilfreiche Informationen können z. B. Unterlagen aus Fort- und Weiterbildung, Warenkundeseminaren usw. sein. Durch eine geleitete Internetrecherche gelangen Sie ebenso an adäquate Unterlagen. Sammeln Sie all diese Informationen und halten Sie alles in einem dafür vorgesehenen Ordner fest. Hilfreich für Sie ist ein gutes Ordnersystem. Schauen Sie sich in Ihrem Fachbuch die dazugehörigen Seiten an und erstellen Sie einen Ordner, der Sie in ihrer zweijährigen bzw. dreijährigen Ausbildung begleiten wird.

Arbeitsauftrag 7

Führen Sie eine Pro-und-Kontra-Diskussion zu folgender Aussage: „Betriebsräte in Unternehmen sind für Auszubildende nicht notwendig.“

Arbeitsauftrag 8

Bearbeiten Sie in Gruppen zu jeweils vier Teilnehmern das Thema: **„Teamarbeit ist unerlässlich für moderne Unternehmen!“** Recherchieren Sie hierfür im Internet und stellen Sie Ihre Arbeitsergebnisse im Plenum vor, z. B. mit Hilfe von

a) Plakaten,
b) PowerPoint oder
c) Folien.

Überlegen Sie folgende Inhaltspunkte:

1. Was verstehen Sie unter Teamarbeit?
2. Warum ist Teamarbeit für Unternehmen wichtig?
3. Wie kann ein Unternehmer gute Teamarbeit überprüfen? (Finden Sie Kriterien dazu!)
4. Wie kann der Unternehmer feststellen, dass sich eine gute Teamarbeit gewinnbringend auf das Unternehmen auswirkt?
5. Übertragen Sie Ihr Wissen zur Teamarbeit auf Ihre jetzige Ausbildungssituation. An welcher Stelle während Ihrer bisherigen Ausbildungszeit haben Sie Teamarbeit als etwas Positives erlebt? Nennen Sie pro Gruppenteilnehmer jeweils eine Situation aus Ihrem Ausbildungsbetrieb.

8 Sprachkompetenz Englisch – How to say it in English

8.1 Giving customers some help

Assisting customers

Shop assistant	Customer
How can I help you?	I'm looking for ...
What can I do for you?	Have you got any ...?
What about ...?	No, I don't really like this one.
I'll show you what we've got.	These ones are too expensive, I'm afraid.
One moment, I'll show you something else.	No, I'm afraid that's not what I'm looking for.
This one is large, but we've also got it in ...	Which size is it?
They come in white, blue and yellow.	Are they also available in other colours?
	I prefer the blue one.
Is there anything else I can do for you?	No, thank you, that's all.

8.2 At the supermarket

Supermarket phrases

Customer

Telling a shop assistant what you would like

I need ...
I would (= I'd) like ...
Excuse me, have you got ...?
Please give me 100 grams of ...
I would prefer still/sparkling water.

Asking questions

Where do these apples come from?
How much frozen spinach is in one bag?
How many eggs are in a box?
What kind of cheese is that?
May I try a little?

Shop assistant

Asking the customer what he/she would like

What can I do for you?
How can I help you?
Is there anything else I can do for you?
Anything else?
How much/many would you like?
Which one/ones would you like?
Would you like to try some?

Answering customers' questions

They are from Italy.
There are 350 grams in a bag.
There are 6 eggs in a box.
It's Cheddar. It comes from England.
Of course, here you are.

Telling a customer the price

How much	is	an apple?	
How much	does	an apple	cost?
It's (= it is)	55 cents.		
It costs	55 cents.		
How much	are	the oranges?	
How much	do	the carrots	cost?
They are	€1.25	a kilogram.	
They cost	85 cents	each.	

Much or many?

much *(viel)* *(für unzählbare Begriffe)*	many *(viele)* *(für zählbare Begriffe)*
E. g. much cheese, much bread	E. g. many eggs, many boxes

A or an?

a + *Konsonant*	a shop assistant, a pretzel, a banana
an + *Vokal*	an olive, an apple, an egg

Aber: an hour, a university (Aussprache!)

8.3 At the shopping centre: Showing the way

Asking for and giving directions

Excuse me, could you tell me where I can find ...? — Certainly sir/madam.

Excuse me, where is / where are ...? — There is one upstairs/downstairs.

Is there a ... here somewhere? — Go upstairs to the second floor.

Where can I buy/get/find ...? — Go downstairs to the basement.
Take the lift to the top floor.
Turn left/right and walk straight on.
It's in front of/behind / next to / to the right of / to the left of ...
It's between the travel agent's and the toy shop.
You can use the escalator over there.
The lift (BE) / elevator (AE) is out of order, I'm afraid.

Thank you very much. — You are welcome.

8.4 Selling goods

Sales talk in four stages

1. Greeting
Good morning/afternoon. What can I do for you?
How can I help you?

2. Identifying the customer's needs
What are you looking for?
Would you like to have a look?
Which colour/size/type/kind do you prefer?
Is it a present for somebody?

3. Presentation of goods
How do you like this one?
What about these ones?
It's also available in ...
They are €5 each.
You are lucky, this is our last one.
One moment, I'll get you some other ones.

4. The decision to buy
How would you like to pay?
Here is your receipt and your change.
Your receipt's in the bag.
Many thanks. Bye.

8.5 Clothes shopping

Phrases for clothes shops

Customer

Asking for a product

I'd like a pair of jeans, please.
I'm looking for a jacket to match my skirt.

Asking for a particular size/colour

I take medium.
I'd prefer a light pastel colour.
I'd like a colour that goes with the jacket.

Asking about materials and washing

What material is it?
Can I wash it in the washing machine?
Do I have to dry clean it?

Trying on clothes

Where can I try it on?
I like these jeans. May I try them on?
This one fits perfectly.
It doesn't fit me, it's too big/too small.
It's too long/short.
It's too tight/loose.
I don't really like the style.
The colour doesn't suit me.

Making a decision about a product

That's not exactly cheap.
I'm sorry, that is too expensive.
Yes, that's nice. I'll take it.
I'd like to have another look around.

Shop assistant

Presenting products

Let me show you our range.
Follow me and I'll show you what we've got.
May I show you a handbag that would go very well with that suit?
What about this one / these ones?

Identifying the customer's needs

What size do you take/need?
Do you prefer a certain colour/shade?

Explaining materials and washing instructions

It's pure wool/silk.
It's a cotton/synthetic mixture.
You can machine wash it at 30 degrees.
You should dry clean it.

Answering questions about trying on clothes

Would you like to try it/them on?
The fitting rooms are over there.
How does it / do they fit?
Is the size all right?
I'll see if we have a bigger one.
We could alter it for you, if you like.
It's very good quality.

Helping the customer to decide

Maybe you would prefer ...
That colour looks really good on you.
Have another look around, if you like.
Is there anything else I can do for you?

Texte entnommen aus: Maria Elisabeth Köstler, Shopping Matters New Edition, © Cornelsen Verlag, Berlin 2009.

8.6 Useful vocabulary

Angebot	offer
Anprobe, Umkleidekabine	fitting room
anprobieren	to try on
Artikel	article, item
Ausgang	exit
Bargeld	cash
bar bezahlen	to pay cash
Barzahlung	payment
Becher	tub, mug
Beschwerde	complaint
billig	cheap
Bitte (schön)	Here you are
Danke (schön)	Thank you (very much)
Dose	tin
Eingang	entry
Einkaufswagen	trolley
Einzelhandel	retail sales
Es tut mir leid, ...	I'm sorry/I'm afraid ...
Etikett	label
Gang	aisle
Garantie	guarantee
Geld	money
Geldschein	note
geradeaus	straight ahead
Gern geschehen!	You are welcome!
Geschäftsführer	managing, director
Geschäftszeiten (Öffnungszeiten)	opening hours
Geschenk	gift, present
Größe	size
günstig	low-priced
Gutschein	voucher
Hersteller	manufacturer
hochwertig	(of) high quality
Inhaltsstoffe	ingredients
Kasse	checkout
Kassenbon	receipt
Kassierer/in	cashier
Kollege, Kollegin	colleague
Kreditkarte	credit card
Kunde, Kundin	customer

lieferbar	available
links	on the left
Marke	brand
Münze	coin
Packung/Paket	packet
(zusammen)passen	to match
Pflege	care
Preisnachlass	(price) reduction
Qualität	quality
Quittung	receipt
Rabatt	discount
Rechnung	bill
rechts	on the right
Regal	shelf
Reklamation	claim
Reparatur	repair
Schaufenster	shop window
Skonto (Barzahlungs-rabatt)	cash discount
Sonderangebot	special offer
teuer	expensive
Tragetasche/-tüte	(carrier) bag
Tube	tube
Umrechnungskurs	exchange rate
Umtausch	exchange
unterschreiben	sign
Unterschrift	signature
Verfallsdatum	expiry date
Verkäufer/in	shop assistant
Währung	currency
Wechselgeld	change
Werbung	advertising
Wie viel kostet das?	How much is it?
Zahlung	payment
zahlen mit Kreditkarte	to pay by credit card

Stichwortverzeichnis

Abbuchungsauftrag 51
Abgabenordnung 74
abstrakter Schaden 57
AIDA-Formel 167
Aktiva 64
Aktivkonten 96
Aktiv-Passiv-Mehrung 66, 95
Aktiv-Passiv-Minderung 66, 95
Aktivtausch 65, 95
ALPEN-Methode 159
Anfrage 19
Angebot 19
Angebotsvergleich 23
Anlagevermögen 61, 64, 69
Anpreisung 22
Arbeitsmethoden 171
Arbeitsmittel 160
arglistig verschwiegener Mangel 38
Auftragsbestätigung 27
Aufwand 79, 102
Aufwandskonto 99
Ausgangsrechnung 77

Balkendiagramm 92
Bankauszug 76
Bareinkaufspreis 109
Beförderungskosten 20
Belegart 76
Beschaffenheit 19
Beschaffungsabwicklung 19
Beschaffungsplanung 13
Beschwerdemanagement 147
Beschwerden 142
Besorgungskauf 131
Bestandskonto 96
Bestellmenge 46
Bestellung 13, 27
Bestellungsannahme 27
Beweislastumkehr 42
Bezugskalkulation 24, 109
Bezugskosten 32, 109
Bezugspreis 24, 109
Bezugsquellenermittlung 14
Bibliothek 161
BIC 49
Bilanz 64, 95
Bilanzstichtag 59
Bio 127
Bonus 21
Brainstorming 166
Brainwriting 166
Bruttoverkaufspreis 108, 109
Buchführung 73, 74
Buchführung, doppelte 78, 95
Buchinventur 58
Buchungssatz 98

Dauerauftrag 51
Diagramm 91
Differenzkalkulation 116
doppelte Buchführung 78, 95
durchschnittlichen Lagerdauer 47

EAS 150
effektiver Jahreszins 133
Effektivzins 133
Eigenbeleg 76
Eigenkapital 61, 64, 71
Eigenkapitalquote 67
Eigenkapitalrentabilität 88
Eigenkapitalvergleich 82
Eigenkapitalverzinsung 89
Eigentumsvorbehalt 134
Eingangsrechnung 76
Einkaufsbudget 16
Einkaufskooperation 14
Einkaufsmenge 16
Einstandspreis 23, 109
Einzugsermächtigung 51
eiserner Bestand 45
elektronische Artikelsicherung 150
Erfolgsanalyse 91
Erfolgskonto 99
Erfolgsrechnung 79
Erfolgsvorgang 79
erheblicher Mangel 38
Ersatz vergeblicher Aufwendungen 41, 57
Ertrag 79, 102
Ertragskonto 100

fahrlässig 54
Feedback 175
Fernabsatzgeschäft 27
Finanzbuchhaltung 73
Finanzierung 64

Finanzierungskauf 132, 135
Freizeichnungsklausel 22
Fremdbeleg 76
Fremdkapital 64, 71
Fremdkapitalquote 67

Gedächtnisarten 157
geringfügiger Mangel 38
Geschäftsfähigkeit 123
Geschäftsfälle 95
Geschäftsprozess 72
Geschenk 130
Geschenkgutschein 131
Gesetz gegen Wettbewerbsbeschränkungen 106
Gewährleistungsfristen 42
Gewährleistungspflicht 36
Gewährleistungsrechte 36
Gewinn 81, 86
Gewinn- und Verlustrechnung 79
Gewinnzuschlag 111
Grundbuch 78
Gruppenarbeit 173, 174, 175
GuV 79

Handelskalkulation 108, 111
Handelsrecht 74
Handelsspanne 116
Handlungskosten 84, 104, 109
Handlungskostenzuschlag 111
Handlungstyp 157
Handout 169
Handzettel 169
Hauptbuch 78
Hausverbot 153
Hochbetrieb 139
Hochpreispolitik 106
Höchstbestand 46
Hörtyp 157

IBAN 49
Informationsquelle 161
Internet 161
Inventar 58, 61, 64
Inventur 58
Inventurdifferenz 148
Investition 64

Journal 78
Jugendliche 124
Jugendschutzgesetz 124

Kalkulationsabschlag 115
Kalkulationsfaktor 113
Kalkulationszuschlag 113
Kapitalaufbau 67
Kapitalbindungskosten 48
Kartenabfrage 173
Kassenbericht 77
Kassenbon 72
Kaufvertrag 28
Kaufvertragesstörung 36, 53
Kennzahlen 45, 87
Kinder 122
Kommissionsware 34
Konflikt 176, 177
Konfliktlösung 176
Konjunktur 105
konkreter Schaden 57
Konsumverhalten 120
Konventionalstrafe 57
Konzentration 158
Konzentrationsfähigkeit 158
körperlichen Inventur 58
Körpersprache 170
Kosten- und Leistungsrechnung 73
Kreativitätstechniken 166
Kredit 132
Kreditsicherheit 134
Kreisdiagramm 93
Kulanz 143
Kundenbindung 142
Kundengruppen 122
Kundentypen 127
Kundenzufriedenheit 142
Kurzzeitgedächtnis 157

Ladendiebstahl 148
Ladenöffnungszeiten 128
Ladenschlussgesetz 128
Lager 43
Lagerdauer 47
Lagergrundsätze 44
Lagerorganisation 44
Lagerplan 44

Lagerzinsen 48
Lagerzinssatz 48
Langzeitgedächtnis 157
Lastschriftverfahren 51
Lernen 156
Lernkanäle 158
Lernkartei 164
Lernplan 159
Lerntagebuch 160
Lerntechniken 164
Lerntypen 157
Lesetechnik 162
Lieferantenrabatt 109
Lieferantenskonto 109
Lieferbedingungen 20
Lieferschein 34
Lieferungsverzug 53
Limitrechnung 16, 118
Limitreserve 17
Liniendiagramm 91
Listeinkaufspreis 109

Mahnung 54
Mangel 38, 144
Mangelhafte Lieferung 36, 144
Mängelrüge 35
Marktführer 105
Marktmacht 105
Mehrfachbedienung 141
Meldebestand 13, 46
Methode 635 166
Migranten 126
Minderung 40
Mindestbestand 17, 45
Mindmap 165
Mischkalkulation 107
Mitarbeiterschulungen 152
Mitschrift 163

Nachbesserung 39
Nachfrist 56
Nettoverkaufspreis 109
Neulieferung 39
nicht-rechtzeitig-Lieferung 53
Niedrigpreispolitik 106
Notebook 163

offener Mangel 38
Ordner 160
Organisationsmittel 160

Passiva 64
Passivkonto 96
Passivtausch 66, 95
Preisdifferenzierung 106
Preisobergrenze 105
Preispolitik 104
Preisuntergrenze 104
Produkthaftungsgesetz 39, 144
Protokolle 163
Pro-und-Kontra-Diskussion 172

Qualitätskontrolle 35
Quittung 72, 77

Rabatt 20
Radiofrequenz-Identifikation 151
Ratenkauf 133
Recherche 161
Rechnungswesen 73
Referat 167
Reingewinn 86
Reinvermögen 61
Reklamation 145
Rentabilitätskennziffern 87
Reservelager 43
RFID 151
Risikoprämie 89
Rollenspiel 171
Rücktritt 40
Rückwärtskalkulation 114

Sachmangel 36
Sammelüberweisung 52
Säulendiagramm 92
Schaden 57
Schadenersatz 39, 55, 56
Schadenersatz statt Leistung 40
Schadensmitteilung 35
Schlechtleistung 36
Schlussbestand 68
Schreibtechnik 162
Schulden 61

Sehtyp 157
Selbstinverzugsetzen 54
Selbstkosten 104, 109
Senioren 125
SEPA 50
SEPA-Kartenzahlung 52
SEPA-Lastschrift 51
SEPA-Überweisung 50
Sicherungsetikett 150
Skonto 21
Spätkunde 129
Stapeldiagramm 93
Steuerrecht 74
Stichprobeninventur 59
Stichtaginventur 59
Strafanzeige 153
Strafgesetzbuch 153
Strafprozessordnung 152

Tara 20
Teamarbeit 176
telefonieren 154
Thesenpapier 169
T-Konten 78
Tortendiagramm 94
Touristen 126

Überweisung 49
Ultrakurzzeitgedächtnis 157
Umlaufvermögen 61, 64, 70
Umsatzerlös 85
Umsatz je Kunde 89
Umsatz je m^2 Verkaufsfläche 89
Umsatz je Mitarbeiter 89
Umsatzkennziffern 89
Umsatzrendite 87
Umsatzrentabilität 87
Umsatzrentabilitätsanalyse 88
Umschlagshäufigkeit 47
Umtausch 143, 145
Unternehmenserfolg 81
Unternehmerlohn 108

Verbindlichkeiten 65
Verbraucherschutz 132
Verbrauchsgüterkauf 29, 39, 42
Verjährung 42
Verkaufskalkulation 109
Verkaufslager 43
verlegte Inventur 59
Verlust 81
Vermögen 61
Vermögensaufbau 67
Vermögensquote 67
Verpackungskosten 20
versteckter Mangel 38
Verteilungsrechnen 30
Visualisierung 168
Vortrag 167
Vortragstechnik 170
Vorwärtskalkulation 112

Warenbeschaffung 13
Wareneingangskontrolle 34
Wareneinkauf 102
Wareneinsatz 17, 83
Warenrohgewinn 84, 86
Warenverkauf 102
Warenwirtschaftssystem 12
Widerrufsrecht 134, 143

Zahlungsbedingungen 20
Zahlungsbeleg 72
Zeitplanung 159
Zieleinkaufspreis 109
Zweckkauf 29, 39
zweiseitiger Handelskauf 29, 39, 42

Bildquellenverzeichnis

AP/Frankfurt am Main 129
bildagentur-online 113/Kevin White
Commerzbank/Unternehmenskommunikation 52/1
Digitalstock 18/K.Henning
Donath, Joachim, Berlin 125; 127; 135/1/alle Fotos mit freundlicher Unterstützung von Galeria Kaufhof, Berlin
Flexo Raumsysteme GmbH 37/1
Fotofinder 138/1/Volkmar Schulz/Keystone
Gottwald, Joachim, Berlin 21; 22; 26; 36; 39; 44; 54; 69; 70; 97; 99; 135/2; 137/1; 140; 145; 146; 154; 162; 167; 173; 175
Koelmesse GmbH 15
Krischke, K., Marbach 157
Krüper 161; 163; 170/1–170/2; 174
Lange, Marek, Berlin 34; 58; 136; 137/2; 141; 142; 169
Masch Sicherheitssysteme, Brinsbek 150/1–150/3; 150/5
Mauritius, Berlin 122/2/AGE; 149/Pohlmann
Metro AG 43; 45; 124/1/Metro-Handelslexikon 2009/2010; 126
Metro Checkpoint GmbH 150/4
picture-alliance 60/dpa; 131/dpa/ZB
project photo, Augsburg 65; 121; 168; 176
project-photos 177
Schamuhn, Anette, Berlin 24/Foto www.fahrrad.de/Pressebilder; 37/2/ Foto Klöckener, Franz, Sundern; 38/1–38/2; 107
shutterstock 13; 40; 52/2; 79; 108; 111; 122/1; 130; 180; 182; 183
Stock4B, München 156
ullsteinbild/Ex-Press 124/2
Willemsen, Thomas, Stadtlohn 160
Wirtz, Peter, Dormagen 138/2; 158; 172

Falls nicht alle Copyrightinhaber korrekt ermittelt wurden, werden wir berechtigte Ansprüche selbstverständlich im üblichen Rahmen vergüten.